NIFD 国家金融与发展实验室
National Institution for Finance & Development

中国特殊资产50人论坛
CHINA SPECIAL ASSETS 50 FORUM

中国特殊资产行业发展报告
（2020）

主编／李 扬 曾 刚

社会科学文献出版社
SOCIAL SCIENCES ACADEMIC PRESS (CHINA)

编委会

编 委（以姓氏拼音为序）

程永东　广东粤财资产管理有限公司总经理

戴　巍　平安信托副总经理

傅松苗　上海文盛资管公司总裁

胡建忠　中国华融资产管理公司监事长

李　波　中国社会科学院国家金融与发展实验室
　　　　特聘高级研究员

李伟达　浙商资产管理公司总经理

梁镜华　广州资产管理公司董事长

卢维兴　阿里拍卖总经理

魏　丽　长沙湘江资产管理公司总经理

郑常美　兴业资管有限公司总裁

参与撰写人员

胡　煜	平安信托
吴　锐	鼎晖投资夹层与信用基金
丁雅琦	鼎晖投资夹层与信用基金
冯　毅	浙商资产研究院
陈宇轩	浙商资产研究院
任　涛	厦门国际银行投行与资管部
胡顺涛	重庆渝康资产经营管理公司
徐　超	重庆渝康资产经营管理公司
曾若愚	重庆渝康资产经营管理公司
戴志锋	中泰证券研究所
陆　婕	中泰证券研究所
吴语香	中信建投证券固定收益部
栾　稀	中国社会科学院世界政治与经济研究所
杨水清	中国社会科学院国家金融与发展实验室
刘　伟	中国社会科学院国家金融与发展实验室

序 言

随着全球经济增速的放缓，中国经济结构正经历深刻的调整与变化，经济发展正在从依靠增量投资拉动向存量效率拉动的转变，而特殊资产这种逆经济周期的行业，正是实现存量效率提升的关键行业。

特殊资产，业界对其定义为由于特殊原因而被持有或需要处置变现的，过度的信用风险、市场风险、流动性风险导致其价值被明显低估、可能有巨大升值潜力的资产。本报告对特殊资产的定义为，特殊资产不仅包括狭义上的不良债权，也包括"价值被低估、具有较大升值潜力、有变现需求"的收益权、实物等资产。

根据其来源，广义的特殊资产分为实体集中暴露信用风险后的不良资产、涉诉涉案资产、企业改制重组或破产清算过程中需要处理的资产、企业应收账款、商账抵款资产、积压处置资产、营销噱头资产、其他亟须处置的资产（包括个人资产）等八类资产。根据特殊资产在阿里拍卖平台的数据统计归类，本报告将特殊资产分为金融资产与司法拍卖资产两大类。其中，根据市场参与主体不同，金融资产又分为银行金融资产（单笔债权与债权包）、资产管理公司（简称 AMC）处置的金融资产，以及其他机构的金融资产。根据拍卖标的不同，司法拍卖资产则主要分为机动车、房产（住宅用房、商业用房、工业用房与其他用房）、土地等。

一 我国特殊资产行业的发展

中国特殊资产行业的资产处置大致经历了三个阶段。第一阶段，政策性剥离与接收时期（1999~2005 年），信达资产、东方资产、长城资产、华融资产四家金融资产管理公司(以下简称"四大金融AMC")于1999年相继成立,意在应对亚洲金融危机并进行国企改革,剥离四大国有银行近1.4万亿元不良贷款,该举措将当时四大国有银行的平均不良资产率由原先的45%降为25%。第二阶段,商业化转型时期(2006~2010年),四大金融AMC将收购范围扩大至股份制商业银行、城市商业银行、农村商业银行、信托公司、金融租赁公司等金融机构的不良贷款;并开始股份制改革,信达资产、华融资产分别在2010年、2012年成功上市。第三阶段,全面商业化时期(2011年至今),"4+2"格局初现,两个市场(一级收购市场和二级处置市场)与中介链条日趋完备。

特殊资产管理行业的主要参与者,根据产业上下游关系,可分为特殊资产的出让方、特殊资产的协助出表方,以及各种提供相关服务的管理服务机构(包括律师事务所、会计师事务所、拍卖公司、评估评级公司等)(见图1)。

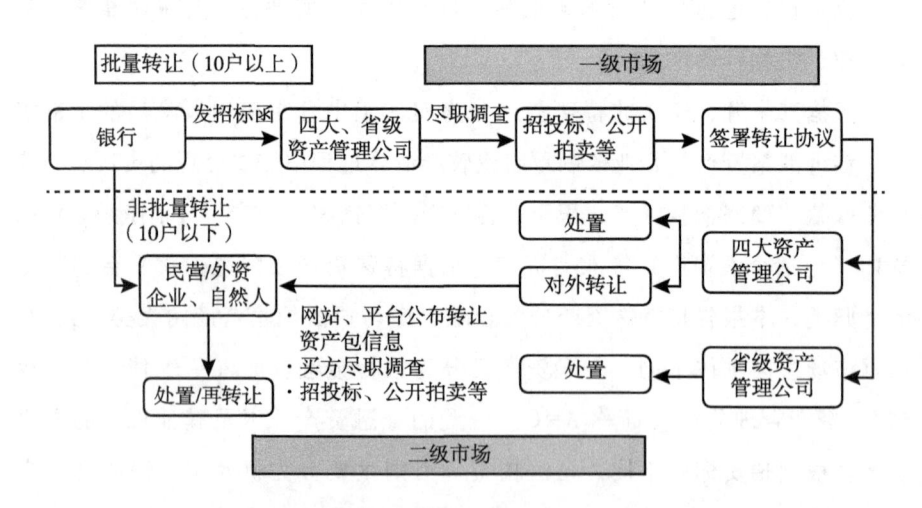

图1 特殊资产行业一级、二级市场架构与主要参与者

上游出让方的主体为银行、非银金融机构以及非金融机构(出让单笔不良债权或债权包),同时也会有部分企业及个人参与(出让重组资产、涉诉资产等)。下游出表方主要由四大金融AMC与地方AMC组成,它们也构成了特殊资产出表转让的一级市场。由于存在严格的牌照管制,民营机构很

难介入一级市场，更多的是通过"非直接"途径参与这一领域，由此构成特殊资产转让的二级市场，主要的介入模式包括：①与四大金融 AMC 或地方 AMC 合作，通过招投标、拍卖等公开方式及法律许可的其他方式，从出售方购入特殊资产，再通过债务追偿、债权转让、以物抵债、债务重组等多种手段进行清收处置，以此获取收益，这一方式是目前民营机构的主要经营模式和盈利来源；②参与单一或低于 10 户的不良资产转让及管理业务；③接收非银金融机构（信托、证券、保险、基金）的特殊资产出让。

特殊资产管理服务机构的类型更为广泛，嵌入产业链的各个环节，包括咨询服务提供机构（特殊资产的尽职调查、估值、竞价收购咨询、清收处置）、平台服务机构（在特殊资产的转让交易中，撮合资产与资金的对接、资产收购方与下游催收方的对接）等，其中也有部分更为主动的服务机构直接介入特殊资产收购、运营以及退出的全过程（特殊资产投资基金），并已经诞生了一些交易流水或处置资产的规模达千亿元级别的公司，如在诸多管理服务机构中，规模最大、服务范围最广的阿里拍卖平台。

总体而言，特殊资产行业处置方式主要包括传统的线下处置模式与一体化的线上处置模式。由于价值展现不充分以及市场信息不完善，传统线下处置模式成本高、效率低、周期长；而借助信息科技手段，一体化的线上处置模式则可有效撮合资产供需双方，利用技术手段提升特殊资产信息采集、挖掘和分析能力，提供"价值发现"和"市场发现"的技术功能，切入特殊资产处置链条，进而提升特殊资产处置效率。

二 疫情时期的特殊资产行业

2020 年，新冠肺炎疫情在全球范围内蔓延，对各国经济以及国际经济交往和贸易活动形成巨大冲击。疫情对全球经济的负面影响显而易见，从主要经济体的表现来看，基本是 1929 年世界经济大危机以来最糟糕的水平，并且还有进一步恶化的可能。从这个意义上讲，疫情对全球经济的影响已经远远超过了 2008 年的金融危机。

从我国的调查数据来看，疫情对经济的短期冲击同样较为严重。2020年第一季度工业生产、消费、投资及净出口均同比大幅负增长，应该在意料之中。不过，从结构来看，经济运行也还存在一些亮点，比如，疫情对农业生产影响相对较小，同比下降3.2%；传统服务业（如旅游、交通等）受冲击相对严重，但线上购物、娱乐、办公等行业逆市大幅增长，同比上升5.2%，服务业转型增强了经济的抗冲击韧性。此外，2020年3月国内疫情进入暂时稳定控制阶段后，货币及财政政策逆周期调节效果显现，我国各项经济指标均出现较大幅度反弹，预示着2020年之后的时间，我国经济增速将逐渐加快。但即便如此，在全球疫情得到有效控制之前，经济活动都将难以恢复到正常状态，经济增速低迷将可能成为一段时期内的常态，对特殊资产行业也将产生深远的影响。

从供给方面来看，疫情之后，特殊资产（不管是金融机构的不良资产，还是非金融企业的应收账款）供给可能会显著增加。从行业影响来看，疫情直接冲击的行业主要是以餐饮、旅游、交通运输和批发零售业为代表的第三产业。特别地，因为疫情防控需要，各地政府暂时关停了人员聚集的行业（如影院、健身房、量贩式KTV、游乐场等），或对上述行业的营业条件进行限制（如餐饮和银行网点等）。这些疫情防控所必需的措施，在短期内都对服务业产生了较大冲击，同时，随着疫情防控的常态化，这些产业甚至面临中长期的需求收缩。受旅游行业和人流限制的影响，交通运输和物流行业（如民航、公路客运、货运、出租汽车等）也受到了较为强烈的冲击。此外，由于疫情改变了人们的办公习惯，加之企业现金流紧张，企业对商铺和办公场所租金的承受能力明显下降，这对商业地产的需求也造成了较大影响。

从企业类型看，中小微企业自身抗风险能力较弱，加之以批发零售业、住宿餐饮业、旅游业、商贸业等劳动密集型和轻资产的行业为主，上述行业中小微企业占全部中小微企业的比例超过70%，受疫情的冲击更为严重。

在上述影响下，预计疫情之后，无论是金融机构的贷款，还是非金融企业的债务（应收账款和债券等），都将面临信用风险上升、违约率提高的情况。考虑到疫情影响持续时间可能会较长，相关风险上升也有可能会持续较长一段时间。

从银行业不良贷款看，根据银保监会披露的数据，截至2020年第一季度末，商业银行不良贷款余额为2.61万亿元，较上季度末增加1986亿元，较上年同期增长21%，不良贷款生成速度有所加快，上升幅度显著高于资产增速。商业银行整体不良贷款率为1.91%，较2019年末增加5个BP，创2009年以来新高。目前银行不良资产仍面临一系列压力，主要体现在以下几个方面。一是受疫情影响，餐饮、住宿、房地产、文化娱乐等行业复工复产延迟，导致这些行业的中小企业不良资产上升相对较快。二是监管要求银行做实不良资产处置，金融资产风险分类强化监管和非标置换逐步完成，将进一步加快不良资产暴露。三是个人不良贷款压力显著加大。中国人民银行发布的《2020年第一季度支付体系运行总体情况》显示，信用卡逾期半年未偿信贷总额为918.75亿元，占信用卡应偿信贷余额的1.27%，较2019年末出现了较为明显的上升。考虑到疫情仍在持续，对经济、金融的影响也将转向长期，个人贷款有可能成为银行新增不良资产的主要来源。

在非金融企业不良资产方面，疫情也为市场主要参与者对非金融企业进行流动性援助和重组重整提供了机会。受疫情影响，部分行业、企业风险加速暴露，很多中小微企业停工停产，出现现金流暂时性紧张、纾困救急贷款需求突出、贷款逾期等问题。对于这类企业，资产管理公司在流动性援助、重整并购、上市公司资源获取方面的机会增加，低成本获取优质经营类资产更具条件。借助流动性援助式重组以及触发实质性重组，资产出让方享受注入资金的利息收入，而资产受让方则通过资产价值的提升获取收益。

上述这些情况，为特殊资产投资提供了越来越广阔的市场空间；而特殊资产行业的发展，有助于处置和化解相关风险，对提升金融机构风险抵御能力，降低疫情造成的损失，也将起到积极的作用。正是基于这样的认识，监管部门根据特殊资产市场发展的整体趋势，以及加快银行业不良贷款处置的客观需要，开始积极推进相关政策。

一是进一步增加持牌主体。2020年2月，橡树资本的全资子公司——

Oaktree（北京）投资管理公司在北京完成工商注册，成为首家外资控股的资产管理公司。2020年3月，建投中信资产管理有限责任公司转型为金融资产管理公司获批，并更名为"银河资产"，成为第五家全国性AMC，专注于处置与金融市场相关的不良资产。预计未来一段时间，外资资产管理公司还有进一步扩容的可能，这对丰富特殊资产市场参与主体，促进市场竞争、提高市场效率，都有相当积极的意义。

二是降低银行不良贷款处置门槛，扩大处置贷款的范围。在扩大处置主体的同时，监管部门也在积极开展试点，进一步放松对银行不良资产处置的限制。2020年6月，监管部门下发《关于开展不良贷款转让试点工作的通知（征求意见稿）》（以下简称《意见稿》）和《银行不良贷款转让试点实施方案》，《意见稿》明确提出将进行单户对公不良贷款和批量个人不良贷款转让试点。参与试点的机构包括六大国有银行，12家股份制商业银行，4家金融资产管理公司、符合条件的地方资产管理公司及5家金融资产投资公司；同时，《意见稿》也明确，银行可以向金融资产管理公司、地方资产管理公司转让单户对公不良贷款和批量转让个人不良贷款，突破了现行《金融企业不良资产批量转让管理办法》（财金〔2012〕6号）对单户对公贷款转让及个人贷款批量转让的限制，为银行不良贷款的处置提供了极大的便利。

综上所述，经济、金融形势的变化和监管政策的积极推动，为特殊资产市场的良性发展，提供了良好的外部环境，有助于行业的进一步深化发展。为全面反映我国特殊资产行业的运行情况，国家金融与发展实验室特殊资产研究中心联合中国特殊资产50人论坛，组织行业内理论和实践领域的专家，围绕我国特殊资产行业的生态体系，对行业发展历程、政策环境、交易情况、资产出让方、资产买入方、资产交易市场、互联网交易模式创新、特殊资产投资人、特殊资产处置模式及典型案例等各个方面，展开全方位的研究和介绍，并对未来可能的创新方向进行了展望，以期能够给监管部门、特殊资产业界，以及对特殊资产行业感兴趣的读者提供一些借鉴与参考。报告的写作分工大致如下：序言（曾刚），第一章（吴锐、丁雅琦），第二章（杨水清、栾稀），第三章（冯毅、陈宇轩），第四章（戴志锋、陆婕、胡煜），第五章（任涛），第六章（吴语香），第七章（曾刚），第八章（吴锐、丁雅琦），第九章（胡顺涛、徐超、曾若愚），刘伟对报告全部章节的文字和图表进行了审校。囿于编者能力，加之特殊资产行业仍然是一个新兴的行业，许多概念和分类可能失于严谨，部分结论也值得商榷，仍需进一步深入研究和探讨，疏漏之处，还请读者谅解。

2020 年 7 月于北京·京广中心

目　录

第一章　导　论 ………………………………………………………… 001
　　一　特殊资产的概念与特征 ……………………………………… 001
　　二　国际特殊资产行业的发展历程 ……………………………… 005
　　三　特殊资产处置的国际经验 …………………………………… 008
　　四　国际特殊机会投资基金的发展 ……………………………… 015

第二章　中国特殊资产行业的发展 …………………………………… 021
　　一　中国特殊资产行业发展历程 ………………………………… 021
　　二　中国特殊资产行业的监管环境 ……………………………… 025
　　三　我国特殊资产行业的发展趋势 ……………………………… 043

第三章　中国特殊资产市场的交易情况（2019～2020） …………… 047
　　一　中国不良资产行业市场容量 ………………………………… 047
　　二　商业银行不良资产交易 ……………………………………… 050
　　三　网络司法拍卖交易情况 ……………………………………… 062

第四章　特殊资产的出让方 …………………………………………… 075
　　一　商业银行 ……………………………………………………… 075

二　非银行金融机构……………………………………………… 095
　　三　非金融企业…………………………………………………… 103

第五章　特殊资产的买入方……………………………………………… 109
　　一　金融 AMC …………………………………………………… 109
　　二　金融 AIC …………………………………………………… 118
　　三　地方 AMC …………………………………………………… 123
　　四　民营资本……………………………………………………… 136

第六章　特殊资产的交易市场…………………………………………… 140
　　一　地方金融资产交易所………………………………………… 140
　　二　（银行间市场）标准化特殊资产交易……………………… 155

第七章　互联网、金融科技与特殊资产行业创新……………………… 161
　　一　"互联网+"对特殊资产行业的价值………………………… 161
　　二　"互联网+"特殊资产的主要模式…………………………… 164
　　三　"互联网+"模式的发展趋势………………………………… 168
　　四　金融科技在特殊资产行业中的应用………………………… 171

第八章　特殊资产行业的投资者………………………………………… 175
　　一　特殊资产市场的产业投资者………………………………… 175
　　二　特殊资产市场的财务投资者………………………………… 193
　　三　特殊资产市场的外资投资者………………………………… 203
　　四　总结与展望…………………………………………………… 209

第九章　特殊资产的处置模式…………………………………………… 212
　　一　诉讼清收……………………………………………………… 213

目　录

二　破产重整及破产清算 …………………………………… 218

三　不良资产收购 …………………………………………… 222

四　债务重组 ………………………………………………… 227

五　资产投资 ………………………………………………… 236

六　不良资产证券化 ………………………………………… 242

七　交易所平台处置 ………………………………………… 246

八　互联网平台处置 ………………………………………… 250

参考文献 …………………………………………………… 258

第一章
导 论

近年来，我国经济发展进入了增速换挡的"L"形触底期，面临着日趋严峻复杂的内外部经济环境，经济结构深度调整，加之监管趋严背景下经济金融资源错配的风险暴露，全社会风险资产快速增长。特殊资产投资借助"逆周期收储、顺周期处置"熨平经济周期波动的天然优势，在经济下行周期中，受到越来越多参与者的关注。

一 特殊资产的概念与特征

对于"特殊资产"和"不良资产"，理论和实务界并没有统一的定义，实践中也常常不做区分。[①] 在我们看来，所谓"特殊资产"是由于特殊原因而被持有或需要变现的资产，过度的信用风险、市场风险、流动性风险导致其价值被显著低估的资产，具有变现需求急迫、（可能存在）巨大升值潜力等特征。从上述定义看，特殊资产的"特殊"主要表现在投资标的上，一般指经济处于特殊周期，宏观环境经历特殊阶段，或遇到特殊事件，导致标的物处于特殊困境的、价值被低估的状态。从具体的标的物来看，特殊资产既包括银行业的不良债权（即通常意义上的"不良资产"或"不良贷款"），还包括价值被低估、具有短期变现需求、存在较高升值潜力的收益权、实物资产等，如困境地产项目并购、违约债券投资、企业流动性纾困等。这些特殊资产的存在，引发了针对特殊资产的投资机会，并演化出与之

[①] 由于我国特殊资产的主体部分仍以传统意义的不良资产为主，我们在行文中，也不加区别地使用"特殊资产"和"不良资产"两个概念。

相适应的特殊资产行业生态体系。

与传统的聚焦金融类资产的"不良资产"概念相比,"特殊资产"所涵盖的范围更加广泛,将非金融资产也包含在内;而且,从资产所处的状态来看,"不良资产"是已经发生风险的"特殊资产",违约是其最主要的"特殊原因",而特殊资产所涵盖的"特殊原因"更为广泛,如不一定已经发生违约,但出售方有急切的变现需求等。总体上,特殊资产是更为广义的"不良资产",特殊资产行业的参与主体和交易模式,比传统的不良资产也更为丰富和灵活(见表1-1)。

表1-1 不良资产与特殊资产的比较

项目	不良资产	特殊资产
定义	金融机构持有的、出现减值的不良债权资产	金融机构和非金融主体持有的,价值被低估、具有短期变现需求、存在较高升值潜力的债权、广义收益权、实物资产等
资产来源	银行等金融机构	金融机构、非金融企业等
是否已为不良	是	不一定
处置目的	核销处置或优化报表	应急变现等流动性需求
资产形式及规模	单笔较小、数量众多(10笔以上)单笔规模较大	单笔较多,数额规模大小不一
处置方式	批量转让或个体转让	个体转让、债转股、并购、混改、整合等

资料来源:姜何,《资产市场新规则:不良资产前线操作备忘录》,中信出版集团,2018年。

特殊资产行业的出现给投资者折价购买资产带来了空间,投资者可以通过运营、再出让以及获得直接处置机会而最终获取增值。从全球特殊资产投资行业发展历程来看,掌握和具备了核心的金融与地产技术、知识、人才,并能结合牌照优势的团队,往往能获取最大收益,因此这一行业对团队的要求较其他资管行业更高。团队成员必须具有能有效与当地政府沟通的能力、对外部资源进行合理运作的能力、熟练运用法律知识的能力、较高的谈判能力、不动产盘活重整运营的能力、金融风险控制能力和资产估值能力等。

通常而言,特殊资产行业主要有以下几个方面的特征。

一是经济环境波动所导致的折价。资产的价值与宏观经济环境高度相关，既包括经济周期变化导致的波动，也有特殊的外部冲击带来的短期波动（如新冠肺炎疫情）。总体上看，资产价值有较明显的顺周期性，即经济下行时，价值会有所降低，经济上行时，价值会有所上升。

二是变现流动性暂时丧失导致的折价。违约资产的处理、呆账出让由阶段性的特定资产处置的供需状况决定，影响因素还包括处置的时间紧迫性、资产的完整性等。由于行业存在进入壁垒或信息不对称等缘故，这部分价值会一直存在，同时由于经济下行时不良资产供给端规模数量扩大（例如金融机构处置不良资产、企业资产变现筹集流动性资金等），行业还会呈现整体收入的逆周期属性。

三是特殊资产价值被发现和再分配。特殊资产本身或其抵质押物的价值也会随经济周期发生变化，当抵质押物价值超过初始评估价值时，资产处置方可以获得资产的剩余价值。同时，当资产的流动性价值被发现时，市场的转让行为中将存在价值再分配的机会。

四是第三方介入干预（如破产重整）。第三方处置破产企业资产，或是给那些濒临破产但仍有发展潜力的企业再生的机会，主动对企业治理结构进行改良，可以通过适合的方式促进企业复苏，最终使其恢复清偿债务的能力，且在此过程中，参与机构也将获得更大的利润。

总体上讲，特殊资产行业是一个跨周期的行业，遵循市场"低买高卖"的原则，其买卖行为具有一定的逆经济周期性。主要参与者往往选择在经济下行时低价收购，因为当经济下行时，一些企业现金流断裂、信用风险上升，不良资产暴露增加，金融机构愿意折价卖出信贷资产。经济好转后，部分有生存潜力的特殊资产会大幅增值，投资者此时再将该类资产溢价卖出、转手处置，所获收益主要来自特殊资产的真实价值与短期折价处置的差额（见图1-1）。

根据宏观经济周期所处的阶段，特殊资产的价值大致可分为三个区间。一是经济衰退早期，收购特殊资产的价值并未下行过多，处置速度仍然较快。收购折价成本的下行速度可以抵销资产价格下降，收益率曲线呈现逆周

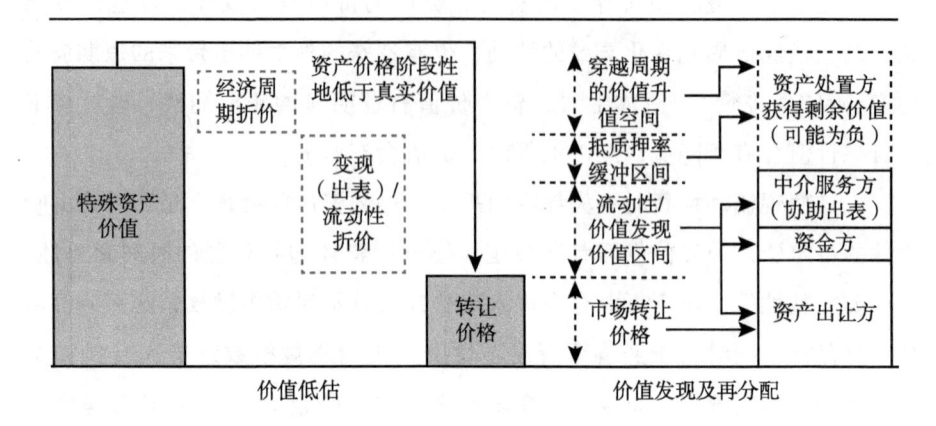

图 1-1 特殊资产管理的收益空间

资料来源：平安证券。

期属性（经济下行，收益率仍然上涨）。二是经济加速衰退期，收购特殊资产成本无法弥补资产价格的下降，处置周期拉长，收益率曲线加速下降，呈现顺周期属性（经济下行，收益率下降）。三是经济复苏期，特殊资产价值回升，经济低谷期收购的低成本资产收益率加速上升呈现高弹性的顺周期属性（经济上行，收益率加速上涨）（见图1-2）。

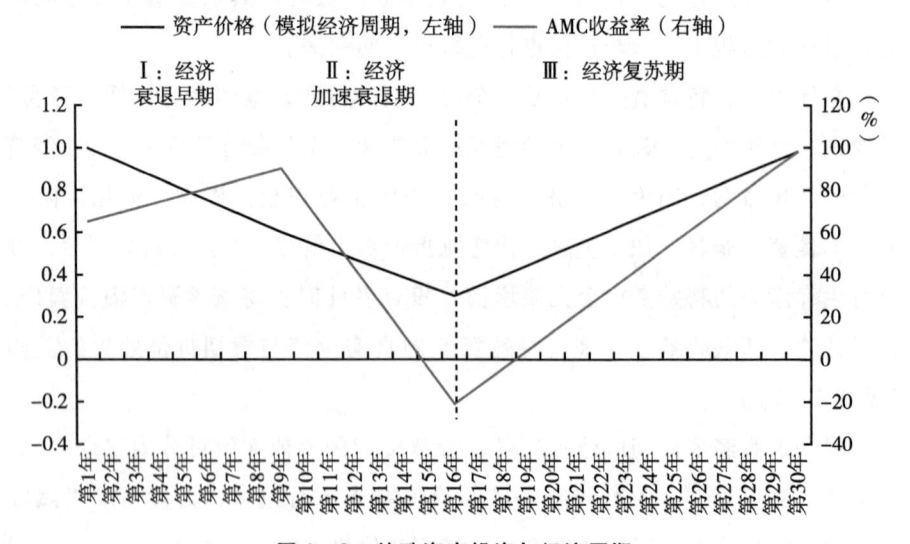

图 1-2 特殊资产投资与经济周期

资料来源：平安证券。

资产管理公司（及其他市场参与者）利用信贷资产质量的跨周期差异，帮助银行和其他金融机构剥离不良资产，平滑了金融机构的偿债风险，提高了金融机构的资产质量，增强了金融体系的抗风险能力。

二 国际特殊资产行业的发展历程

国际层面上，特殊资产行业的主要投资机构多成立于20世纪晚期，源于美国的第四次并购浪潮。经历过多次经济危机、金融危机的洗礼，不良资产投资行业已逐步发展成为向有需求的企业提供多元化金融服务的重要金融机构，这些投资机构对金融市场和实体经济的影响力不断增强。

经过多年的发展，国际特殊资产投资行业已形成多元化的市场格局，既有专注于特殊资产的"秃鹫基金"，如柯尼资本、橡树资本、阿波罗等，也有大型金融集团涉猎特殊资产领域，如黑石集团、高盛集团等，这些机构全球布局、经验丰富，参与了全球主要的特殊资产市场。

从投资业绩看，次贷危机之后，特殊资产投资机构管理资产规模及利润在过去10年增长迅速，收益水平普遍较高。过去5年，随着美国经济的复苏和欧债危机的发生，特殊资产投资行业的重心有所转移，美国的投资收益水平普遍下降，欧洲投资的利润水平则快速提升。

观察国际特殊资产投资行业发展历史可以发现，经济周期下行和金融危机爆发往往是不良资产行业的重要机遇，资产处置的需要为投资机构提供了广阔的发展空间；而专业投资机构通过深入而广泛地介入不良资产领域，不断拓展不良资产的内涵和外延，不断开发不良资产投资的方式方法，进而实现深入企业资产负债表各个方面、横跨企业资本结构各个层面的资产多元化配置，创造和提升企业价值，在实现投资收益的同时，也有力支持了实体经济的复苏。这些经验可以为中国不良资产行业发展提供有益的借鉴。

（一）20世纪80~90年代：美国储贷危机及高收益债券危机

国际特殊资产行业的兴起源于20世纪80~90年代美国的银行业储贷危机及高收益债券危机。

20世纪80年代，美国利率市场化进程加快，市场利率随通胀率上升而迅速攀升，储贷机构主营的长期住房按揭贷款多为固定利率，因此储贷机构的账面资产大幅缩水，加上资金长短期配置错位、过度竞争、投机经营、管理失误和监管能力不足等问题，对美国银行业影响重大的"储贷危机"由此引发。据统计，20世纪80~90年代，美国约有1600多家银行、1300多家储贷机构陷入困境，不良资产总额达到近7000亿美元。1989年，为储贷机构存款提供保险的联邦储贷保险公司（FSLIC）迫于压力宣布破产。

另外，20世纪80年代美国的杠杆收购浪潮推动了高收益债券市场的迅猛发展。但到了20世纪80年代末，美国经济增速放缓，大批杠杆收购未能实现其预期价值。由于杠杆的过度应用，高收益债券违约率迅速攀升，在1990年和1991年分别高达8.71%和10.53%，高收益债券危机大面积爆发，债务违约和破产使得大量企业陷入困境。

在此背景下，美国政府和金融机构采取了一系列措施以化解巨额的不良贷款，包括设立重组信托公司（Resolution Trust Company，简称RTC）专门负责处置破产储贷机构的资产，RTC也成为全球各国处置特殊资产的模板。同时，大量困境投资机构在美国兴起，Oaktree、Apollo、Cerberus、Angelo Gordon等特殊机会投资基金陆续成立。

（二）1997~1999年：亚洲金融危机

1997年亚洲金融危机爆发，受货币贬值影响较大行业的违约率大幅提升，亚洲各国本身经济增长模式存在的问题在危机中也凸显出来，不良资产加速膨胀，推动了特殊资产行业在亚洲的发展。众多投资机构开始参与到亚洲特殊资产投资的市场当中；同时，亚洲各主要经济体或由政府主导设立了大规模处置银行不良资产的专门机构，或深化了已有机构的相关职能，比如中国组建了四大国有金融资产管理公司。

（三）2007~2008年：金融危机

2008年金融危机之后，美国银行不良贷款率达到历史高点（2009年达到4.96%，见图1-3），不良债权存量高达4000多亿美元。仅2007~2010年，美国破产银行的数量就从3家激增至157家。在此期间，特殊资产行业再次迅速发展，特殊资产基金的年募集金额激增至559亿美元，达到历史高位。同时，美国政府购买大量房贷抵押债券（MBS）为市场注入流动性，同时通过入股美国国际集团、房地美、房利美等持有大量问题资产的金融机构，维持了金融市场的稳定。在经济逐步复苏的过程中，美国政府凭借其低价购入的问题资产和金融机构股权获得了相当可观的收益。

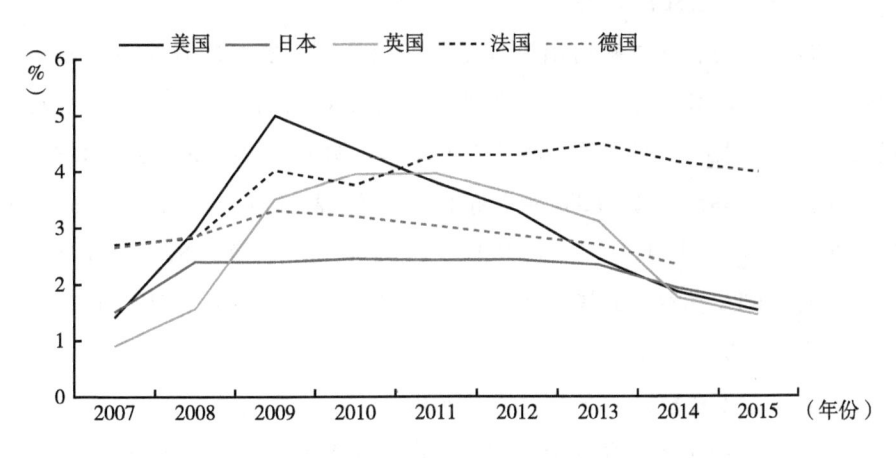

图1-3 2007~2015年全球主要经济体不良贷款率变动

资料来源：Wind。

（四）2010年：欧洲债务危机

2010年10月，欧洲债务危机全面爆发，欧洲货币及股价双双暴跌，大量在金融稳定时期低风险、流动性较好的资产成为难以变现或不得不折价出售的困境资产。欧债危机期间，政府向银行直接注资或为银行发行债券提供担保，同时欧洲各国纷纷设立坏账银行，将银行的不良资产剥离至坏账银行进行统一处置。银行出售大量不良资产包，收购方包括投机基金、对冲基金以及投行的分支部门等。专注于欧洲市场的特殊机会投资基金也在此期间获得快速发展，2009~2012年，专注于欧洲市场的特殊机会投资基金的募集金额从40亿美元飙升至105亿美元。

三 特殊资产处置的国际经验

（一）美国

1. 储贷协会危机的风险处置

1989年8月，美国政府出资设立临时处置不良资产的政府机构——重组信托公司（RTC），负责清理、重组破产金融机构的不良资产，并在处置过程中获得最大净值回报，开创了通过特殊机构处置银行不良资产的先河。从1989年至1995年底，RTC共重组了747家储蓄机构，处理资产账面价值约4560亿美元，其中回收了约3950亿美元，占账面价值的87%。经过6年多的运营，RTC基本完成其使命，于1995年底关闭，其操作实践成为全球金融机构不良资产处置的典范。

RTC处置不良资产的方式包括以下几种。

（1）公开拍卖和暗盘竞标。RTC专设了一个用于不良资产交易的市场，根据资产在规模、类型、质量、地理分布、期限等方面的特征，对资产进行分类，并将特征相似的资产组合成资产包进行公开拍卖。而对于RTC持有的不动产，通常采用暗盘竞标的方法进行处置，将招标广告刊登在报刊上，有意愿的潜在买家根据招标指示提交报价。1986~1994年，RTC通过封闭投标的方式出售了账面价值逾200亿美元的不良贷款，总计超过80万笔，约占其不良资产处置总额的6%。

（2）资产证券化。RTC将特征相似的不良贷款、准不良贷款和不合格贷款等不符合传统资产证券化条件但可产生预期现金流的信贷资产打包形成资产池（其中大部分是住房抵押贷款），在此基础上发行附带息票的市场化证券，以在更大的市场范围内寻找买家。1991年，RTC首次发起总额为5000万美元的证券化交易；RTC存续期间，合计发行了20多项规模超过140亿美元的不良资产支持证券。

（3）委托私营机构管理和处置资产。RTC自身力量难以处置如此庞大的不良资产，因此委托外部机构成为RTC的常用策略。1991～1993年，RTC与91家私营机构签订了199份标准资产管理与处置合同，涉及的资产账面价值总额高达485亿美元。标准合同通常为三年期，并有两次续约期，每次可续约一年；合同对价包括管理费、资产处置费和激励报酬三部分。在合同约定框架内，私营机构对合同约定的大部分资产有相当灵活的管理与处置权。在有效的激励设置下，RTC充分整合外部力量，高效处置了大量不良资产，并尽可能实现了资产价值的最大化。

（4）与私营机构设立合资公司。RTC与私营机构共同组建合资公司，RTC作为有限合伙人以其持有的破产金融机构资产（不良贷款、准不良贷款或不动产）作为股本投入，并负责安排融资；私营机构则作为普通合伙人注入现金股本，并提供资产管理服务。清偿债务后的资产处置剩余收益按照约定比例由RTC和私营机构共享。

2. 次贷危机中的风险处置

次贷危机爆发后，美国银行不良资产率迅速上升，截至2010年末已达5.46%，账面总值高达4100亿美元。与此同时，美国实体经济受损严重，申请破产保护的实业企业大量增加，美国的企业债券违约率也大幅上涨，其票面总值达到1239亿美元。在此背景下，美国政府在市场化运作的基础上，采取了"先救助，后处置"的化解策略，并辅以危机综合应对措施，成功实现了恢复金融稳定和完成风险处置的目标。其不良资产处置的具体措施如下。

一是通过降息和购买债券的方式为金融市场注入流动性。美联储在连续降息、减轻贷款人还款压力的同时,通过购买国债等方式为市场注入流动性。2008~2009年,美联储总共购买了3000亿美元的长期国债,并由房地美和房利美发行抵押贷款支持债券。

二是利用问题资产救助方案(TARP)对银行和汽车企业进行救助处置,并由美国联邦存款保险公司(FDIC)承担对破产银行及其资产的处置。2008年10月3日,美国国会审议通过了核心内容为"问题资产救助方案"(TARP)的《2008年经济紧急稳定法案》,授予财政部7000亿美元资金用于担保和购买问题资产,以救助具有系统重要性的金融机构。其救助处置的思路有两种:第一,实现救助后由银行自行处置,如分拆出售非核心业务;第二,救助、重组与自行处置相结合。对银行的救助方面,主要通过TARP投资为700多家全国性银行和450家社区银行提供资本金支持,帮助银行系统逐步恢复正常;汽车企业救助方面,主要利用汽车工业融资计划(AIFP)为陷入困境的汽车行业提供融资支持。此外,由FDIC接手对破产银行或其他金融机构的处置。处置方式包括:清偿存款人保险金和清算破产机构资产;对银行进行持续的经营救助;将破产机构的存款、负债和其他资产出售给收购者。FDIC主要通过以下方法处置破产银行的贷款:将资产规模较小、贷款质量以及中标价格差异较大的不良贷款打包销售给各类投资者;分阶段出售金额较大、交易条件较为苛刻的不良资产包。

三是实行公私合营投资计划(PPIP)。公私合营投资计划是美国次贷危机期间处置不良资产的核心措施,其运作机制为美国财政部以750亿~1000亿美元出资,与FDIC以及美联储联合撬动市场中的私营资本,一起组建合营基金来购买商业银行体系内的不良贷款,处置问题债券。FDIC为资金短缺的私人投资者提供杠杆率最高可达6倍的融资担保,有效提高了私人投资者的积极性。不良资产的后续经营管理主要由民间法人机构负责,FDIC负责对相关管理活动过程进行监督。PPIP的另外一半资金用于处置问题债券,

第一章 导 论

其目的是通过刺激证券市场，增强金融机构的资金流动性，加快新的信贷投放。此外，基金经理人还可以向美国财政部申请贷款，贷款额度一般可达到其投资总额的 50%~100%。

四是分拆不良资产的经营管理业务。比如，次贷危机后，花旗集团拆分为花旗公司和花旗控股公司，其中，花旗公司负责经营花旗集团在全球范围内的优质商业银行业务，而花旗控股公司主要负责处理花旗集团 8200 亿美元的不良资产。

（二）日本

日本在经济泡沫破裂后，股价和房地产价格双双暴跌，抵押物价值缩水，银行资产质量急剧恶化，直接或间接流入这两个市场的贷款无法回收，形成巨额不良资产。日本政府先后采取设立专门的不良资产处置机构、直接注入资本、制定配套政策以及进行金融体系改革等方式不断深化解决银行不良资产问题。经过上述措施的联合作用，日本银行的不良贷款率从 2001 年顶峰时的 8.4% 下降至 2005 年的 1.8%。

1. 设立专门的不良资产处置机构

1996 年 9 月，日本政府提供财政资金，效仿美国的 RTC 模式将东京共同银行改组为债权重组托管银行（简称 RCC）。该机构的主要任务是接管破产金融机构的业务，收购处理其不良债权。1997 年 12 月，日本政府公布"稳定金融体系紧急对策"后，RCC 的职能得到进一步加强，可通过购买优先股等方式向自有资本比率较低的银行注资。

同时，日本政府又设立了"桥"银行（过渡银行）以经营和管理破产金融机构的健全债权，即将破产金融机构的债权分为不良债权和健全债权，分别交给 RCC 和"桥"银行处置。"桥"银行在开始托管之后的一年内，可通过合并、转让股权或经营权、出售等方式，为破产银行找到新的接管者（见图 1-4）。

2. 政府直接出资

日本国会于 1998 年 1 月批准政府针对银行不良资产动用 60 兆日元进行

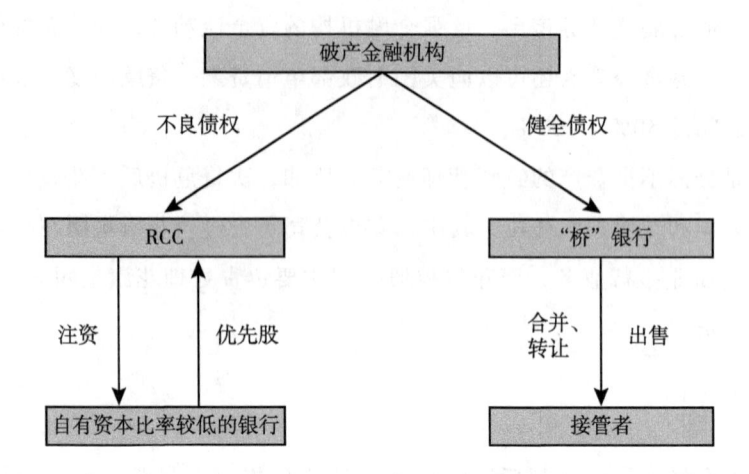

```
                  ┌──────────────┐
                  │ 破产金融机构 │
                  └──────────────┘
            不良债权 ↙          ↘ 健全债权
          ┌───────┐            ┌────────┐
          │  RCC  │            │"桥"银行│
          └───────┘            └────────┘
        注资 ↓  ↑ 优先股    合并、转让 ↓  ↓ 出售
      ┌──────────────────┐        ┌────────┐
      │自有资本比率较低的银行│        │ 接管者 │
      └──────────────────┘        └────────┘
```

图 1-4　日本不良资产处置模式

处置，将公共资金注入银行形成资本金，或通过购买银行的股票和债券等方式对银行进行援助。

3. 政策倒逼金融体系改革

1997 年之前，日本政府对银行业主要采取保护政策，但收效甚微，银行业不良贷款率仍居高不下。1997 年后，日本政府开始对金融机构进行全面改革，于 1998 年 10 月通过了《金融再生法》和《早期健全法》，决定不再保护破产金融机构，由此掀起了日本银行业大规模的合并浪潮，银行经营环境进入全面市场化改革阶段。

日本银行不良贷款率在 2001 年达到历史高点，日本政府于 2002 年 4 月推出了旨在对不良债权进行最终处理的紧急经济对策，并要求各大银行在两年内处理完 2002 年 9 月前的不良资产，三年内处理完 9 月后新增的不良资产。

2002 年 9 月，日本央行宣布"银行国有化计划"，即政府将对问题银行通过收购其股票的形式进行国有化改革。为了避免被国有化，政策倒逼日本银行进一步加快不良资产的处置速度，将不良资产转卖给债权处置机构或意欲进军日本特殊机会市场的外资投资者。

（三）韩国

韩国金融体系长期受到政府主导和过分保护，缺乏健全的制度框架，资产质量和经营效率均较为低下，长期积累的不良资产问题在 1997 年亚洲金融危机的冲击下进一步爆发。韩国对不良资产的处置主要依赖于韩国资产管理公社（Korea Asset Management Corporation，简称 KAMCO）。

KAMCO 于 1999 年 12 月由原先的韩国资产管理公司扩建重组而成，主要职责在于解决亚洲金融危机中金融机构的不良贷款问题（接收银行剥离的大量不良贷款），以及帮助经营管理无法清偿债务的企业。作为国有非银行类金融机构，韩国财政经济部持有 KAMCO 42.8% 的股份，是其最大股东；韩国发展银行是第二大股东，持有 28.6% 的股份；剩余股份则由其他金融机构持有。

KAMCO 主要依靠发行不良资产管理基金获得资金。不良资产管理基金与 KAMCO 的自有资金实行分账管理，KAMCO 仅作为管理人对公共资金进行运作。KAMCO 折价购买银行不良资产后，通过资产证券化、公开招标拍卖资产包、单独出售优质资产等方式进行不良资产的处置。此外，韩国政府大力鼓励引入外资，KAMCO 通过买断或发行资产担保债券的方式向国际投资机构出售了大量不良资产。

通过建立 KAMCO，韩国政府在国内逐渐建立起一个以价格机制为主导的不良资产交易市场。在 KAMCO 快速高效的资产处置下，韩国银行不良贷款率从 1997 年的 17.65% 快速下降至 2001 年的 3.89%，韩国 KAMCO 公司不良贷款收购额与银行自行处理不良贷款数额见图 1-5。

（四）欧洲

2008 年金融危机之后，欧洲银行业不良贷款率上升，2012 年最高达到 8%。近年来，随着经济的逐渐复苏，欧洲银行业不良贷款率呈现下降趋势，但相对于其他经济体仍处于较高水平。不良贷款率的攀升对欧洲金融市场以及银行本身的影响巨大。一是引发欧洲金融市场动荡，欧洲核心

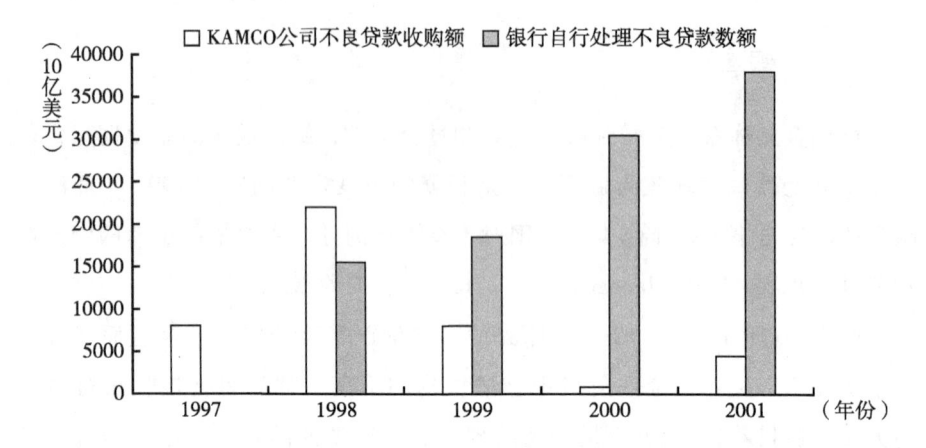

图 1-5　1997~2001 年韩国 KAMCO 公司不良贷款收购额与
银行自行处理不良贷款数额

资料来源：招商证券。

国家（英国、法国、德国）和欧元区边缘国家（意大利、西班牙、葡萄牙、爱尔兰、希腊）的股票市场均出现了一定程度的下跌。从后期的走势看，核心三国较快走出了颓势，但边缘国家走出危机的速度较慢，直至今日还未恢复 2008 年前的水平。二是严重影响欧洲银行业的资本实力和盈利能力。根据英国《银行家》杂志发布的《2016 年全球 1000 家银行排行榜》，欧洲银行业在全球的地位不复从前，在 2014 年的排名中，欧元区银行业的一级资本规模位居全球首位，而 2016 年排名前 10 的银行中，欧元区银行仅有 1 家；全球金融危机爆发前，欧洲银行占全球 1000 家银行总利润的 46%，如今，由于经营环境艰难，资产质量恶化，需要计提大量拨备，消耗了大量资本，欧洲银行的利润在全球 1000 家银行中占比仅为1.58%。面对银行业的复杂形势，欧洲央行和金融管理局开始介入，出台了多项措施推动不良资产的处置，各成员国也针对本国情况采取了相应的处置手段。

第一，欧盟层面深度介入，加大了法律制度层面的推进力度。首先，欧洲银行监管局发布了贷款和债券的不良暴露和逾期定义，对不良贷款的划分标准进行了统一规范，并利用标准化的数据实施了 2014 年和 2016 年银行业压力测试；加强对银行体系的资本管理，欧元区国家平均拨备覆盖率达到82%，其中坏账准备占42%，抵押物价值占36%。其次，欧盟委员会更新了有关破产诉讼的法律文件，并构建了关于破产清算程序的一体化法律框架，有助于成员国破产案件的跨境维权以及消除成员国在企业重组和破产制度上存在的差异。最后，欧洲央行启动单一监管机制（Single Supervisory Mechanism，SSM）和单一清算机制（Single Resolution Mechanism，SRM），全面承担起欧元区银行业的监管职能，并针对单一监管机制管辖范围内的系统重要性银行发布了《银行不良贷款的指引草案》。

第二，设立专门机构，化解相关风险。金融危机爆发后，欧洲各成员国加大对不良资产处置的财政支持力度，主要包括银行再融资、政府贷款、受损资产收购、银行国民化和政府担保授予等。德国、西班牙、爱尔兰等国家注资成立资产管理公司，剥离银行的"有毒资产"，为银行减轻负担，同时还制定"资产保护方案"对特定坏账提供担保机制。

第三，完善法律制度，促进特殊资产市场发展。在不良贷款销售的二级市场方面，一些不良贷款问题严重的国家通过制定相关法律提高市场流动性。例如，2015年希腊通过《不良贷款法》，允许非银行机构购买不良贷款资产；爱尔兰则允许个人和中小企业将贷款出售给相关机构，并对相关的"信贷服务"提供监管，以保证交易符合消费者保护法案。2015年以来西班牙、意大利等国相继出台一系列措施，如制定企业和居民破产程序、不良贷款管理规定，以及修改相关税收制度，以加快贷款重组的效率。同时，欧盟还积极协调各国之间的相关法律，提高二级市场的一体化程度。

四 国际特殊机会投资基金的发展

国际上的特殊机会投资基金兴起于20世纪90年代美国的高收益债券危机，并随亚洲金融危机和欧债危机逐渐扩展至亚洲市场和欧洲市场，现已成为较为成熟的投资策略。

（一）特殊机会投资基金概述

特殊机会投资基金的投资标的既包含狭义的不良资产（银行不良贷款），也包含因特殊原因（信用风险、市场风险、流动性风险等）价值被低估、具有短期变现需求、存在较高升值潜力的债权、股权、实物等资产。基金折价买入上述资产，并通过跨周期的资产持有、主动的运营增值获得标的资产带来的持有收入（租金、利息等），并实现资产升值和退出收益。

特殊机会投资基金主要分为特殊机会私募股权基金和特殊机会对冲基金。前者更偏向于获取控制权的长期投资，通过主动参与企业的资产重组获取回报；而后者则更关注困境证券本身在二级市场产生的短期交易机会。由于前者更符合特殊资产真实处置的定义，本部分主要讨论特殊机会私募股权基金。

具体来看，特殊机会私募股权基金的投资策略分为以下三种。

1. 困境债权策略（Distressed Debt）

以折扣价格获取有增值潜力的困境债权、股权或实物资产的控制权，并在未来资产升值后退出获利。该策略为特殊机会私募股权基金采用最多的策略，对应投资金额超过50%。

2. 特殊机遇策略（Special Situation）

专注于特殊情况导致公司运营异常或公司价值被低估的投资机会。特殊情况包括分拆、证券发行/回购、出售资产等公司行为，以及产业变革、政策变化等特殊环境。该策略为特殊机会私募股权基金使用的第二大投资策略。

3. 重振资本策略（Turnaround）

通过股权投资（通常取得控制权）介入困境公司的生产、融资、运营等，使其业绩改善或现金流恢复，并通过上市或并购退出，获取收益。

（二）基金数量、募集规模及区域分布

特殊机会投资通常在经济危机时进入高度活跃期。2003~2007年，

特殊机会私募股权基金的募集规模增长了649.3%，在2008年金融危机全面爆发时达到顶峰，年募集金额激增至500多亿美元（见图1-6）。

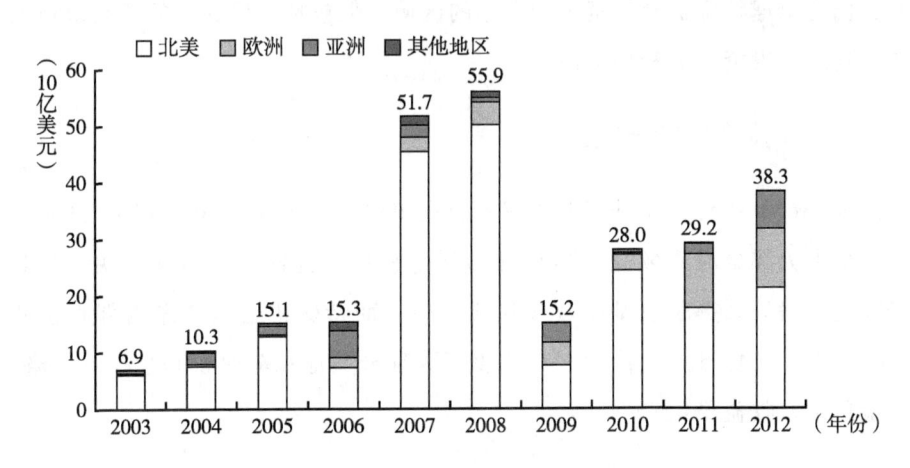

图1-6 2003~2012年全球不良资产基金年募集规模

资料来源：Preqin。

全球特殊机会投资基金呈现如下特点。

1. 基金数量少

截至2016年底，全球专注特殊机会的私募股权基金共89只，占私募股权基金总数的2.9%；特殊机会对冲基金805只，占对冲基金总数的4.9%。

2. 平均规模大

截至2017年6月，募集中的困境债权策略基金平均募集规模7.3亿美元，特殊机遇策略基金平均募集规模8亿美元，远高于私募股权基金平均规模3.8亿美元。

3. 行业集中度高

截至2016年5月，全球可投资资金规模前五大特殊机会投资基金的可投资金额占行业总额的48.3%；全球近10年募资规模前五大特殊机会投资基金的募资金额占行业总额的44.5%。

4. 基金管理人和资金投向主要分布在北美

全球前十大特殊机会投资基金的管理人总部均位于北美。成立于1995

年的橡树资本是目前全球规模最大的专注于特殊机会投资的机构，截至2019年第三季度资产管理规模（AUM）为1219亿美元。从资金投向上看，北美仍为全球特殊机会投资最为发达的区域，但包括中国在内的新兴市场正在受到海外投资人的密切关注。

（三）投资风险与收益

据 Preqin 统计，特殊机会投资基金在 2000 年 10 月至 2016 年 10 月的累积回报率大部分时间领先，2008 年金融危机后累计回报率增速加快，并高于其他策略的私募股权基金（见图 1-7）；而特殊机会基金净内部收益率（Net IRR）的标准差仅约为 15%，低于大部分其他私募股权基金投资策略，风险适中，收益稳定。

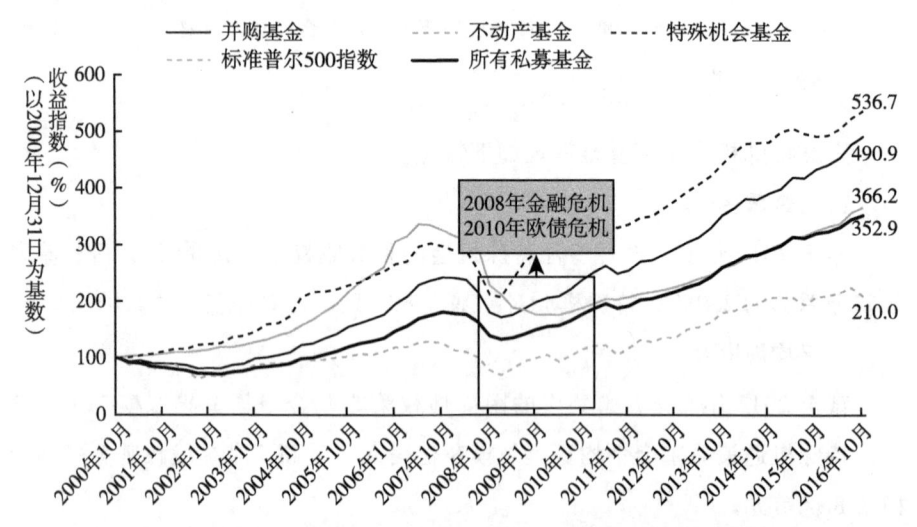

图 1-7　2000 年 10 月至 2016 年 10 月不同投资策略私募股权基金的跨周期市场表现（累积回报率）

资料来源：Preqin。

典型案例：橡树资本

美国橡树资本是目前美国不良资产的最大购买者，也是全球投资管理公司中专门从事另类投资的著名不良资产管理公司。该公司成立于1995年，2012年在纽交所上市，总部位于美国加利福尼亚州洛杉矶，是继阿波罗（Apollo，NYSE：APO）2011年上市后，全球第二家上市的不良资产投资基金。截至2019年末，该公司管理资产规模达970亿美元。橡树资本投资组合包括企业困境债务、困境企业股权、困境房地产、银行不良贷款、高收益债券等资产。如今，橡树资本已建立起一个全球投资平台，并于1998年开始发展亚洲业务，并分别在东京、新加坡、香港及北京设立了办事处。

橡树资本成立以来，始终围绕"不良资产处置"开展业务。根据困境企业所处的周期，橡树资本主要采取以下三类核心投资策略：第一，当企业资产不佳但能正常运转时，橡树资本帮助企业发行高收益债券；第二，当企业违约风险较大时，橡树资本会在企业违约后，收购企业的困境资产进行处置；第三，如果企业仍具有一定发展潜力，橡树资本则会通过股权投资基金帮助企业走出困境，最后再出售企业获取盈利，橡树资本的投资获利逻辑见图1-8。

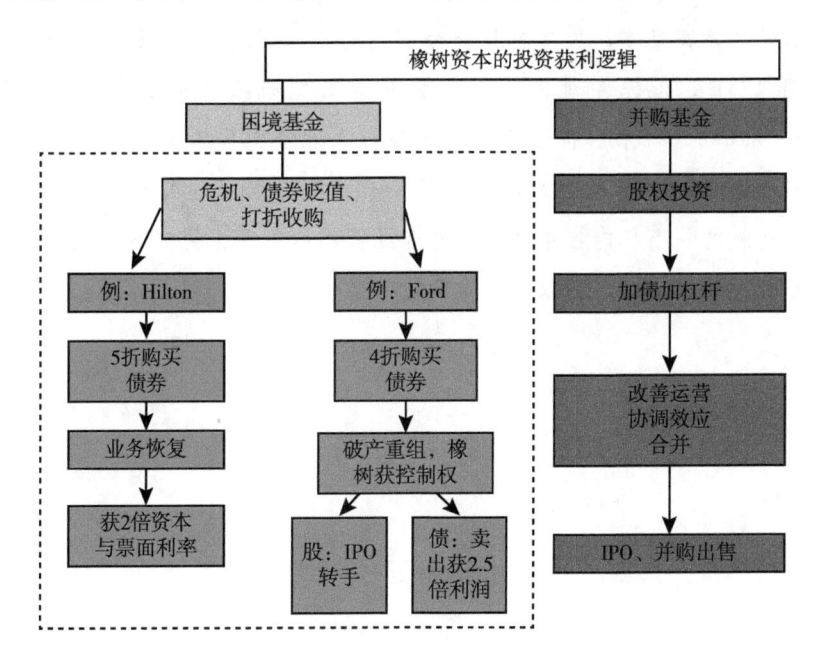

图1-8 橡树资本的投资获利逻辑

资料来源：作者整理。

在投资过程中，橡树资本始终把握两个基本原则。一是在全球市场努力寻找不良资产投资机会，对目标公司和资产价值进行深入了解，快速采取行动，并以尽可能低的价格收购公司资产，如房地产、船只或其他各类资产。二是在对相关法律架构和司法程序深入了解的基础上，开展投资业务。该基金成立以来，所有产品投资业绩长期稳定，毛内部收益率为23%，净内部收益率为17%。

近年来，橡树资本陆续在中国开展了一些投资项目。2006年，橡树资本参与了数码媒体集团（DMG）的第三、四轮融资。2010年，橡树资本出资1.4亿欧元成为圣华集团第一大股东，持有高达80%的股权。2013年11月，橡树资本与信达资产签署了战略协议，合资10亿美元成立不良资产处置公司，双方各占50%的股份，主要处置中国的不良资产。2015年5月，橡树资本与信达资产完成了首笔不良资产投资。2015年10月，橡树资本旗下的上海橡树一期海外投资基金合伙企业（有限合伙）通过诺亚财富、宜信财富以及嘉实资本，成功募集资金10亿元，投资于境外困境债务。2020年2月17日，北京市地方金融监督管理局宣布，橡树资本的全资子公司——Oaktree（北京）投资管理有限公司在北京完成工商注册，成为北京第三家地方AMC，也是国内成立的第一家外资资产管理公司，成为我国金融对外开放的一个标志性事件。外资专业机构的进入，将有助于我国特殊资产行业业态的进一步丰富以及效率的进一步提升。

第二章
中国特殊资产行业的发展

1999年四大金融资产管理公司（以下简称四大金融AMC）的成立，标志着中国特殊资产行业的发展步入正轨。在此后20多年的发展过程中，中国特殊资产行业的参与者通过处置不良资产、托管危机金融机构、助力实体企业脱困等方式，维护和促进了经济金融的稳定运行和良性循环。毋庸置疑，特殊资产行业已成为现代中国金融体系中的重要组成部分。近年来，随着全球经济结构进入深度调整期，风险资产加速暴露，特殊资产行业作为逆周期的经济行业获得了更大的发展空间。与此同时，伴随着金融改革的不断深入和金融科技的不断进步，特殊资产行业呈现参与主体多元化、处置方式多样化、机构合作协同化、金融交易科技化的新趋势。

一 中国特殊资产行业发展历程

商业银行不良资产是特殊资产行业的主要交易对象。我国不良资产投资起源于20世纪80年代，以剥离我国大型商业银行不良信贷资产为主。随着市场化发展的进一步加深，我国不良资产处置也从政策性剥离转变为市场化处置。经济结构调整、国企改制、产业升级等政策环境变化为不良资产投资带来了发展机遇。总体来看，我国特殊资产行业的发展历程大致分为三个阶段。

第一阶段，政策性剥离与接收时期（1999~2005年）。我国资产管理公司是在金融危机的背景下，依靠政策主导成立起来的。亚洲金融危机爆发之后，国有商业银行不良资产问题严重加剧，为有效化解和防范金融风险，

1999年7月，中共中央、国务院印发《关于转发〈国家发展计划委员会关于当前经济形势和对策建议〉的通知》，明确提出"推进建立金融资产管理公司的试点工作"。紧接着，华融资产、长城资产和东方资产相继成立，并分别承接了中国工商银行、中国农业银行和中国银行4007亿元、3458亿元和2674亿元的不良贷款，加之信达资产接收了中国建设银行3730亿元的不良贷款，四大金融AMC合计接收了近1.4万亿元的不良贷款。

第二阶段，商业化转型时期（2006~2010年）。这一阶段，四大金融AMC开始进行商业化改制，不断拓宽业务范围，向专业化和规模化发展。2004年，财政部推动四大AMC的商业化和市场化转型，并根据资金回收率和费用率等指标进行考核。2006年四大金融AMC完成了对四大国有银行不良资产的处置，四大国有银行上市完成。之后，四大金融AMC主动拓展业务范围，开始收购和处置农村商业银行、信用社、信托公司等金融机构的不良资产。信达资产和华融资产分别于2010年和2012年完成股份制改革，发展成为多元化的综合性金融服务平台。

第三阶段，全面商业化时期（2011年至今）。2008年金融危机后，全社会宏观杠杆率快速升高，形成了相当规模的无效资产，在随后的经济结构调整和周期下行过程中，不良资产逐步涌现。与此同时，四大金融AMC发展状况基本稳定。为调动市场活力，盘活金融企业不良资产，增强抵御风险能力，监管部门逐渐放宽处置不良资产的主体要求。在这一阶段，特殊资产行业向市场化发展，处置不良资产的纵向链条不断加深。一方面，处置不良资产的方式增加。由于企业较高的杠杆率阻碍了我国经济健康平稳的发展，为帮助优质企业纾困，化解金融风险，有必要采取市场化债转股等综合措施辅助企业完成良性可持续运转。受融资成本、资金规模与绩效指标等因素影响，资产管理公司实施市场化债转股业务的难度较大，为完成"去杠杆"目标，只有另辟蹊径。2017年，银监会发布《商业银行新设债转股实施机构管理办法（试行）》（征求意见稿），鼓励国有商业银行设立金融资产投资公司（Asset Investment Company，简称AIC）承担市场化债转股任务。目前，我国已有五家金融AIC成立，金融AIC在处置不良资产方面起到了重要作用。另一方面，处置机构的种类也不断增加。除地方 AMC 数量迅速增长外，2020 年，第五家全国性 AMC——银河资产的设立以及外资 AMC 的进入，进一步丰富了我国特殊资产行业的参与主体。2019 年，中国进一步扩大金融业对外开放，使得外资 AMC 进入中国市场成为可能。2019 年 12 月，银保监会发布《关于推动银行业和保险业高质量发展的指导意见》，明确指出要吸引先进的金融机构进入中国市场，其中包括不良资产处置机构。2020 年 2 月 18 日，橡树资本的全资子公司 Oaktree（北京）投资管理有限公司在北京完成工商注册，这是我国首家外资控股的 AMC。

事实上外资 AMC 的到来并不突然，早在 2019 年 10 月 25 日，国家外汇管理局便发布了《关于进一步促进跨境贸易投资便利化的通知》（汇发〔2019〕28 号）和《关于精简外汇账户的通知》（汇发〔2019〕29 号），明确在粤港澳大湾区和海南开展境内信贷资产对外转让试点。2019 年 12 月 23 日，国务院常务会议进一步明确要开展银行不良债权和贸易融资等跨境转让试点。2019 年底，中美贸易第一阶段协定第四部分"金融服务"第五条明确要求中国放开金融资产管理（不良债务）服务。这意味着外资 AMC 进入中国不良资产市场已破除制度性障碍，同时也意味着外资 AMC 进入中国不良资产行业的步伐有望加快。

总体上看，2012 年以后，我国特殊资产行业的市场化程度显著提高，交易规模和活跃度大幅提升，吸引了越来越多的机构（包括投资人和专业处置机构）进入。此外，基于互联网的创新模式也大量出现，进一步提高了行业的热度。不过，在行业热度大增的同时，由于缺乏监管，部分机构的业务开始偏离主业、"脱实向虚"，成为监管套利的重要通道，比如通过交易来帮助商业银行粉饰报表，或规避监管对信贷资金投向的限制等。此外，也有部分平台借互联网金融概念（如众筹、P2P 等）之名，对特殊资产交易进行包装和运作，非法集资，严重损害了投资人的利益。也正是在这样的背景下，近年来，监管对特殊资产行业的清理整顿力度显著加大，监管政策也日渐完善，为行业的长期健康发展奠定了重要的制度基础。

在最初的政策性处置阶段，特殊资产市场参与方较少，主要是国企、银行和四大金融 AMC。本轮商业化、市场化的特点吸引了各类市场主体参与其中，逐步形成了"5+2+N+AIC+外资 AMC"的市场结构。其中，以商业银行、五大金融 AMC、地方 AMC 等为代表的主要金融机构，构成了特殊资产投资的一级市场；而众多民营资本、机构投资者、个人投资者等则构成了特殊资产投资的二级市场；随着金融市场开放力度不断加大，橡树资本等海外资本也加速布局国内特殊资产市场；此外还有大量的交易平台、评估机构、律师事务所、会计师事务所等中介服务机构参与其中，一个开放、多元的市场格局初步形成（见表 2-1）。

表 2-1 各类机构在特殊资产市场中的业务特点

参与方	身份	代表机构	业务特点
五大金融 AMC	资产出让方和收受方	华融资产、东方资产、信达资产、长城资产、银河资产	优势：资本金雄厚，丰富的行业经验和业务团队；劣势：受监管限制较多，灵活度有限，资产承接能力有限
地方 AMC	资产出让方和收受方	浙商资产、中原资产、湖北资产	优势：熟悉属地司法和金融环境，拥有地方信息、资源和人脉优势；劣势：资本金不足，属地展业限制
二级市场民营资本	资产收受方	文盛资产、鼎一投资、湖岸投资	优势：监管限制较少，展业灵活多变；劣势：资产来源受限，资金实力不足，缺乏精尖团队力量
海外投资机构	资产收受方	橡树资本、黑石集团	优势：运用资本手段娴熟，经验丰富；劣势：资金入境手续较为烦琐，需要国内服务商
处置服务机构	提供法律、尽调估值、撮合交易等服务	评估机构、律师事务所、交易平台、清收公司	优势：聚焦某一专业领域，可进行精细化管理；劣势：国内整体业务处于起步阶段，商业模式粗糙

资料来源：平安信托。

从发展趋势来看，当前特殊资产的处置不再是催收、诉讼、折让等传统方式。由于后端资产运营方的业务前置，现阶段的处置围绕价值发现、价值提升和价值实现等关键环节，新增加了债务重组、资产重组、资产置换、债转股、资产证券化等多种模式。随着特殊资产投资主体和方式的多元化，行业协作化发展的趋势凸显，跨行业、跨专业、跨地域的特殊资产综合产业链和生态体系已初步显现（见图2-1）。

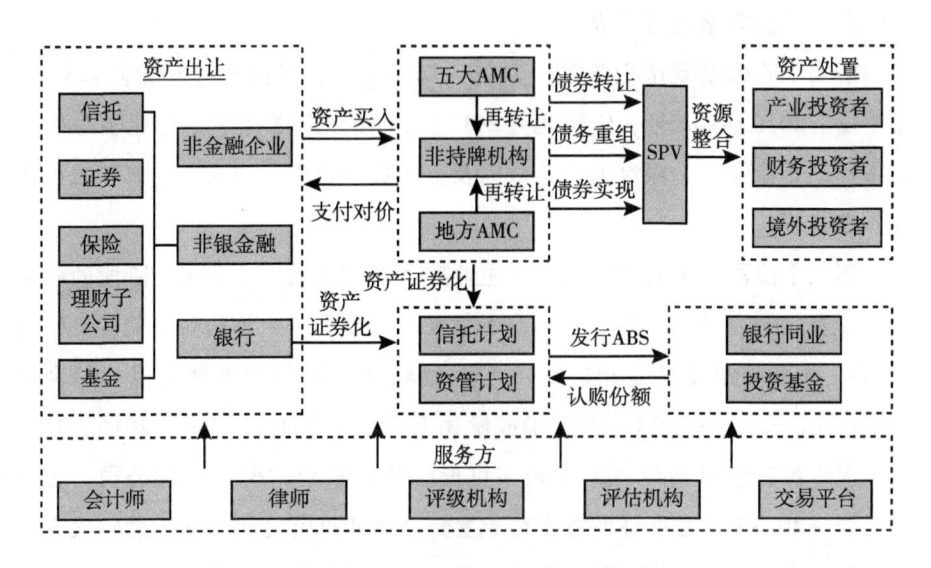

图2-1 特殊资产行业生态体系

资料来源：平安信托。

二 中国特殊资产行业的监管环境

从20世纪末的银行不良资产处置开始，有关监管部门先后出台了系列监管政策，不断丰富市场参与机构，完善与不良资产处置相关的法规制度，为我国不良资产处置行业的快速发展创造了良好的制度环境。与不良资产行业资产处置的发展阶段相对应，中国特殊资产行业的政策演进也大致经历了三个阶段。

第一个阶段是初步形成期（2000~2005年），此阶段的政策法规主要以业务范围界定为主。其中，2000年11月国务院令第297号《金融资产管理公司条例》首次对金融资产管理公司的注册资本、业务范围、资金来源、公司治理、财税政策等方面做出了规定，是中国资产管理行业的标志性文件。此后,财金〔2004〕40号批准资产管理公司开展抵债资产追加投资、委托代理和商业化不良资产收购等业务;财金〔2005〕136号对资产管理公司的内部控制要素进行了界定。

第二个阶段是规范引导期(2006~2011年)。银监发〔2009〕113号、银监发〔2010〕102号、银监发〔2011〕20号分别规范了银行业金融机构信贷资产转让业务、限制回购条款以及金融资产管理公司及其附属法人机构的并表监管。

第三个阶段是丰富完善与聚焦主业期(2012年至今)。这一阶段的政策主要涉及三个方面。一是涉及丰富不良资产行业参与主体的相关规定。财金〔2012〕6号、银监发〔2013〕45号鼓励设立地方资产管理公司(每个省份[①]原则上只设立一家),并明确鼓励民营参股;银监办便函〔2016〕1738号,允许各省份可增设一家(最多可设立两家)地方资产管理公司;银保监会令〔2018〕4号准许商业银行成立金融资产投资公司,并以债转股方式参与不良资产处置。不良资产行业的机构类型和数量进一步得到丰富。

二是涉及完善批量转让的相关规定。财金〔2012〕6号规定资产管理公司、银行只能在本省份范围内参与不良资产的批量转让工作,转给AMC的组包户数应为10户以上,且AMC购入的不良资产应采取债务重组的方式进行处置,不得对外转让;银监办便函〔2017〕702号降低了不良资产批量转让门槛,将不良资产批量转让组包户数由10户以上降低为3户及以上;此外,银监办便函〔2016〕1738号放宽了关于地方资产管理公司收购的不良资产不得对外转让的限制,允许以债务重组、对外转让等方式处置不良资产,对外转让的受让主体不受地域限制。

三是涉及聚焦主业的相关规定。银监办发〔2016〕56号对资产管理公司开展不良资产通道类业务做出了限制,明确规定资产管理公司收购银行业金融机构不良资产时需通过评估或估值程序进行市场公允定价,以实现资产和风险的真实、完全转移。银保监发〔2019〕23号明确规定要对重点领域、

[①] 本书中"省份"指省、自治区、直辖市。

重点风险进行深入整治,以提升银行保险机构内控合规水平。严禁金融资产管理公司违法违规向地方政府提供融资或通过其他平台为地方政府新增债务等;禁止以收购金融或非金融不良资产名义变相提供融资;重点整治为银行业金融机构规避资产质量监管提供通道以及违规新增办理类信贷等固定收益类业务等乱象。银保监办发〔2019〕153号是首份地方AMC行业规范化文件,重在规范地方AMC"回归主业"这一核心职责。

按照特殊资产供给端(以商业银行为主),以及买入和处置端(各类资产管理公司)的分类,我们对主要政策进行了简要的梳理。

（一）供给端的监管政策（见表2-2）

表2-2 针对商业银行不良资产处置的监管要求

发布时间	发布主体	文件名称	主要内容
2009年12月	银监会	《关于规范信贷资产转让及信贷资产类理财业务有关事项的通知》	规定银行业金融机构在进行信贷资产转让时,只有将信用风险、市场风险和流动性风险等完全转移给转入方后,方可将信贷资产移出资产负债表,转入方应同时将信贷资产作为自己的表内资产进行管理;禁止资产的非真实转移,在进行信贷资产转让时,转出方自身不得安排任何显性或隐性的回购条件
2010年12月	银监会	《关于进一步规范银行业金融机构信贷资产转让业务的通知》	银行业金融机构转让信贷资产应当遵守真实性原则,禁止资产的非真实转移。转出方不得安排任何显性或隐性的回购条款;转让双方不得采取签订回购协议、即期买断加远期回购等方式规避监管。不得使用理财资金直接购买信贷资产
2016年4月	银监会	《中国银监会办公厅关于规范银行业金融机构信贷资产收益权转让业务的通知》	着重限制了商业银行通过收益权转让方式将不良资产出表。规定出让方银行应当根据《商业银行资本管理办法(试行)》,在信贷资产收益权转让后按照原信贷资产全额计提资本
2019年4月	银保监会	《商业银行金融资产风险分类暂行办法(征求意见稿)》	金融资产逾期后应至少归为关注类,逾期90天以上应至少归为次级类,逾期270天以上应归为可疑类,逾期360天以上应归为损失类;逾期90天以上的债权,即使抵押担保充足,也应归为不良

续表

发布时间	发布主体	文件名称	主要内容
2020年6月	银保监会	1.《关于开展不良贷款转让试点工作的通知（征求意见稿）》 2.《银行不良贷款转让试点实施方案》	1. 明确将进行单户对公不良贷款和批量个人不良贷款转让试点。 2. 参与试点的银行包括六大国有银行、12家股份制商业银行；参与不良资产收购试点的非银机构包括4家金融资产管理公司、符合条件的地方资产管理公司及5家金融资产投资公司。其中，符合条件的地方资产管理公司，是指经营管理状况较好、主营业务突出、监管评价良好，并由省级地方金融监督管理局出具同意意见

资料来源：作者整理。

由于商业银行不良贷款在特殊资产中的占比较大，从历年出台的条例可以看出，特殊资产供给端的条例大多针对商业银行。针对供给端的相关政策出台较晚，主要是由于最初成立的四大金融AMC对接四大国有银行，经营范围有限，直到2006年四大金融AMC改制完成，才被允许承接其他银行的不良资产业务。

供给端的政策主要侧重于监管商业银行交易的真实性。2009年，银监会发布《关于规范信贷资产转让及信贷资产类理财业务有关事项的通知》，规定银行进行特殊资产交易时，必须在风险已经完全剥离后再出表，以保证交易的真实性，防止银行利用特殊资产交易粉饰报表。之后，银监会又于2010年和2016年相继出台《关于进一步规范银行业金融机构信贷资产转让业务的通知》和《中国银监会办公厅关于规范银行业金融机构信贷资产收益权转让业务的通知》，从回购和收益权两方面，进一步规范商业银行特殊资产出让交易的真实性，防止出现不良资产的不合理出表行为。

针对潜在金融风险不断增加的情况以及三年风险攻坚战的监管要求，2017年以来，有关防范化解风险的政策不断推出，金融监管力度也不断加大。2019年4月，银保监会出台《商业银行金融资产风险分类暂行办法（征求意见稿）》（以下简称《暂行办法》），将商业银行风险分类对象由贷款扩展至承担信用风险的全部金融资产。《暂行办法》是对已有《贷款风险分类指引》(以下简称《指引》)的修订和完善,同时吸收了巴塞尔委员会关于审慎处理资产的相关实践标准,对银行不良资产的认定以及后续的处置都产生了深远的影响。总体来看,《暂行办法》的出台主要基于以下背景。

一是为适应我国银行业资产风险特征的变化。随着银行业资产业务的日趋复杂,同业业务、债券投资、票据业务等占比越来越大。已有的《指引》主要针对贷款提出分类要求,对贷款以外的其他资产缺乏相应要求。部分商业银行对投资债券、同业资产等资产未开展风险分类,或"一刀切"将其全部归为正常类。因此,需要一套能够适用于银行主要资产的风险分类标准,使银行能识别出各类资产的总体信用风险。

二是要解决银行资产分类执行标准不清晰的问题。已有《指引》对一些分类标准缺乏清晰的界定,例如重组贷款中的"客户无力还款"标准如何判定?逾期多少天必须归入不良贷款?这些规则的模糊导致银行在执行过程中存在较大操作空间,银行不良贷款率的真实性也一直受到外界质疑。

三是为有效对接国际监管标准。2017年4月,巴塞尔委员会出台了《问题资产审慎处理指引——不良和重组暴露的定义》(以下简称《处理指引》),明确了不良资产暴露和重组资产的认定标准及分类要求,并提出了逾期90天的暴露均须划入不良资产的实践原则。虽然巴塞尔委员会的《处理指引》不具备强制性的法律效力,但我国作为成员国,通过《暂行办法》吸收和落地巴塞尔委员会《处理指引》中的最佳实践原则,体现了我国银行业在主动对接国际先进监管要求方面做出的努力。

与已有的《指引》相比,《暂行办法》具有以下突出特点。

一是重组贷款认定情景更加清晰。已有《指引》尽管要求重组贷款必须归为不良贷款(至少应归为次级类),但由于对重组贷款两个关键性条件"债务人财务状况恶化"以及"合同调整"规定不够清晰,银行在处理重组贷款的时候还是存在一定的操作空间,例如部分重组贷款仍以各种形式继续存在于正常贷款当中。《暂行办法》充分吸收了国际监管标准，使得重组贷款的认定情景较《指引》更加清晰，银行对重组贷款的自主认定空间明显缩小。此外，在重组贷款分类上，《暂行办法》不再要求重组贷款"一刀切"纳入不良贷款（仅要求最少在关注类），但对处于"重组"状态的贷款增加了限制要求。例如，将贷款重组的观察期从6个月延长到1年，多次重组贷款至少需要进入"可疑类"分类。如果严格按照《暂行办法》执行，预计银行将有大量"重整"贷款需要从"正常类"归入"关注类"，相应的贷款质量构成和后续减值计提都将受到影响。

二是对逾期转不良的要求更趋严格。逾期天数指标一直是反映资产恶化程度的重要指标。2007年《贷款分类指引》就要求逾期90天以上的贷款均要计入不良，但由于缺乏清晰规则，一些银行以担保充足为由，未将部分逾期90天以上的债权纳入不良统计。巴塞尔委员会的《处理指引》中也规定了"即使没有实质违约或者信用恶化，只要逾期超过90天，也需要划为不良"。2018年银监会出台《关于调整商业银行贷款损失准备监管要求的通知》，规定根据银行贷款偏离度情况，对银行拨备覆盖率采取差异化的监管措施。《暂行办法》则在前期监管要求的基础上，执行更严格的标准，要求逾期90天以上的债权，即使抵押担保充足，也应归为不良（至少划分为"次级"），并规定逾期270天以上应至少归为"可疑类"，逾期360天以上应归为"损失类"。

三是资产风险分类的范围更加广泛。目前大部分银行都对贷款设置比较规范的分类标准和流程，但非信贷资产（如债券、同业资产、资管计划投资等）还缺乏清晰的分类标准。部分银行因为内部管理和减值计提需要，也制定了非信贷资产的分类标准和管理要求，但由于缺乏监管的统一标准要求，非信贷资产分类由不同的业务部门分别管理，各类资产分类标准并不一致，存在风险性质相似的资产在分类结果上差异较大的情况。《暂行办法》要求银行对表内外承担信用风险的金融资产按照统一标准来分类，并且要求银行对自有资金投资的资管计划和ABS投资穿透到基础资产再进行分类，这将有助于银行完善统一的分类标准和管理流程。

四是强调以债务人为中心的风险分类理念。《暂行办法》相对于《指引》的一个重要理念变化，是强调了以债务人为中心开展分类管理。首先，判定资产是否归入不良的重心不再是贷款本息能否收回，而在于债务人是否有履约能力，抵质押担保等风险缓释措施仅能在不良资产被具体划分到次级类、可疑类还是损失类等标准中发挥作用。其次，在银行内部，不同资产的交叉认定也需要以债务人为中心来开展。《暂行办法》借鉴了巴塞尔委员会的管理要求，即"商业银行对非零售债务人在本行的债权5%以上被分为不良的，对该债务人在本行的所有债权均应归为不良"。以债务人为中心的风险分类理念，体现了监管"重第一还款来源、轻抵质押担保"的思路，也有助于银行加强第一还款来源管理，了解和掌握借款人的现实情况，从源头上防范信贷风险。

五是增加了银行间不良资产的交叉认定要求。《暂行办法》要求，对于同一客户，如果其在所有银行逾期90天的债务超过自身债务总额的5%，那么其在某一商业银行的贷款也必须至少归入次级贷款。银行间交叉认定会促使各家银行的不良认定自动校准到同业银行中最严格的认定标准，对一些不良认定较宽松的银行将会带来较大冲击。

从上述分析可以看出，在《暂行办法》的相关要求下，银行的真实风险暴露将更加充分（不良资产范围扩大到非信贷资产，不良资产确认也更为严格），对特殊资产行业将产生深远的影响。监管的强化，一方面可以使商业银行风险更为准确和及时地暴露，避免潜在风险的积累；另一方面也将推动商业银行加快不良资产处置，进而显著加大不良资产的供给量，对特殊资产行业而言，则意味着更多的投资机会。

在不良资产认定更加严格、促进风险暴露更加真实的同时，监管部门开始积极疏通不良资产核销、批量转让及抵债资产处置等政策"堵点"，指导银行采用多种方式加大不良处置。2020年6月，监管部门下发文件，明确将进行单户对公不良贷款和批量个人不良贷款转让试点，允许银行向金融资产管理公司、地方资产管理公司转让单户对公不良贷款和批量转让个人不良贷款，突破了现行《金融企业不良资产批量转让管理办法》（财金

〔2012〕6号）对单户对公贷款转让及个人贷款批量转让的限制，大大降低了银行不良资产处置门槛，扩大了处置贷款的范围，并提高了不良资产处置的效率。

与此同时，为完善试点工作开展中的资产交易和定价过程，《意见稿》还批复同意银行业信贷资产登记流转中心以试点方式拓宽不良贷款处置渠道和处置方式，银行业信贷资产登记流转中心应严格按照试点工作要求，制定不良贷款转让试点业务规则，具体承担不良贷款资产登记、挂牌展示、转让服务、信息披露和市场监测等工作。

（二）买入和处置端的监管政策（见表2-3）

表2-3 针对各类不良资产管理机构的监管要求

发布时间	发布主体	文件名称	主要内容
2000年11月	国务院	《金融资产管理公司条例》	对四大金融资产管理公司的注册资本、业务范围、资金来源、公司治理、财税政策等方面做出了规定
2004年4月	财政部	《金融资产管理公司有关业务风险管理办法》	资产管理公司获准开展抵债资产追加投资、委托代理和商业化不良资产收购等业务
2012年6月	财政部、银监会	《金融企业不良资产批量转让管理办法》	规范不良资产批量转让程序，包括资产组包、卖方尽职调查、资产估值、制定转让方案、发出要约邀请、组织买方尽调、签订转让协议等多个步骤，规定批量转让是指金融企业对一定规模的不良资产（10户/项以上）进行组包
2012年10月	财政部、银监会	《金融资产管理公司收购非金融机构不良资产管理办法（征求意见稿）》	全面放开了金融资产管理公司开展非金融机构不良资产业务的门槛
2013年11月	银监会	《关于地方资产管理公司开展金融企业不良资产批量收购处置业务资质认可条件等有关问题的通知》	划定了地方AMC的资质认可条件及业务范围

续表

发布时间	发布主体	文件名称	主要内容
2014年11月	银监会等	《金融资产管理公司监管办法》	明确对资产管理公司综合经营的规范和指引。对资产管理公司业务范围、业务活动、公司治理、风险管控、内部交易管理、资本充足性、信息披露、监督管理等做了明确规定
2015年6月	财政部、银监会	《金融资产管理公司开展非金融机构不良资产业务管理办法》	允许金融资产管理公司参与处置存量不良资产，包括积极运用并购重组、核销等多种处置手段以及拓宽企业兼并重组的融资渠道
2016年3月	银监会	《关于规范金融资产管理公司不良资产收购业务的通知》	进一步规范开展不良资产收购业务
2016年10月	国务院	《关于积极稳妥降低企业杠杆率的意见》《关于市场化银行债权转股权的指导意见》	明确银行债权转股权应遵循法治化原则，按照市场化方式有序开展，由此宣告本轮市场化债转股拉开序幕
2016年10月	银监会	《关于适当调整地方资产管理公司有关政策的函》	对地方AMC在设立数量和处置方式上松绑：一是允许有意愿的省级政府增设一家地方AMC；二是取消不良资产不得对外转让的限制
2017年4月	银监会	《关于提升银行业服务实体经济质效的指导意见》	明确表示鼓励金融资产管理公司、地方资产管理公司等积极参与不良资产处置，要多种渠道盘活信贷资源，加快处置不良资产
2017年4月	银监会	《关于公布云南省、海南省、湖北省、福建省、山东省、广西壮族自治区、天津市地方资产管理公司名单的通知》	公布了7家地方资产管理公司名单的同时，降低了不良资产批量转让门槛，将不良资产批量转让组包户数由10户以上降低为3户及以上
2017年12月	银监会	《金融资产管理公司资本管理办法（试行）》	加强对金融资产管理公司的资本监管，弥补制度短板，提升监管效能，引导资产管理公司进一步聚焦不良资产主业，服务实体经济和供给侧结构性改革，规范多元化经营

续表

发布时间	发布主体	文件名称	主要内容
2018年1月	国家发改委等	《关于市场化银行债权转股权实施中有关具体政策问题的通知》	进一步放开债转股实施的限制,将除银行债权外的其他类型债权纳入转股债权范围,允许实施机构受让各种资产质量分级类型债权并实施债转股
2018年6月	银保监会	《金融资产投资公司管理办法(试行)》	明确了金融AIC的非银行属性,对银行债转股的资金来源、业务模式、机构设立等做出了明确要求
2018年6月	国务院	《关于积极有效利用外资推动经济高质量发展若干措施的通知》	支持西部地区和东北老工业基地的地方资产管理公司按照制度完善、风险可控的要求,向境外投资者转让人民币不良债权
2019年7月	国家发改委等	《2019年降低企业杠杆率工作要点》	提出多项政策激励金融资产投资公司,包括使用定向降准资金、永续债资本补充,鼓励外资入股等
2019年10月	国务院	《关于修改〈中华人民共和国外资保险公司管理条例〉和〈中华人民共和国外资银行管理条例〉的决定》	扩大了外资银行、保险的业务经营范围,降低了部分业务的准入条件
2019年11月	国务院	《关于进一步做好利用外资工作的意见》	深化对外开放、加大投资促进力度
2019年12月30日	银保监会	《关于推动银行业和保险业高质量发展的指导意见》	允许境外资产管理机构与中资银行或保险公司的子公司合资设立由外方控股的理财公司。支持外资银行保险机构根据业务需求合理布设子行、分行、子公司等分支机构,拓宽业务范围

资料来源:作者整理。

以资产管理公司为代表的特殊资产买入和处置机构是政策的产物,其发展过程与政策的引导和规范密不可分。从时间来看,与行业相关的政策大致可以分为两类:一类旨在引导资产管理公司规范经营,实现可持续发展;另一类则主要是加强对资产管理公司的监管,促进其坚持主业,防止生成新的风险。

第二章 中国特殊资产行业的发展

从规范引导方面看，处置端机构的建设历程呈现由少到多、由限制到放宽的趋势，主要分为四个阶段。第一阶段（2000~2004年）的政策重点在于规范四大金融AMC的经营，保证四大金融AMC在政府规定的范围内发挥有限的作用。第二阶段（2005~2012年）是扩大资产管理公司的业务范围，在四大金融AMC建设成功的基础上，逐渐放宽业务限制，调动资产管理公司的自主性和积极性。第三阶段（2013~2017年）是放宽资产管理公司的设立条件，允许设立地方AMC和金融AIC。对于地方AMC的设立，政策的变化也呈现由严格到宽松的特点，起初每个省份只允许设立一家地方AMC，之后放宽到两家。地方AMC批量转让组包户数下限由10户变为3户。2016年债转股大幕拉开后，政府对金融AIC的基本运行、准入条件、监管指标等进行了规范，并鼓励金融AIC运行。地方AMC和金融AIC的有序设立，增加了市场上资产管理公司的数量，特殊资产行业逐渐壮大。第四阶段（2018年至今）扩大对外开放，允许外资在中国设立资产管理公司。银保监会表示，下一步还将研究出台针对金融资产管理公司的改革措施。可以预见，下一阶段针对资产管理公司改革的相关政策将会陆续出台。

从监管约束方面看，针对实践中出现的一些问题，监管制度在不断完善，监管的内容也不断细化。2012年6月，《金融企业不良资产批量转让管理办法》出台，旨在规范不良资产批量转让程序。之后由于2014年允许地方AMC设立，为规范监管，2014年11月银监会等五部门出台了《金融资产管理公司监管办法》，明确了资产管理公司综合经营的相关的规范。2015年6月的《金融资产管理公司开展非金融机构不良资产业务管理办法》允许金融资产管理公司参与处置非金融机构的存量不良资产，进一步扩大了金融资产管理公司的经营范围。

经营范围的扩大为金融资产管理公司提供了新的发展空间，但也给监管套利等金融乱象提供了便利。2016年3月，银监会出台《关于规范金融资产管理公司不良资产收购业务的通知》，对不良资产收购业务提出要求和指导意见，引导资产管理行业回归风险化解和资产价值挖掘提升的正确轨道。

一是规范开展金融机构不良资产收购业务，禁止资产管理为银行业金融机构规避资产质量监管提供通道。首次明确禁止资产管理公司设置任何显性或隐性的回购条款，禁止违规进行利益输送，禁止为银行业金融机构规避资产质量监管提供通道，要求通过评估或估值程序进行市场公允定价，实现资产和风险的真实、完全转移。

二是规范开展非金融机构不良资产收购业务，禁止资产管理公司借不良资产处置名义收购正常资产，禁止资产管理公司为企业或项目提供融资。明确要求收购非金融机构存量不良资产，不得收购非金融机构的正常资产；资产管理公司收购非金融机构不良债权或资产，应以真实价值或实物存在为标的，严禁收购企业之间虚构的或尚未发生的应收账款等非真实存在的债权、资产；不得借收购不良债权、资产名义，为企业或项目提供融资。

2017年之后，政策导向以鼓励为主。这主要是去杠杆、供给侧改革后，市场中不良资产增加所致。为减少市场中的不良资产，政府鼓励地方AMC和金融AIC的设立，鼓励其积极参与不良资产的处置业务。同时放低了对外资的限制，降低了部分业务的准入门槛，支持西部地区和东北老工业基地的地方资产管理公司向境外投资者转让人民币不良债权。而有关监管规范的政策较少出台，目前只有《金融资产管理公司资本管理办法（试行）》和《金融资产投资公司管理办法（试行）》，旨在规范资产管理公司和资产投资公司的交易行为，聚焦主业，专注对不良资产的处置工作。

根据主体不同，下文将对处置端金融机构的相关政策进行简要梳理。

1. 金融AMC的监管框架

自2011年以来，共有7份指导金融AMC规范运作的政策文件出台（见表2-4）。

2014年8月银监会、财政部、央行、证监会、保监会联合印发的《金融资产管理公司监管办法》（银监发〔2014〕41号）构成了金融AMC的基本监管框架。2015年6月财政部、银监会印发的《金融资产管理公司开展非金融机构不良资产业务管理办法》的通知（财金〔2015〕56号）则明确提出金融AMC可以收购非金融企业的不良资产。2016年以来的政策文件则重在从资本监管和业务监管等层面规范金融AMC的运作。

表 2-4 金融 AMC 政策沿革

发布时间	具体政策文件
2011年3月8日	银监会发布《金融资产管理公司并表监管指引(试行)》(银监发〔2011〕20号)
2014年11月28日	银监会、财政部、央行、证监会、保监会联合发布《金融资产管理公司监管办法》(银监发〔2014〕41号)
2015年6月9日	财政部、银监会印发《金融资产管理公司开展非金融机构不良资产业务管理办法》的通知(财金〔2015〕56号),明确四大金融 AMC 可以收购非金融企业的不良资产
2016年2月25日	银监会发布《关于印发金融资产管理公司非现场监管报表指标体系的通知》(银监办发〔2016〕38号)提出10个金融资产管理公司监控类指标,分别为核心一级资本充足率不低于9%,一级资本充足率不低于10%,资本充足率不低于12.50%,集团超额资本不低于0,杠杆率不低于6%,集团合并杠杆率不低于8%,拨备覆盖率不低于150%,单一客户业务集中度(法人)不高于10%,集团客户业务集中度不高于15%,流动性覆盖率不低于100%
2016年3月17日	银监会发布《关于规范金融资产管理公司不良资产收购业务的通知》(银监办发〔2016〕56号)
2017年5月15日	银监会和国土资源部发布《关于金融资产管理公司等机构业务经营中不动产抵押权登记若干问题的通知》(银监发〔2017〕20号)
2017年12月26日	银监会印发《金融资产管理公司资本管理办法(试行)》(银监发〔2017〕56号)

资料来源：微信公众号"任博宏观论道"。

2. 地方 AMC 的监管框架

2012 年以来陆续发布的政策文件构成了地方 AMC 的基本监管框架（见表 2-5）。

2012 年 1 月财政部、银监会联合印发的《金融企业不良资产批量转让管理办法》（财金〔2012〕6 号）明确地方 AMC 作业范围仅限于省份内，且只能以债务重组方式开展业务，这是我国第一份关于地方 AMC 的规范文件。

2013 年 11 月银监会发布的《关于地方资产管理公司开展金融企业不良资产批量收购处置业务资质认可条件等有关问题的通知》（银监发〔2013〕45 号）进一步明确了地方 AMC 的设立条件（不过只是审慎并非强制）。

表 2-5 地方 AMC 政策沿革

发布时间	具体政策文件
2012年1月18日	财政部、银监会联合印发《金融企业不良资产批量转让管理办法》(财金〔2012〕6号)
2013年11月28日	银监会发布《关于地方资产管理公司开展金融企业不良资产批量收购处置业务资质认可条件等有关问题的通知》(银监发〔2013〕45号)
2016年1月11日	银监会定调2016年五大工作重点,明确开展不良资产证券化和不良资产收益权转让试点,逐步增强地方 AMC 处置不良资产的功效和能力
2016年7月6日	银监会发布《关于做好银行业金融机构债权人委员会有关工作的通知》(银监办便函〔2016〕1196号),鼓励金融 AMC、地方 AMC 积极参与债务重组等相关工作
2016年7月14日	银监会召开2016年上半年全国银行业监督管理工作暨经济金融形势分析会议,指出遏制不良贷款快速上升,激发金融 AMC 批量市场化处置不良资产的活力,提升地方 AMC 有效参与不良资产处置的能力等
2016年9月13日	银监会主席尚福林在中国银行业协会第七届会员大会二次会议上指出,按照市场化、法治化原则,支持金融 AMC、地方 AMC 对钢铁煤炭等领域骨干企业开展市场化债转股
2016年9月24日	银监会领导指出后续将会进一步放开地方 AMC 管理的功能,使其成为化解不良的新渠道。并表示城市商业银行共有6家高风险机构,既有历史形成的,也有新风险所致的,与2011年的27家相比,高风险机构数量明显减少
2016年10月14日	银监会发布《关于适当调整地方资产管理公司有关政策的函》(银监办便函〔2016〕1738号)
2016年12月1日	银监会、国家发改委、工业和信息化部发布《关于钢铁煤炭行业化解过剩产能金融债权债务问题的若干意见》(银监发〔2016〕51号),明确支持金融 AMC、地方 AMC 等多类型实施机构对钢铁煤炭企业开展市场化债转股
2017年10月25日	江西省金融办发布《江西省地方资产管理公司监管试行办法》
2018年12月18日	河南银监局平顶山分局对平顶山银行做出行政处罚,其中一项处罚事由为"通过签订远期回购协议违规代持他行信托及资管计划,协助他行腾挪表内资产、利用地方资产管理公司,通过信托通道转让信贷资产,隐匿不良资产、违规向股东及其关联企业提供授信及股东企业授信条件优于同类企业"
2019年7月5日	银保监会发布《关于加强地方资产管理公司监督管理工作的通知》(银保监办发〔2019〕153号)

资料来源:微信公众号"任博宏观论道"。

2016年10月银监会发布的《关于适当调整地方资产管理公司有关政策的函》（银监办便函〔2016〕1738号）允许各省份可以增设一家地方AMC，并且在债务重组之外允许以对外转让等方式处置不良资产，且受让主体不受地域限制。

银监办便函〔2016〕1738号文的松绑使地方AMC大肆开展类银行甚至通道类业务，包括帮助金融机构掩盖不良资产、大肆收购各类债权资产、暴力清收以及出现大量关联内幕交易等。2019年7月银保监会发布的《关于加强地方资产管理公司监督管理工作的通知》（银保监办发〔2019〕153号）明确规定地方AMC的六个"不得"：一是不得设置任何显性或隐性的回购条款；二是不得以任何形式帮助金融企业虚假出表掩盖不良资产；三是不得以收购不良资产名义为企业或项目提供融资；四是不得收购无实际对应资产和无真实交易背景的债权资产；五是不得向股东或关系人输送非法利益；六是不得以暴力或其他非法手段进行清收等。

3. 金融AIC的监管框架

2017年五大国有银行相继设立金融AIC后，2018年2月国务院常务会议进一步明确，保险机构也可以新设债转股实施机构，与此同时，"资管新规"也将金融AIC纳入资产管理产品的发行主体中。

2018年6月29日，银保监会发布《金融资产投资公司管理办法（试行）》（2018年第4号令），明确了金融AIC的业务范围、准入门槛、监管要求等相关细则，意味着历史地位堪比金融AMC的新一类市场主体开始迈入规范化发展道路。特别是2019年5月22日的国务院常务会议进一步放松金融AIC在资本占用、资管产品发起、战略投资者引入等方面的政策约束，推动了金融AIC的再次发展。2019年7月26日，国家发改委、央行、财政部、银保监会等联合发布的《2019年降低企业杠杆率工作要点》（以下简称《要点》）则进一步提升了金融AIC的战略地位。《要点》将金融AIC定位为"债转股主力军作用"，要求设立金融AIC的商业银行进一步加强行司联动，扩大金融AIC数量，并要求在2019年9月底前完成（见表2-6）。

表 2-6 金融 AIC 政策沿革

发布时间	具体政策文件
2016 年 10 月 10 日	国务院印发《关于市场化银行债转股的指导意见》，正式拉开新一轮债转股的序幕
2017 年 2 月 7 日	国务院常务会议提出，鼓励符合条件的银行、保险机构新设债转股实施机构
2017 年 8 月 8 日	银监会印发《商业银行新设债转股实施机构管理办法（试行）》（征求意见稿）
2018 年 4 月 27 日	银保监会等联合印发《关于规范金融机构资产管理业务的指导意见》，在资产管理产品的发行主体中新增了"金融资产投资公司"
2018 年 6 月 29 日	银保监会发布《金融资产投资公司管理办法（试行）》（2018 年第 4 号令）
2018 年 8 月 3 日	工银金融资产投资在中国证券投资基金业协会完成私募基金管理人登记，成为金融资产投资公司中首家成立私募基金的机构
2019 年 5 月 22 日	国务院常务会议明确：①完善政策，妥善解决金融资产投资公司等机构持有债换股风险权重较高、占用资本较多的问题，多措并举支持其补充资本，允许通过具备条件的交易场所开展转股资产交易；②支持金融资产投资公司发起设立资管产品并允许保险资金、养老金等投资；③鼓励外资入股实施机构
2019 年 7 月 26 日	国家发改委等联合发布《2019 年降低企业杠杆率工作要点》（发改财金〔2019〕1276 号），强调金融资产投资公司的作用

资料来源：微信公众号"任博宏观论道"。

对于金融 AIC 而言，有两份政策文件最值得重视，即《金融资产投资公司管理办法（试行）》与《要点》。前者对金融 AIC 的基本运行、准入条件、监管指标等进行了规范，后者则在各个层面对金融 AIC 的运作给予鼓励。具体如下。

（1）银行只能通过金融 AIC 实施债转股，其向银行收购的债权价格自主协商。

（2）金融 AIC 的主要股东应当为在境内注册的商业银行，并且入股资金为自有资金、最近 3 个会计年度连续盈利、最近 2 年内无重大违法违规行为。

（3）金融 AIC 的最低注册资本为 100 亿元人民币或等值自由兑换货币。

（4）金融 AIC 全年主营业务占比或者主营业务收入占比原则上不应低于总业务或者总收入的 50%。

（5）金融 AIC 自营资金可以进行交叉实施债转股，募集资金则应当主要用于交叉实施债转股。

（6）金融 AIC 收购银行债权不得接受债权出让方银行及其关联机构出具的本金保障和固定收益承诺，不得实施利益输送，不得协助银行掩盖风险和规避监管要求，不得由该债权出让方银行使用资本金、自营资金、理财资金或其他表外资金提供任何形式的直接或间接融资，不得由该债权出让方银行以任何方式承担显性或者隐性回购义务。

（7）金融 AIC 对企业进行股权投资，股权投资资金用于偿还企业银行债权，不得由该债权人银行使用资本金、自营资金、理财资金或其他表外资金提供任何形式的直接或间接融资。

（8）明确了金融 AIC 的资本充足率、杠杆率和财务杠杆率水平参照金融 AMC 资本管理相关规定执行（监管要求高于商业银行）。

（9）出台金融 AIC 发起设立资管产品备案制度。

（10）将市场化债转股资管产品列入保险资金等长期限资金允许投资的白名单。

（11）允许满足一定条件的公募资管产品依法合规参与优质企业的债转股业务。

（12）推动符合条件的股份制商业银行单独或联合设立金融 AIC，鼓励外资依法合规入股金融 AIC 等债转股实施机构。

（13）妥善解决金融 AIC 等机构持有债转股股权风险权重较高以及资本占用较多的问题。

实际上，《要点》在推动金融 AIC 发展的同时，也提出了拓宽社会资本参与债转股渠道的要求。具体措施包括出台金融 AIC 发起设立资管产品备案制度，将市场化债转股资管产品列入保险资金等长期限资金允许投资的白名单，探索提出允许满足一定条件的公募资管产品依法合规参与优质企业债转股业务等。按照目前的政策口径，保险公司、私募股权投资基金、银行、信托、证券公司、基金公司等各类机构及资本，均可以开展市场化债转股业务。

为进一步落实"资管新规"要求，拓展金融 AIC 的发展空间，自 2020

年2月起，针对AIC的多项政策密集出台。

首先是2020年2月，中国人民银行等多部门发布《关于进一步加快推进上海国际金融中心建设和金融支持长三角一体化发展的意见》（以下简称《意见》）。《意见》提出，支持符合条件的商业银行按照商业自愿原则在上海设立金融AIC，试点符合条件的金融AIC在上海设立专业投资子公司，参与开展与临港新片区建设以及长三角经济结构调整、产业优化升级和协调发展相关的企业重组、股权投资、直接投资等业务，拓展了金融AIC的业务范围和发展空间。

其次是2020年5月6日，银保监会发布《关于金融资产投资公司开展资产管理业务有关事项的通知》（以下简称《通知》）。《通知》的整体思路和主要内容与"资管新规"核心原则保持一致。金融AIC开展资管业务，应当符合"资管新规"关于净值化管理、公允估值、期限匹配、禁止资金池、限制多层嵌套、严控杠杆水平、禁止刚性兑付等的统一监管要求。同时，《通知》着眼于解决金融AIC市场化募资的现实需要，结合其资管业务特点，提出了更具针对性的监管规定，如允许债转股资管产品进行转让交易等，既能确保资管业务更好地支持债转股项目落地实施，又会对金融AIC资管业务健康有序发展起到显著推动作用。

再次是推动转股资产的交易。转股资产的交易流通问题是市场化债转股过程中的一个关键问题。转股资产包括转股股权、未转股成功的非标准债权、转股其他权益类工具（如永续债、可转债）等，其中转股股权是最主要的部分。转股资产（特别是转股股权）只有顺利通过交易，才能更好地发挥价值发现功能，并通过增强流动性来提升资源配置效率。鉴于此，2019年12月，国家发改委相关部门批复三家金融机构获得国家级债转股资产交易平台资质，其中包括上海股权托管交易中心、北京金融资产交易所和北京股权交易所。作为统一转股资产交易平台的交易场所，短期内将主要针对国企开展债转股资产交易服务。截至2020年6月末，三家平台均已正式展开相关的交易工作。转股交易市场的明确，对于AIC的业务发展以及市场化债转股工作的深入推进，都将起到积极的作用。

三 我国特殊资产行业的发展趋势

随着行业政策不断宽松和市场化运作的不断深入，中国特殊资产转让、处置市场的参与者逐渐增多，处置链条不断完善，这些机构通过有效的并购重组，挖掘和提升了资产的使用价值，优化了资源配置。由于行业发展的市场化，为获得更多利益，各个利益主体不断开创新的资产处置方式，市场正向良性竞争方向发展。另外，金融科技注定会对特殊资产行业造成一定的影响，其影响范围不仅限于交易方式。

（一）参与主体更加多元，行业格局迎来变革

2020年之前，我国特殊资产市场参与主体主要包括四大金融AMC、60家地方AMC和一些非持牌资产管理机构。另外，监管部门也允许银行通过设立金融AIC参与不良资产股权处置，并介入企业的治理与经营。在特殊资产处置领域，AMC和金融AIC呈现合作和竞争并存的态势。虽然也有部分外资银行和基金参与其中，但规模不大。

2020年3月，银保监会发布《关于建投中信资产管理有限责任公司转型为金融资产管理公司的批复》，银河资产成为全国性AMC。银保监会表示，对于银河资产的监管政策与此前四大金融AMC保持一致，没有特殊安排，业务没有行业限制，允许其在全国范围内设立分支机构。此次银河资产获批是自1999年中国四大金融AMC成立以来，金融监管部门首度批复成立全国性AMC。与此前四大金融AMC由财政部控股不同，银河资产由中信证券、建银投资于2005年共同出资成立，受让中国老牌券商华夏证券非证券类资产，以资产管理公司的标准进行经营。2020年2月14日，橡树资本的全资子公司Oaktree（北京）投资管理有限公司在北京完成工商注册，成为国内首家外商独资的地方AMC。这意味着未来我国特殊资产一级市场将进一步扩大开放。短期内，外资资产管理公司的加入一定程度上会加剧特殊资产行业的市场化竞争，并对本土资产管理公司形成挑战；长期看，外资的进

入将带来更多先进成熟的管理和投资经验，提升我国特殊资产业务管理水平和处置效率。

此外，特殊资产行业参与主体中的头部机构已出现行业协作化的发展趋势。"全能化""全牌照"的业务布局日趋明显。在加强资管行业上、中、下游金融机构服务整合能力的同时，多个市场、多方参与、多主体分工协作获得协同效益的行业格局初步形成。

（二）金融科技应用对特殊资产行业产生深远影响

世界经济已经进入继农业经济、工业经济之后的数字经济时代，不断涌现的金融数据化、数据资产化等趋势深刻改变着经济发展的形态。互联网技术的迅速渗透也对金融业造成了深远的影响，大数据、区块链、云计算、人工智能等金融科技应用不断重塑金融资产的风险识别、管控和处置手段。

现阶段，金融科技应用还主要集中在消费金融领域。随着数据的积累和人工智能技术的完善，金融科技在解决特殊资产业务领域中信息不对称这一核心问题上将具有越来越重要的意义。特别是区块链技术，在信息真实性与共享效率方面具有无可匹敌的优势，可为进一步破除交易双方的道德风险、解决逆向选择问题提供技术支持，并可助力特殊资产的价值挖掘，简化业务处理流程和提高交易效率。

未来，随着金融科技在资产价值发现、尽职调查、智能定价、风险管控等方面技术的不断升级，传统的特殊资产处置业务模式将被颠覆，打通特殊资产市场的关键环节、串联核心交易对手、实现对标的资产信息整合的新型特殊资产管理模式将应运而生。

（三）资产处置手段多样化，深挖特殊资产价值

市场上，特殊资产的处置已经不再局限于资产处置本身，而是通过跨市场整合和跨机构合作，运用多种金融工具实现价值的挖掘和再创造。其中，产业资本介入特殊资产行业已成为一个重要的趋势。

传统特殊资产处置主要包括直接催收、诉讼、破产清算、特殊资产转

让、债务重组、不良资产证券化等方式，更注重标的资产的直接处置或再转让，对资产经营和价值的再创造则较少重视。未来，市场化债转股、上市公司纾困、并购投资、权益注资、增发增资等注重资产价值再创造的特殊资产经营和处置手段将受到越来越多的关注。另外，随着互联网应用的普及，资产管控和处置环节利用互联网平台如淘宝、微信等，通过资源整合连接资产和客户，在与外部数据合作和构造处置业务闭环等方面也将取得较好的成效。

上述处置手段使产业资本开始广泛联合，并不断创新资产处置模式。资产管理机构基于长期积累的问题企业重组和投资银行经验，对不良资产重组过程进行统筹，协调债权债务关系，通过对债务企业重组提升、介入运营、优化管理、经营改善，从而实现债务重组的多方共赢。此外，产业资本也为资产管理机构持有的不良资产提供了新的退出渠道。通过资产重组，将持有的非上市公司资产注入上市公司，使其成为流动性更强的上市金融资产，最终实现资产的保值增值。

（四）特殊资产类型更趋丰富，专业能力要求日益提高

2020年6月，银保监会向相关机构下发《关于开展不良贷款转让试点工作的通知（征求意见稿）》（以下简称《意见稿》）和《银行不良贷款转让试点实施方案》。《意见稿》明确将进行单户对公不良贷款和批量个人不良贷款转让试点（包括个人消费贷款、住房按揭贷款、汽车消费贷款、信用卡透支、个人经营性贷款等），参与试点的银行包括六大国有银行和12家股份制商业银行，参与不良资产收购试点的机构包括4家金融资产管理公司、符合条件的地方资产管理公司和5家金融资产投资公司。

《意见稿》明确，银行可以向金融资产管理公司、地方资产管理公司转让单户对公不良贷款和批量转让个人不良贷款，地方资产管理公司应当经营管理状况较好、主营业务突出、监管评价良好，并由省级地方金融监督管理局出具同意意见；地方资产管理公司可以受让本省份区域内的银行不良贷款，今后根据参与试点的地方资产管理公司具体情况及市场需求等逐家放开

地域限制；金融资产投资公司可以以债转股为目的，受让试点范围内的对公不良贷款。《意见稿》同时表示，试点范围内的银行和收购机构按照自主自愿原则参与试点业务。

《意见稿》还明确，试点转让工作由银行业信贷资产登记流转中心来组织交易，该中心应严格按照试点工作要求，制定不良贷款转让试点业务规则，具体承担不良贷款资产登记、挂牌展示、转让服务、信息披露和市场监测等工作。

监管政策的进一步放松，表明在未来一段时间里，特殊资产的类型将进一步丰富，供给数量也有望进一步增加，这为特殊资产行业的进一步发展创造了极为有利的外部条件。当然，由于经济结构调整，叠加新冠肺炎疫情冲击，全球经济在一段时间内将面临较大的不确定性，这意味着资产处置周期有可能较长，风险因素也会更加复杂。所有这些对特殊资产行业的专业能力提出了更高的要求，横跨企业管理、法律、金融等领域的投资银行服务能力，将成为行业的核心竞争力。

第三章
中国特殊资产市场的交易情况
（2019~2020）

据估算，在整个金融类特殊资产（银行系统出让）的不良资产市场上，四大金融 AMC 占据的市场份额高达 80% 以上，是银行处置不良资产最主要的渠道。随着地方 AMC 的逐渐发展，地方性金融机构在处置不良资产的一级市场中竞争力将逐步提高。此外，迅速兴起的民营机构和地方金融交易所（产权交易所），开始积极介入特殊资产行业的二级市场，充当起产业链上下游的服务商，为不良资产一级市场的出让方和受让方提供信息发布、尽职调查、资产拍卖、招投标等服务，或将二者结合，实现对不良资产管理行业的深度渗透。特别是在"互联网+"迅猛发展的大趋势下，互联网在线拍卖市场开始成为特殊资产交易的重要场所，对拓展特殊资产交易的广度、深度以及提升特殊资产价值挖掘的能力，起到了极大的促进作用。从长远看，在互联网和金融科技的支撑下，特殊资产行业的生态圈将进一步丰富和完善。

一 中国不良资产行业市场容量

2019 年末，商业银行不良贷款率为 1.86%，商业银行不良贷款余额为 2.41 万亿元，拨备覆盖率为 186.08%（见图 3-1）。与 2019 年初相比，年内商业银行不良贷款率及不良贷款余额出现了小幅增长，值得注意的是，关注类贷款占比出现了持续压降，更多的关注类贷款向后三类迁徙，不良资产的暴露更为充分，2019 年银行业处置不良贷款额为 2.3 万亿元。商业银行的不良贷款存量以及处置量反映了不良资产市场的发展空间是较为广阔的。

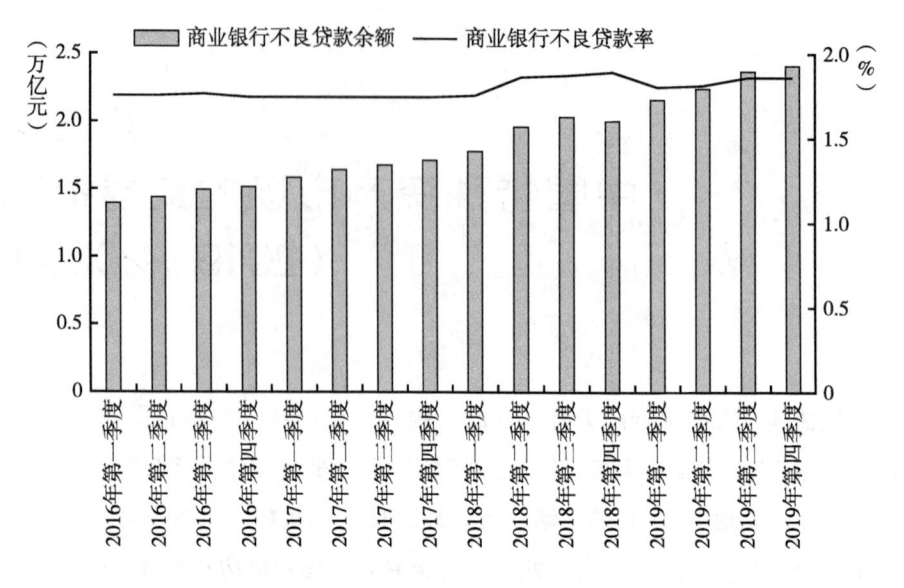

图 3-1　2016~2019 年商业银行不良贷款情况

资料来源：Wind，浙商资产研究院。

在传统的商业银行不良资产之外，非银类不良资产也在 2019 年出现了量增的态势。从违约信用债领域来看，2019 年全年债券违约数量 183 只，违约金额为 1483.04 亿元，接近 1500 亿元；超过 2018 年 58 只，违约债券数量增长 46.4%，超过 2018 年 273.43 亿元，违约金额的涨幅为 22.6%（见图 3-2）。2019 年，监管部门出台了关于违约债券的若干政策，对违约债券交易以及相关事项提供了具有操作性依据的政策规定。从欧美发达金融市场历史经验来看，违约债券交易是不良资产市场的重要领域，目前国内市场在违约债券交易方面已经有了一定的实践探索，这也是今后的一个发展方向。

在信托领域，随着经济下行压力加大以及房地产等相关行业的不确定增加，信托行业违约现象有所增加。2019 年第四季度末，信托行业风险资产规模为 5770.47 亿元，较 2018 年末增加 3548.6 亿元，增幅 159.71%，信托资产风险率超过了 2.5%，远高于商业银行不良贷款率（见图 3-3）。从风险项目数量看，也有逐步上升的趋势。2019 年第四季度末，信托业风险项

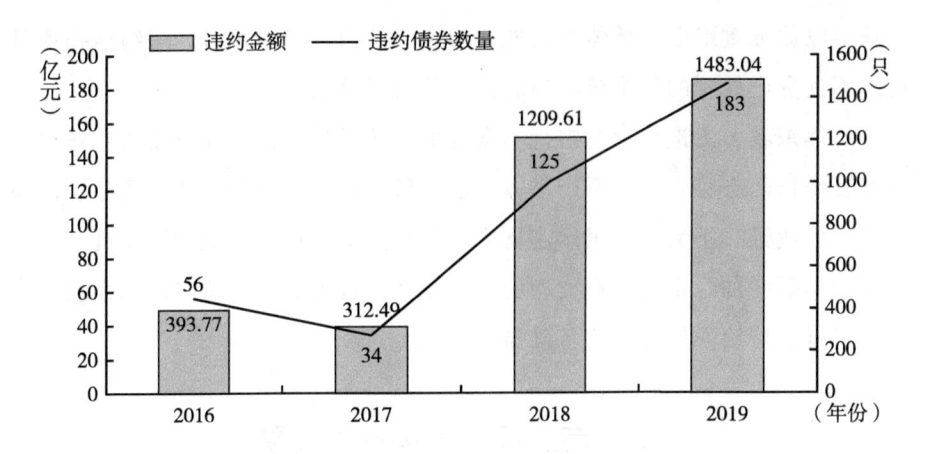

第三章　中国特殊资产市场的交易情况（2019~2020）

图 3-2　2016~2019 年违约债券数量及金额

资料来源：Wind。

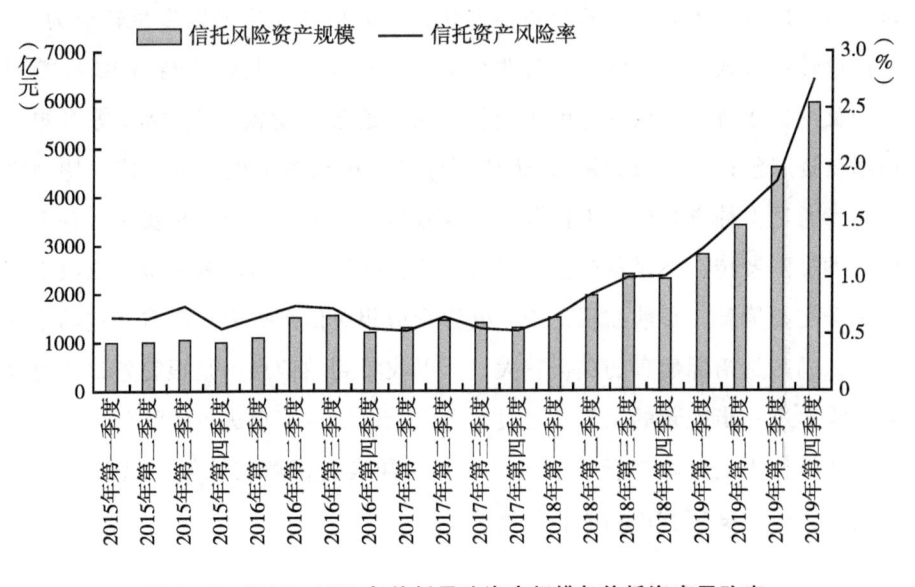

图 3-3　2015~2019 年信托风险资产规模与信托资产风险率

资料来源：中国信托业协会。

目个数为 1547 个，较第三季度增加 242 个，较 2018 年末增加 675 个，可以看出，2019 年信托违约数量与规模都有较大幅度的增加，这些违约信托项目大都为房地产项目，在风险处置上与商业银行不良资产有所差异，在处置实践中以债务重组以及单体项目处置为主。从市场视角来看，违约信托项目也是不良资产处置的一个蓝海领域，今后可以重点关注。

总体来看，无论是商业银行不良贷款，还是违约债券以及违约信托都呈现持续增长的态势，不良资产整体市场存量空间不断增加。从市场存量格局来看，商业银行不良贷款仍然占据了市场存量的主体，其他类不良资产的市场存量不断增加，不良资产类型的多样化特征逐渐显现。这些市场存量规模是保持行业持续发展的重要基础与保证。

二 商业银行不良资产交易

从目前的政策规定来看，商业银行不良贷款处置主要是3户及以上批量转让和3户以下的非批量转让两种方式，目前市场上主要以批量转让为主。在批量转让模式下，市场被分为两个层次：一级市场是银行与AMC等持牌机构及少量非持牌机构进行市场交易，银行通过竞价模式向AMC等机构出售不良资产包；二级市场是由AMC等持牌机构与各类投资者构成，持牌机构自身通过多种方式处置不良资产，或者通过交易所、网络拍卖平台等渠道向各类投资者转让不良资产。从报纸、拍卖网站、交易所等渠道可以收集部分市场交易信息，目前在不良资产处置领域相关信息披露还具有一定的不规范性，尤其是招标信息的缺损较大，所以收集到的信息不是很完整，这也是今后需要进一步完善的工作。通过对不完全的市场信息进行统计分析，能够对商业银行不良贷款市场情况有一个相对翔实的了解与认知，以下为2019年商业银行不良贷款市场的相关情况。

（一）一级市场分析

1. 商业银行不良资产招标

从商业银行面向持牌机构的不良资产招标情况来看，2019年累计招标规模相比2018年出现了较大幅度的下降，规模约为1893.3亿元。从银行类型结构来看，股份制银行占比45.8%，农商行占比26.9%，五大行占比15.1%，

第三章　中国特殊资产市场的交易情况（2019~2020）

城商行占比11.5%，其他银行占比0.7%（见图3-4）。与2018年相比，银行债权招标的类型结构占比发生了一些变化（见表3-1），其中最主要的是股份制银行的占比从61.7%下滑到了45.8%，五大行占比则从12.7%上升到了15.1%，农商行和城商行的占比则分别从18.4%上升到26.9%，从6.3%上升到了11.5%。这种情况表明，目前不同类型银行所面临的不良贷款处置压力有所差异，股份制银行所面临的不良贷款处置压力在2019年有所减缓，而农商行与城商行的不良贷款处置压力增加较多，出包意愿较为强烈。

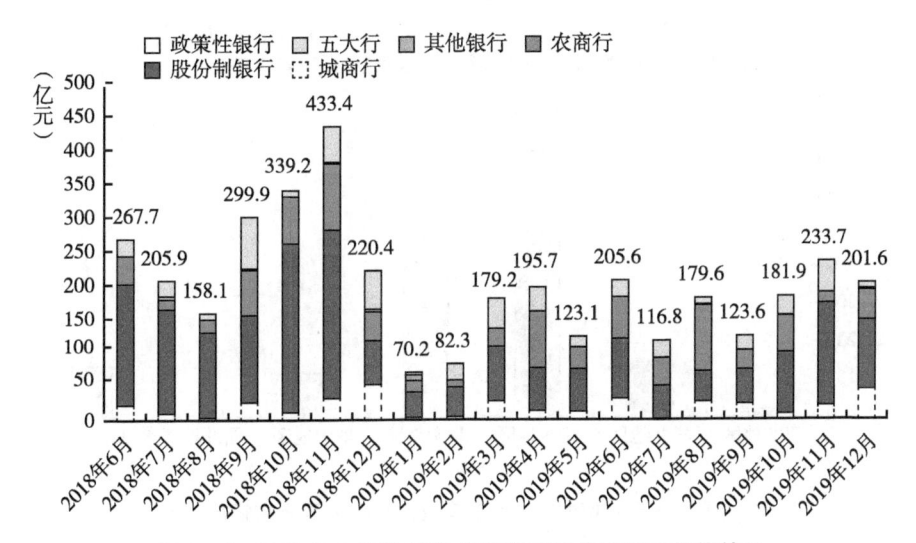

图3-4 2018年6月至2019年银行不良资产招标结构情况

资料来源：浙商资产研究院。

表3-1 2018~2019年银行债权招标类型结构占比

单位：%

	股份制银行	五大行	农商行	城商行	其他银行
2018年占比	61.7	12.7	18.4	6.3	0.8
2019年占比	45.8	15.1	26.9	11.5	0.7

资料来源：浙商资产研究院。

从商业银行不良资产招标地区分布情况来看，2019年，银行招标规模主要集中在华东和华南地区，分别占到全国市场的43.7%和

30.5%，其他地区占比则相对较低（见图3-5）。从具体省份招标规模来看，广东省银行招标规模最大，约为529亿元，山东省其次，银行招标规模约为275亿元，浙江省排名第三，银行招标规模约为248亿元。这个区域结构与目前经济发展层面的区域结构较为接近，反映出了经济较为发达地区所对应的不良资产市场也较为活跃，当然这种情况与经济发达地区以房地产为代表的资产价格较为坚挺有着密切的关系（见表3-2）。

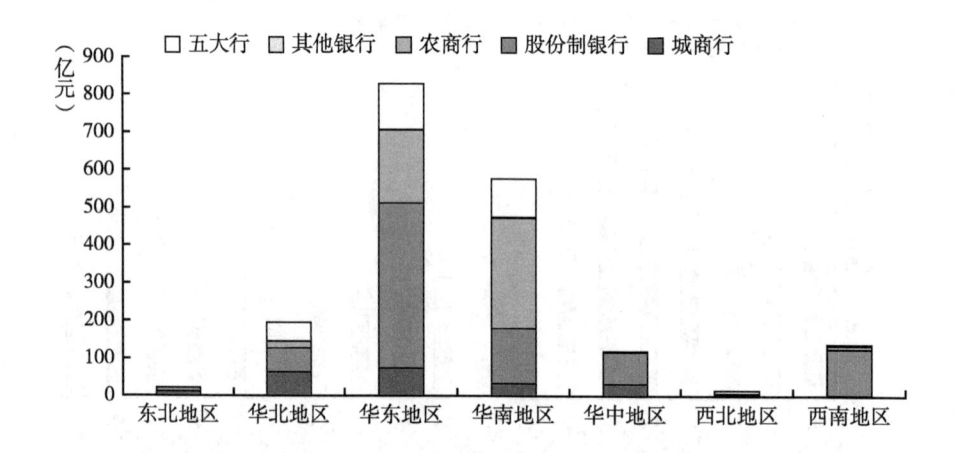

图3-5 2019年银行不良资产招标地区分布情况

资料来源：浙商资产研究院。

表3-2 2019年各区域银行不良资产招标规模及占比

单位：亿元，%

项目	东北	华北	华东	华南	华中	西北	西南
招标规模	22	195	828	577	119	15	137
占比	1.2	10.3	43.7	30.5	6.3	0.8	7.2

资料来源：浙商资产研究院。

2. 商业银行不良资产成交

从商业银行不良资产的成交情况来看，2019年银行转出不良资产约为

4208亿元①，同比下降10.8%。从不良资产购入方市场结构来看，四大金融AMC仍然占据了市场主要份额，地方AMC与其他非持牌机构虽然市场份额有所增加，但占比仍然较低，这延续了以往的市场结构特征（见图3-6）。具体而言，四大金融AMC购入的不良资产规模约2791亿元，占比66.4%。东方资产市场占比有所提高，其他三家占比则均有不同幅度下降，其中华融资产市场占比同比降幅最大。尽管四大金融AMC中有3家市场占比有所下降，但其收购规模仍然较大，处于市场头部位置。

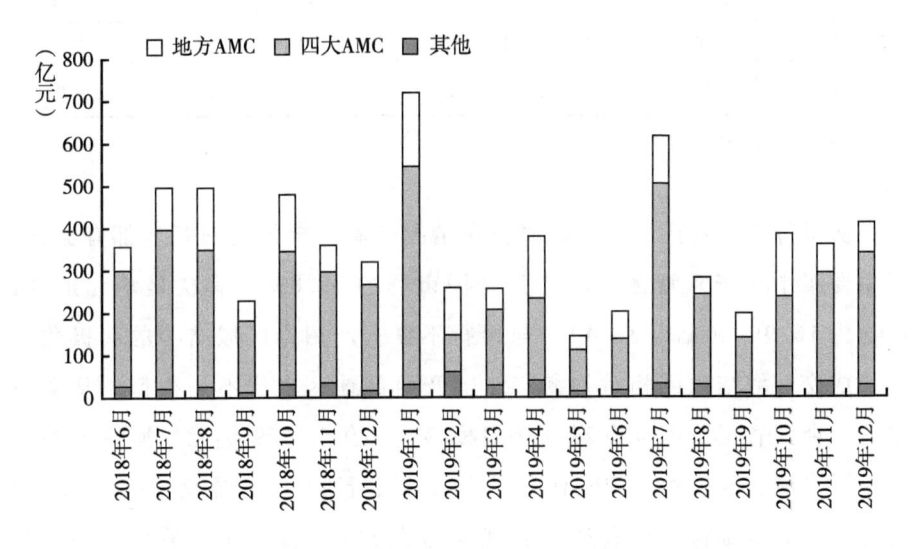

图3-6 2018年6月至2019年银行不良资产收购方分类情况

资料来源：浙商资产研究院。

2019年随着地方AMC数量及规模增加，以及各地方AMC的业务模式趋于成熟，地方AMC从银行处购得的债权规模占比也有所增加，从2018年

---

① 从商业银行不良资产招标与成交数据可以看出，招标规模要远远低于成交规模，这是不符合一般行业规律的。出现这个现象是由于招标信息披露没有强制规范性，而成交信息有明确的信息披露规定（以报纸媒体为主），这就造成收集招标信息难度较大，再加上纸媒的信息披露具有一定的时间滞后性不能及时反映真实交易，所以在数据表现上就出现了招标与成交倒挂的现象。这种现象的解决主要依靠两个途径：一是加大信息收集力度，提升招标信息完整性；二是制度层面上规范招标信息披露的及时性与完整性。

的 18.1% 上升到 2019 年的 25.2%，同时非持牌机构从银行处购入债权包的占比也从 7.1% 上升到 8.5%（见表 3-3）。地方 AMC 与非持牌机构的收购规模占比增加，表明不良资产市场的市场化程度有所提升，多元化收购方格局的出现对不良资产市场的行业可持续发展具有积极的推动作用。

表 3-3 2018~2019 年银行不良资产收购方市场占比情况

单位：%

	东方资产	华融资产	长城资产	信达资产	地方 AMC	其他
2018 年占比	8.8	29.0	22.0	15.0	18.1	7.1
2019 年占比	20.9	19.2	15.6	10.7	25.2	8.5

资料来源：浙商资产研究院。

从银行不良资产成交的区域分布情况来看，全国范围基本都有覆盖，但主要集中在华东地区，占比为全国市场的 38.8%，其次是华北地区，占比为 16.9%（见表 3-4）。与银行不良资产招标区域结构的两极化相比，成交区域结构则相对均衡，北部及西部地区占比不是很低。从省份来看，浙江省银行不良资产成交规模最大，约为 669 亿元，河南省银行不良资产成交规模约为 390 亿元，广东省银行不良资产成交规模约为 387 亿元，江苏省银行不良资产成交规模约为 317 亿元。可以看出，华东与华南的省份成交规模较大，河南作为中部省份表现出了较高的成交规模，这在中部及西部地区是不多见的，也表明河南地区不良资产市场发展处于较好的态势（见图 3-7）。

表 3-4 2019 年银行不良资产区域成交规模及占比

单位：亿元，%

	东北	华北	华东	华南	华中	西北	西南
成交规模	263	710	1632	533	569	72	428
全国占比	6.3	16.9	38.8	12.7	13.5	1.7	10.2

资料来源：浙商资产研究院。

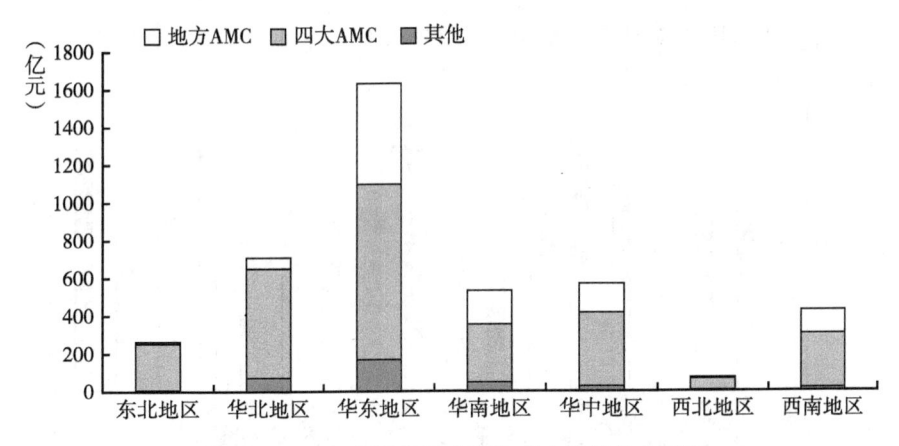

第三章　中国特殊资产市场的交易情况（2019~2020）

图3-7　2019年银行不良资产成交地区分布情况

资料来源：浙商资产研究院。

（二）二级市场分析

1. AMC不良资产招标

从AMC的不良资产招标情况来看，2019年累计招标规模约为25624亿元①，相比2018年上升14.9%（见图3-8）。从体量规模来看，四大金融AMC和地方AMC的不良资产招标规模体量与2018年相比都有所增加。从市场结构占比来看，信达资产的不良资产招标占比为31.9%，较上年有所下降；长城资产的不良资产招标占比为21.9%，较上年有所下降；华融资产的不良资产招标占比为19.7%，与上年基本持平；东方资产的不良资产招标占比为15.3%，与上年相比有所增加；地方AMC不良资产招标合计占比为11.1%，与上年相比也有所增加（见表3-5）。与银行不良资产招标相比，AMC不良资产招标规模要高很多，这表明AMC手中所持有的不良资产数量是较大的，前期收购的大量不良资产需要处置。如果将一、二级市场统一起来，仅从不良资产的供给方角度来看，AMC才是不良资产的最大供给方，AMC对于市场的影响力要大于银行。

---

① 累计招标规模中可能会出现重复招标现象，其原因在于有些机构会在若干个渠道（交易所、拍卖平台）对同一标的分别进行招标，由于信息披露不明晰、混合组包等原因，导致对重复招标部分的判别难度较大，所以这里采用了累计招标值。

055

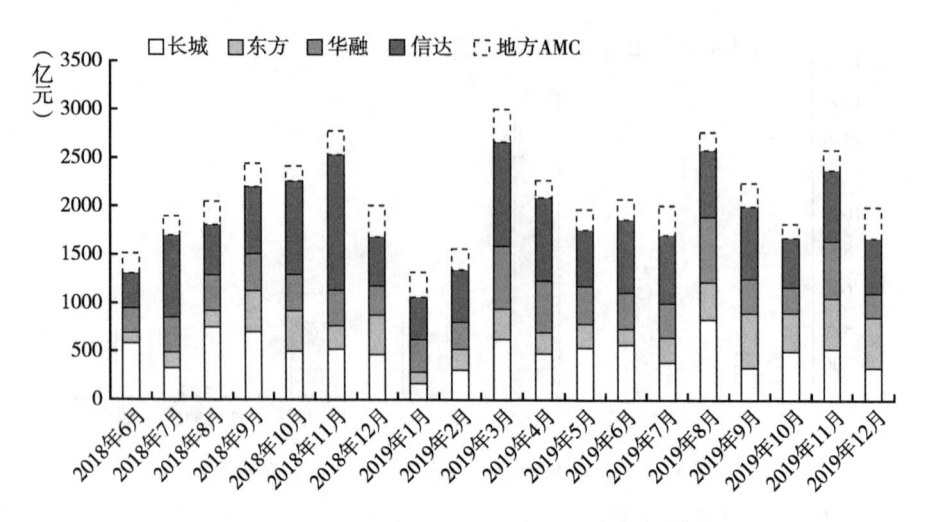

中国特殊资产行业发展报告（2020）

图3-8 2019年AMC不良资产招标市场结构情况

资料来源：浙商资产研究院。

表3-5 2018~2019年AMC不良资产招标市场占比

单位：%

	信达资产	长城资产	华融资产	东方资产	地方AMC
2018年占比	35.9	24.6	19.4	11.2	8.8
2019年占比	31.9	21.9	19.7	15.3	11.1

资料来源：浙商资产研究院。

从AMC不良资产招标市场的区域分布情况来看，AMC不良资产招标区域主要集中在华东和华南地区（见图3-9），在全国市场占比分别为33.2%和23.4%，其他区域占比则较小，区域的两极化特征较为明显，这与商业银行不良资产招标规模所反映出的区域特征较为相似（见表3-6）。从省份招标规模来看，2019年广东省AMC不良资产招标规模最大，约为4689亿元，浙江省AMC不良资产招标规模约为2666亿元，山东省AMC不良资产招标规模约为1952亿元，江苏省AMC不良资产招标规模约为1689亿元。从区域特征可以看出头部效应较为显著，从不良资产市场的实际运行情况来看，投资者首选的区域也是上述几个省份，尤其是境外投资者，他们大都选择广东省与浙江省。

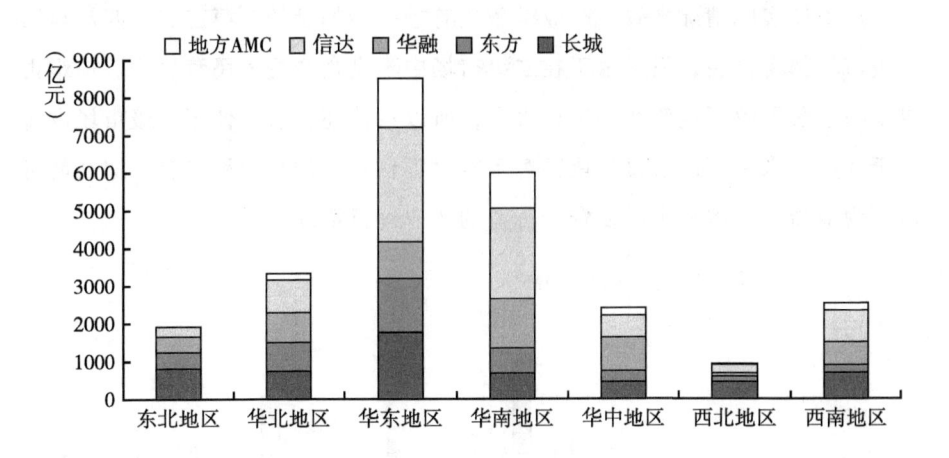

第三章　中国特殊资产市场的交易情况（2019～2020）

图 3-9　2019 年 AMC 不良资产招标市场地区分布情况

资料来源：浙商资产研究院。

表 3-6　2019 年 AMC 不良资产招标区域规模及占比

单位：亿元，%

	东北	华北	华东	华南	华中	西北	西南
招标规模	1917	3332	8504	6002	2400	928	2541
占　比	7.5	13.0	33.2	23.4	9.4	3.6	9.9

资料来源：浙商资产研究院。

2．AMC 不良资产成交

从 AMC 不良资产成交情况来看，2019 年 AMC 不良资产成交规模同比上升 23.3%，总规模约为 2962 亿元（见图 3-10）。其中 73.3% 被非持牌投资机构所购入，约为 2172 亿元，被地方 AMC 及四大金融 AMC 购入比例相对较低，分别约为 556 亿元和 234 亿元，占比分别为 18.8% 和 7.9%（见表 3-7），AMC 之间虽然也互有转让，但规模偏小。从上述数据可以看出，在二级市场中以民营机构为代表的非持牌机构成为最大的收购方，在这个层级的市场民营机构十分活跃，是市场的主力军。收购不良资产包的民营机构数量较多，而且较为分散，在统计意义上价值较小，所以这里未对收购方进行统计分析。

从市场实际情况来看，产业链条还有进一步的延伸，第三、第四甚至第五级市场都有存在，只是由于在二级市场中不良资产进入民营机构后很难再有跟踪手段了解不良资产的最终去向，所以目前还无法延伸至三级市场进行分析。如果未来可以通过区块链等手段对不良资产进行全程监管，那么就可以更为清晰地了解整个不良资产行业的产业运行情况。

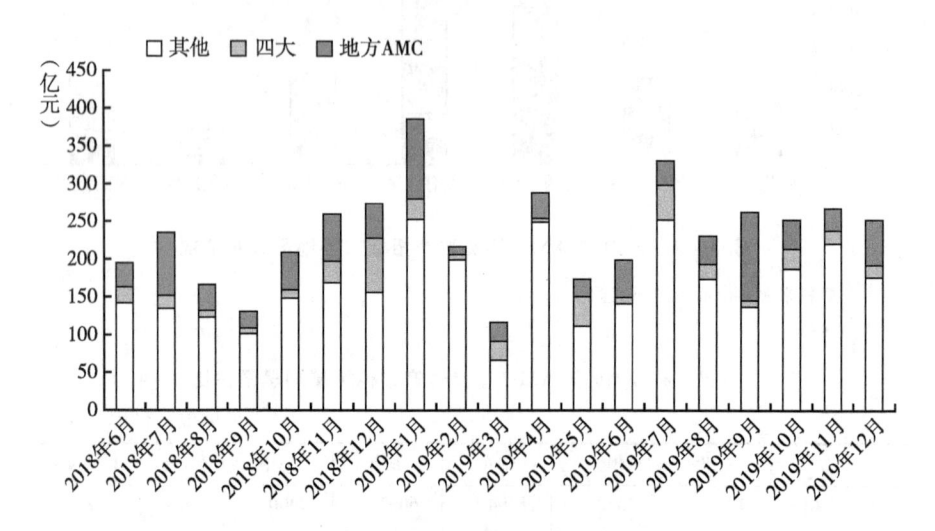

图 3-10　AMC 不良资产成交分类情况

资料来源：浙商资产研究院。

表 3-7　2019 年 AMC 不良资产受让方规模及占比情况

单位：亿元，%

	其他	地方 AMC	东方资产	华融资产	长城资产	信达资产
受让方规模	2172	556	86	82	59	7
占　比	73.3	18.8	2.9	2.8	2.0	0.2

资料来源：浙商资产研究院。

从 AMC 不良资产成交的区域分布来看，2019 年成交规模较大的主要是华东地区（见图 3-11），占全国成交规模的 52.7%（见表 3-8）。其中浙江省的 AMC 不良资产成交规模最大，约为 806 亿元，广东省的 AMC 不良资产成交规模约为 273 亿元，江苏省的 AMC 不良资产成交规模约为 267 亿元，山东省的 AMC 不良资产成交规模约为 200 亿元。不良资产成交可以在一定程度上认为是实现了真正的处置，同时这也是市场活跃性的重要表现，可以看出，这几个较为活跃的省份也是招标规模较大的省份。无论是招标规模还是成交规模都显示出了较强的头部效应，市场的区域分化特征明显，这也是区域经济发展分化在不良资产领域的反映。

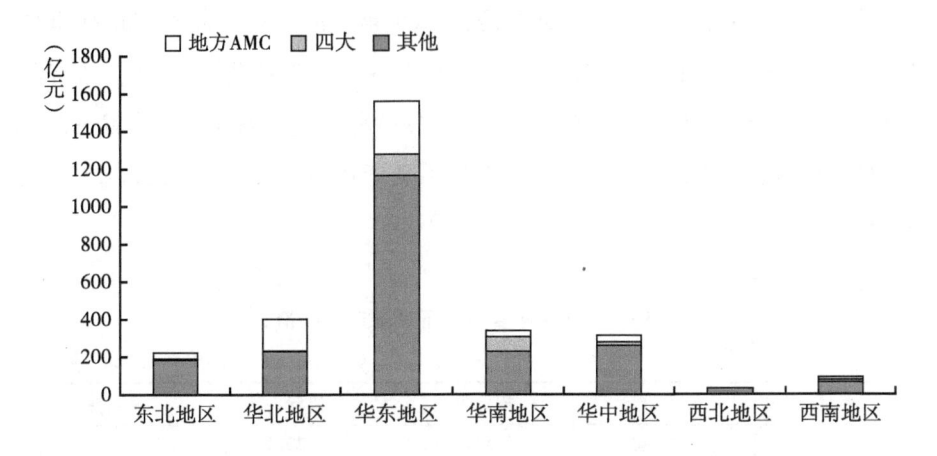

图 3-11　2019 年 AMC 不良资产成交区域分布情况

资料来源：浙商资产研究院。

表 3-8　2019 年 AMC 不良资产成交规模及区域情况

单位：亿元，%

	东北	华北	华东	华南	华中	西北	西南
成交规模	222	404	1560	339	313	32	92
占比	7.5	13.6	52.7	11.4	10.6	1.1	3.1

资料来源：浙商资产研究院。

（三）省际比较分析

除了对市场与大区域进行分析，也可以通过省际分析了解不良资产市场状况，全国各省份之间存在较大的差异，省际的市场分化特征明显，同时这也是市场参与者进行投资等活动的重要参考依据。

1. 主要省份不良资产招标

省级不良资产招标数据是将一级与二级市场的招标规模进行加总后的值。从2019年各省份不良资产招标规模来看，头部效应依旧明显，前五大省份占据全国约53%的招标市场规模。前5位的排名与2018年相比没有变化，都是东南沿海地区省份。第1名到第5名依次是广东省、浙江省、山东省、江苏省和福建省。值得注意的是，2019年，河南省不良资产招标市场规模增长迅速，上升5名至第7名，而四川省下降3名至第10名。从省际招标规模与占比分析来看，市场格局基本保持稳定，依然是几大强省占据了主力位置，这种市场格局是投资者进行不良资产投资要重点关注的（见表3-9）。

表3-9 2019年各省份不良资产招标情况

单位：亿元，%

序号	省份	招标规模	招标占比	排名变化
1	广东省	5695	20.6	—
2	浙江省	3148	11.4	—
3	山东省	2359	8.5	—
4	江苏省	2029	7.3	—
5	福建省	1409	5.1	—
6	辽宁省	1247	4.5	—
7	河南省	1158	4.2	↑5
8	内蒙古	1137	4.1	↑1
9	河北省	1103	4.0	↑1
10	四川省	1068	3.9	↓3

资料来源：浙商资产研究院。

2. 各省份不良资产成交

省级不良资产成交数据是将一级与二级市场的成交规模进行加总后的值。2019年各省份的不良资产成交规模与招标规模情况相似，同样是头部效应明显，浙江省成交规模最大，其次分别是广东省、江苏省和河南省。前5个省份的总成交规模约占全国成交规模的54%。上海市上升7名至第9

名，河南省和山西省的成交规模排名均上升了4名。从省际成交规模与占比分析来看，市场格局有了一些变化，几大强省的排名发生了变化，河南冲进了前五，需要关注各省份的招标与成交之间的差异性（见表3-10）。

表3-10 2019年各省份不良资产成交情况

单位：亿元，%

序号	省份	成交规模	成交占比	排名变化
1	浙江省	1835	22.0	—
2	广东省	787	9.4	—
3	江苏省	737	8.8	↑1
4	河南省	613	7.3	↑4
5	山东省	557	6.7	↓2
6	福建省	455	5.5	↓1
7	河北省	384	4.6	↓1
8	山西省	285	3.4	↑4
9	上海市	270	3.2	↑7
10	辽宁省	269	3.2	—

资料来源：浙商资产研究院。

（四）不良资产价格分析

不良资产价格对于不良资产市场来说是非常重要的因素，但是完整的成交价格数据较难获取，目前大部分交易不公开价格，因此我们采用了网络公开拍卖的债权成交数据（以淘宝网不良资产债权拍卖为统计对象）进行分析统计，这样可以对市场价格走势有个初步的判断。从不良资产的拍卖情况来看，2019年全国网络不良资产共成交3074笔，成交笔数同比增长89.3%。其中浙江省不良资产成交561笔，山东省不良资产成交517笔，广东省不良资产成交285笔，安徽省不良资产成交187笔。从网络不良资产拍卖的价格情况来看，2019年不良资产成交的本金折扣率相比2018年变化较小，全国不良资产成交的平均本金折扣率在六折左右，并且全年的季节性波动较为明显。由于网络拍卖只占到市场实际交易量很小一部分，所以这个折扣率并不能反映出市场的真实价格，只能作为参考依据。从对市场的调查情况来看，市场的真实折扣率要低于网络拍卖折扣率，而且近年来呈现逐渐降低的趋势（见图 3-12）。

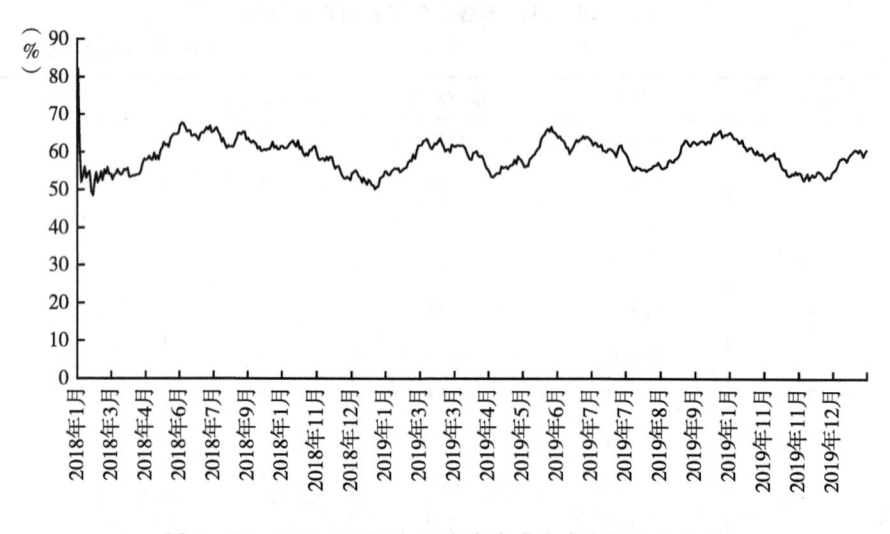

图 3-12　2018~2019 年不良资产成交本金折扣率走势

资料来源：淘宝、浙商资产研究院。

三　网络司法拍卖交易情况

　　网络拍卖近年来逐渐获得了市场的青睐，以淘宝、京东等几大拍卖平台为主体的网络拍卖市场在探索之中逐渐成熟，目前法院及部分 AMC 都入驻拍卖平台进行司法拍卖及不良资产拍卖，由于网络拍卖具有信息传播速度快、信息相对透明等优势，能够在一定程度上提升拍卖效率，极大地促进了市场交易的发展，也可以使拍卖工作更加公平、公正、公开。对网络拍卖交易情况进行研究分析，可以为不良资产投资及处置提供参考与借鉴，很多不良资产参与者在进行处置与投资时都会借鉴司法拍卖的数据。

　　目前国内有五大政策性司法拍卖平台，从实际运行情况来看，淘宝与京

第三章　中国特殊资产市场的交易情况（2019～2020）

东的规模较大，具有较好的统计学研究意义，而其他几家数据量较小，统计分析价值偏低，所以我们选取淘宝和京东的拍卖平台作为研究对象。

（一）全国及主要省份司拍概况

2019年，淘宝和京东全国司法拍卖房产共计504942次，同比增长36%。分省份来看，浙江省2019年司法拍卖房产总次数同比有所下降，其余15个省份2019年司法拍卖房产总次数同比均增长（见图3-13）。2019年，淘宝和京东全国司法拍卖房产中一拍房产次数共计291146次，同比增长25%；一拍房产次数占总拍卖房产次数的比重为58%，同比下降5个百分点。分省份来看，浙江省、江苏省2019年司法拍卖一拍房产次数同比有所下降，其余14个省份2019年司法拍卖一拍房产次数同比均增长，其中河北省、湖南省、湖北省、广西、四川省、北京市、上海市7个省份的增幅超过全国平均水平；安徽省、北京市、天津市2019年司法拍卖一拍房产占比同比上升，其余13个省份2019年司法拍卖一拍房产占比同比有所下降。与商业银行不良资产招标及成交相对比，司法拍卖也表现出一定的区域差异性，但差异性并不十分显著，几个传统不良资产大省依然占据前列，但以四川省、湖南省为代表的省份强势追赶甚至反超（见图3-14）。

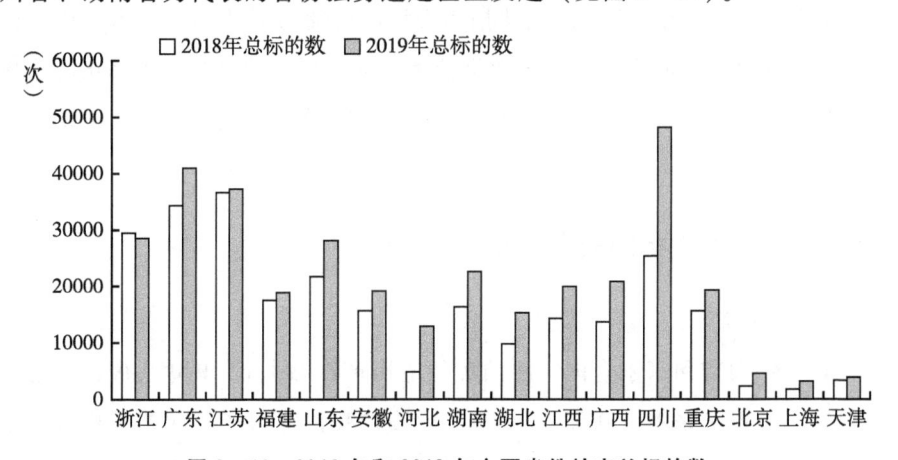

图3-13　2018年和2019年主要省份拍卖总标的数

资料来源：淘宝、京东、浙商资产研究院。

图 3–14　2018 年和 2019 年主要省份一拍标的数及占比

资料来源：淘宝、京东、浙商资产研究院。

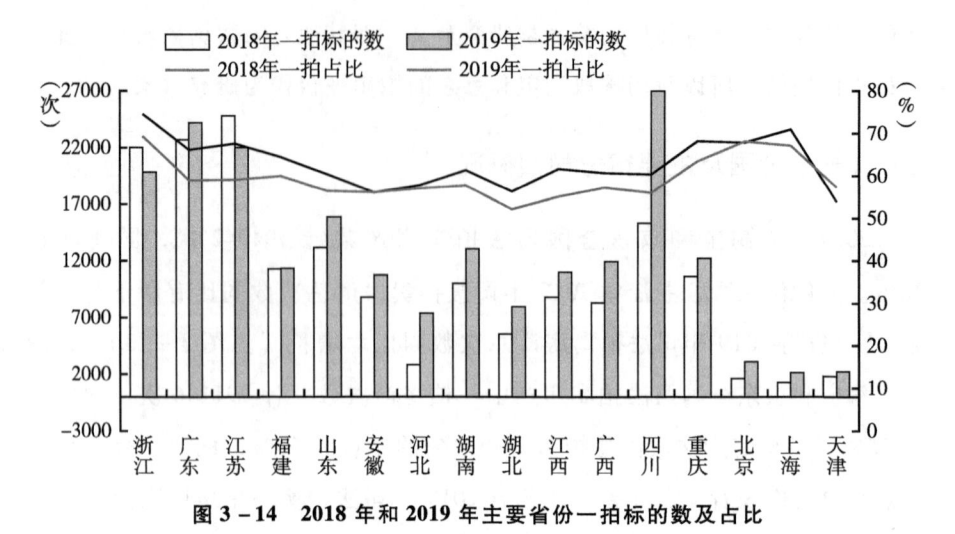

一拍环节的房产数量变化代表了网络拍卖房产市场规模的实际变化情况，其相对整个拍卖房产次数的比重反映出网络拍卖房产市场的流动性。2019 年，淘宝和京东司法拍卖市场规模大幅增长，市场流动性则继续下降。分省份来看，浙江省和江苏省 2019 年一拍房产数量缩小，其余省份 2019 年一拍房产数量扩大；除安徽省、北京市、天津市的市场流动性改善外，其余 13 个省份 2019 年淘宝和京东司法拍卖市场流动性均下降。16 个省份中，四川省、广东省、江苏省一拍房产数量较大，浙江省、北京市、上海市的市场流动性较高，可以看出，一线城市的房产流动性最好，长三角及珠三角次之。

（二）各类型标的拍卖情况

1. 住宅房产

2019 年淘宝和京东全国司法拍卖住宅房产次数共计 294050 次，同比增长 42%。分省份来看，浙江省 2019 年司法拍卖住宅房产总次数同比有所下降，其余 15 个省份 2019 年司法拍卖住宅房产总次数同比均有所增长（见图 3–15）。

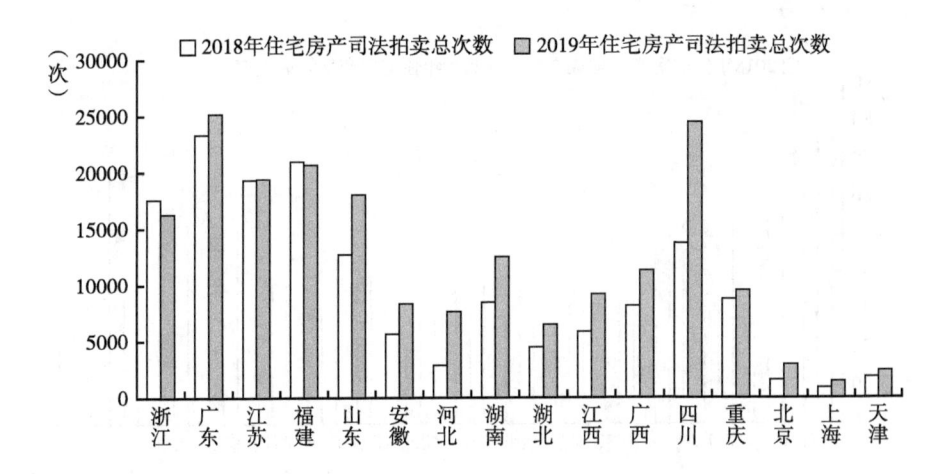

第三章 中国特殊资产市场的交易情况（2019~2020）

图 3-15 2018年和2019年主要省份住宅房产司法拍卖总次数

资料来源：淘宝、京东、浙商资产研究院。

2019年淘宝和京东全国司法拍卖住宅房产平均成交率（成交次数/拍卖次数）35%，同比下降9个百分点。分省份来看，在绝对值上，浙江省、上海市平均成交率水平最高，其次是北京市、江苏省、重庆市、福建省、广东省5个省份；在变化趋势上，只有北京市、上海市、天津市3个直辖市2019年淘宝和京东全国司法拍卖住宅房产平均成交率同比增长，其余13个省份2019年淘宝和京东全国司法拍卖住宅房产平均成交率同比均降低。可以看出，一线城市的住宅房产最受市场欢迎，长三角及珠三角次之（见图3-16）。

2019年淘宝和京东全国司法拍卖住宅房产平均变现折扣率（变现折扣率＝变现价/评估价）为87%，同比下降4个百分点。分省份来看，在绝对值上，各省份差距相对较小，其中广西、湖南省、浙江省、广东省4个省份平均变现折扣率水平是较高的，其次是四川省、上海、福建省、安徽省4个省份平均变现折扣率水平较高；在变化趋势上，只有广东、天津2019年淘宝和京东全国司法拍卖住宅房产平均变现折扣率同比增长，2019年上海淘宝和京东全国司法拍卖住宅房产平均变现折扣率基本不变，其余13个省份2019年淘宝和京东全国司法拍卖住宅房产平均变现折扣率同比均降低。在变现折扣率上，各省份之间表现出较为明显的均衡性（见图3-17）。

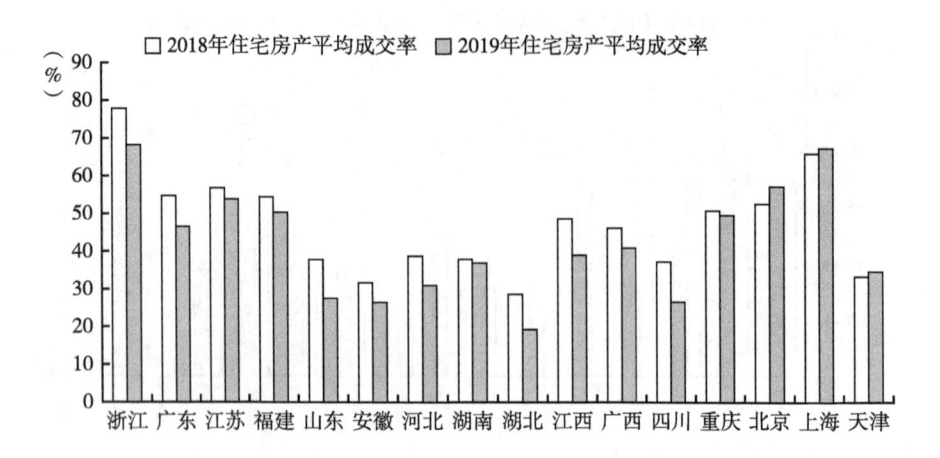

图 3-16　2018 年和 2019 年主要省份住宅房产平均成交率

资料来源：淘宝、京东、浙商资产研究院。

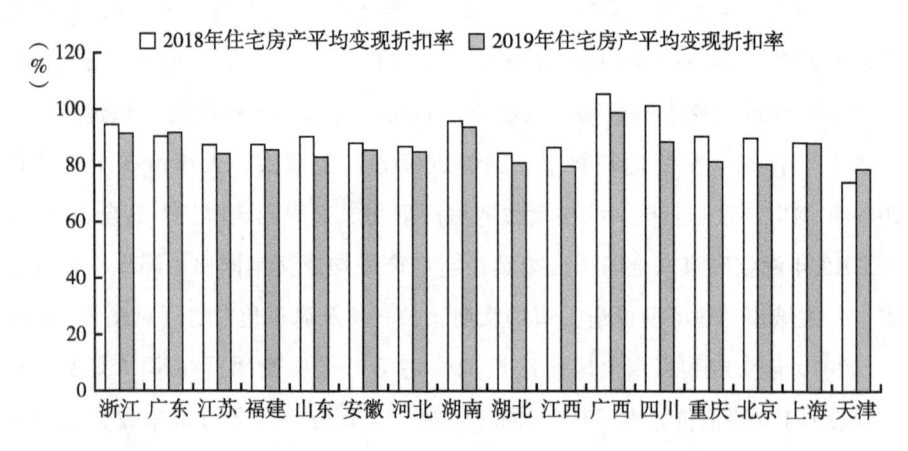

图 3-17　2018 年和 2019 年主要省份住宅房产平均变现折扣率

资料来源：淘宝、京东、浙商资产研究院。

2. 商业房产

2019 年淘宝和京东全国司法拍卖商业房产次数共计 204247 次，同比增长 33%。分省份来看，天津市 2019 年司法拍卖商业房产总次数同比持平，其余 15 个省份 2019 年司法拍卖住宅房产总次数同比均增长（见图 3-18）。

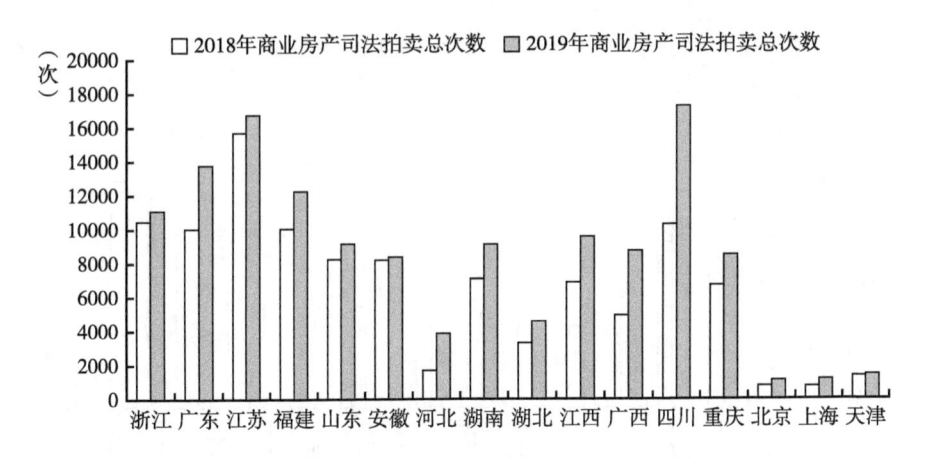

图 3-18　2018年和2019年主要省份商业房产司法拍卖总次数

资料来源：淘宝、京东、浙商资产研究院。

2019年淘宝和京东全国司法拍卖商业房产平均成交率为18%，同比下降4个百分点。分省份来看，在绝对值上，浙江省平均成交率水平最高，其次是北京市、上海市；在变化趋势上，只有安徽省2019年淘宝和京东全国司法拍卖商业房产平均成交率同比增长，其余15个省份2019年淘宝和京东全国司法拍卖商业房产平均成交率同比均降低（见图3-19）。受宏观经济下行压力的影响，商业房产也出现了成交率走低的趋势，但一线城市以及长三角及珠三角的商业房产仍然具有相对较高的成交率，这是行业参与者在不良资产投资与处置中要重点关注的。

2019年淘宝和京东全国司法拍卖商业房产平均变现折扣率为76%，同比下降4个百分点。分省份来看，在绝对值上，各省份差距相对较小，其中广西的平均变现折扣率水平是最高的，其次是浙江省、安徽省、河北省、四川省、天津市5个省份的平均变现折扣率水平较高；在变化趋势上，只有安徽省、天津市2019年淘宝和京东全国司法拍卖商业房产平均变现折扣率同比增长，浙江省、福建省、江西省、广西、四川省、上海市6个省份2019年淘宝和京东全国司法拍卖商业房产平均变现折扣率同比基本持平，其余8个省份2019年淘宝和京东全国司法拍卖商业房产平均变现折扣率同比均降低（见图3-20）。

067

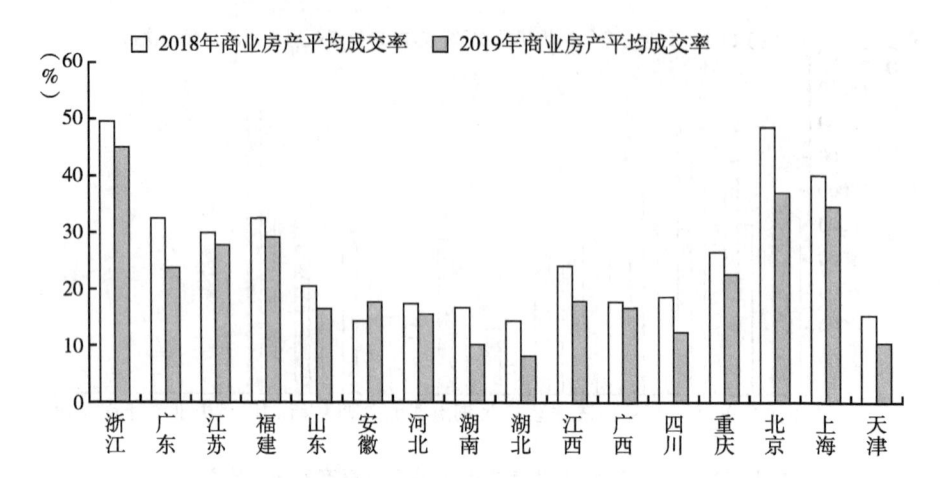

图 3-19　2018 年和 2019 年主要省份商业房产平均成交率

资料来源：淘宝、京东、浙商资产研究院。

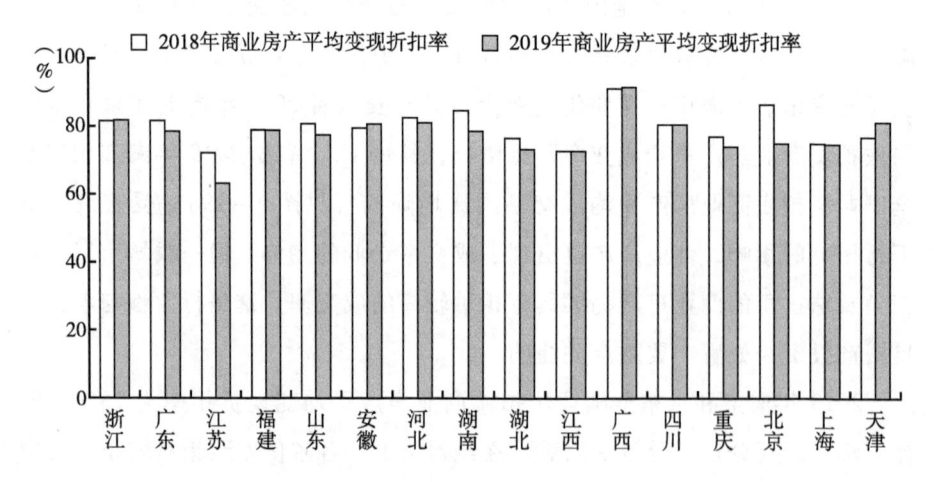

图 3-20　2018 年和 2019 年主要省份商业房产平均变现折扣率

资料来源：淘宝、京东、浙商资产研究院。

3. 工业房产

2019 年淘宝和京东全国司法拍卖工业房产次数共计 9173 次，同比减少 3%。分省份来看，浙江省、江苏省、福建省、山东省、安徽省、湖南省 6 个省份 2019 年司法拍卖工业房产总次数同比下降，其余 10 个省份 2019 年司法拍卖工业房产总次数同比均增长。拍卖次数在一定程度上反映了工业发展现状，排名靠前的几个省份也是经济发展相对较好的工业大省（见图3-21）。

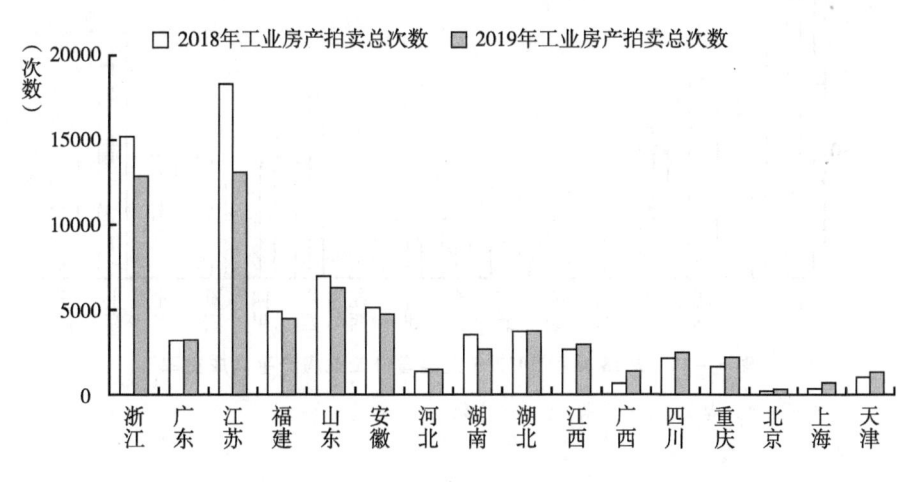

图3-21 2018年和2019年主要省份工业房产拍卖总次数

资料来源：淘宝、京东、浙商资产研究院。

2019年淘宝和京东全国司法拍卖工业房产平均成交率30%，同比下降4个百分点。分省份来看，在绝对值上，浙江省平均成交率水平是最高的，其次是广东省、江苏省、上海市；在变化趋势上，只有江苏省、福建省、安徽省、湖北省、重庆市2019年淘宝和京东全国司法拍卖工业房产平均成交率同比增长，其余11个省份2019年淘宝和京东全国司法拍卖工业房产平均成交率同比均降低（见图3-22）。上海市、长三角以及珠三角的商业房产仍然具有相对较高的成交率，经济大省的发展能力可以从市场数据中得到体现。

2019年淘宝和京东全国司法拍卖工业房产平均变现折扣率89%，同比持平。分省份来看，在绝对值上，广东省、四川省、北京市3个省份平均变现折扣率水平是最高的，其次是广西、上海市；在变化趋势上，浙江省、江苏省、山东省、江西省、四川省、上海市2019年淘宝和京东全国司法拍卖工业房产平均变现折扣率同比增长，福建省、湖南省、湖北省3个省份2019年淘宝和京东全国司法拍卖工业房产平均变现折扣率同比基本持平，其余7个省份2019年淘宝和京东全国司法拍卖工业房产平均变现折扣率同比均降低（见图3-23）。

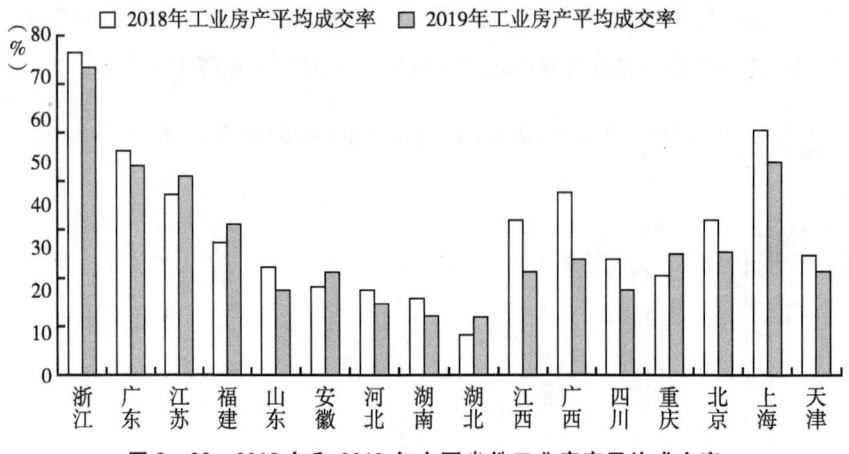

图 3-22　2018 年和 2019 年主要省份工业房产平均成交率

资料来源：淘宝、京东、浙商资产研究院。

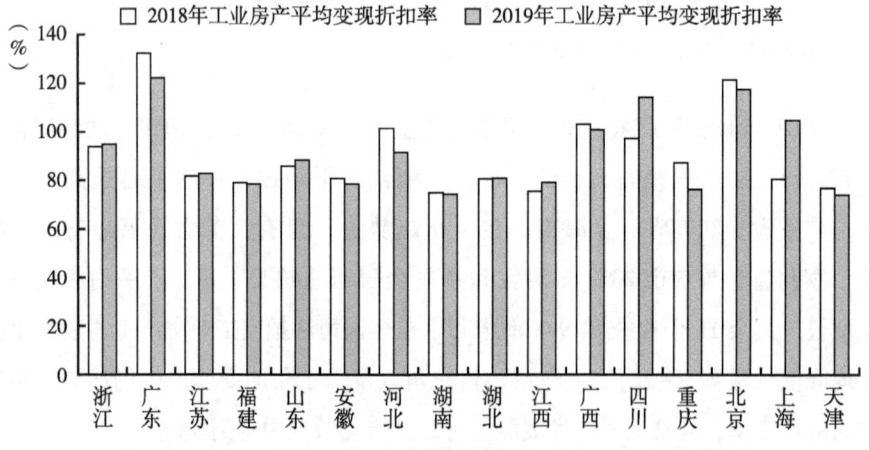

图 3-23　2018 年和 2019 年主要省份工业房产平均变现折扣率

资料来源：淘宝、京东、浙商资产研究院。

4. 债权资产

债权资产交易量和标的量均主要集中在浙江省、安徽省、山东省、广东省、福建省，这 5 个省份的交易总量和标的总量约占全国总量的 50%。其中，2019 年第四季度，浙江省、安徽省、山东省、广东省的债权资产交易量分别为 160 笔、115 笔、109 笔、108 笔（见图 3-24）。同时，浙江省、

第三章　中国特殊资产市场的交易情况（2019~2020）

山东省、广东省、福建省、安徽省的债权资产标的数量分别为226件、211件、204件、199件、165件，这5个省份标的数量共计占全国债权资产当季标的数量的48.3%（见图3-25）。

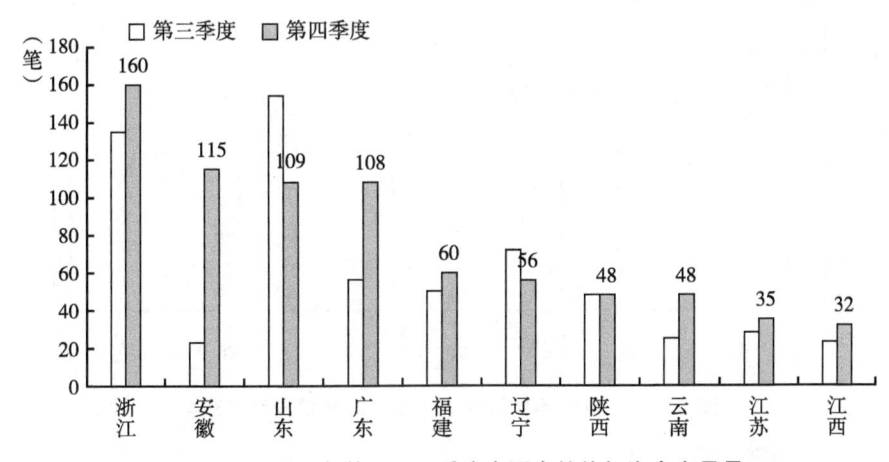

图3-24　2019年第三、四季度主要省份债权资产交易量

资料来源：淘宝、京东。

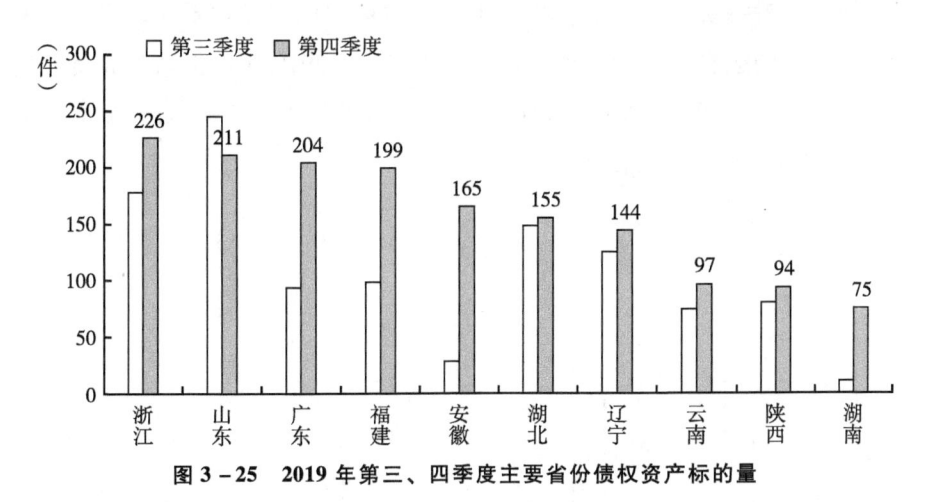

图3-25　2019年第三、四季度主要省份债权资产标的量

资料来源：淘宝、京东。

从成交率上看，债权类资产的拍卖成交率相对来说并不低。2019年第四季度，共有14个省份的债权资产成交量超过30%。其中，安徽省债权资

071

产成交率为59.6%，位居全国首位（见图3-26）。从数据上看，债权类资产的成交率是资产金融拍卖的各类产品中整体最可观的。

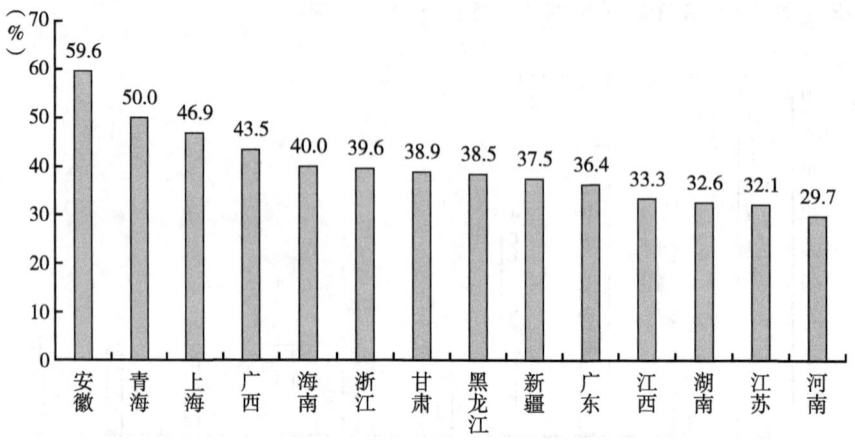

图3-26 2019年第四季度主要省份债权资产成交率

资料来源：淘宝、京东。

5. 机动车

资产金融拍卖产品方面，机动车的标的量和成交量均不大，但相对来说，机动车的成交率高于其他资产金融拍卖品。2019年，机动车成交量最高为广东省（如图3-27），标的量最高为辽宁省（见图3-28）。多个省份

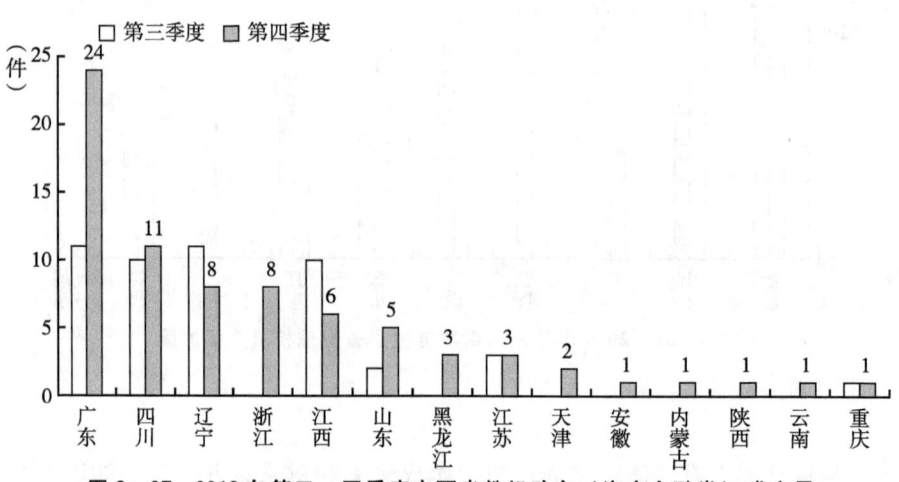

图3-27 2019年第三、四季度主要省份机动车（资产金融类）成交量

资料来源：淘宝、京东。

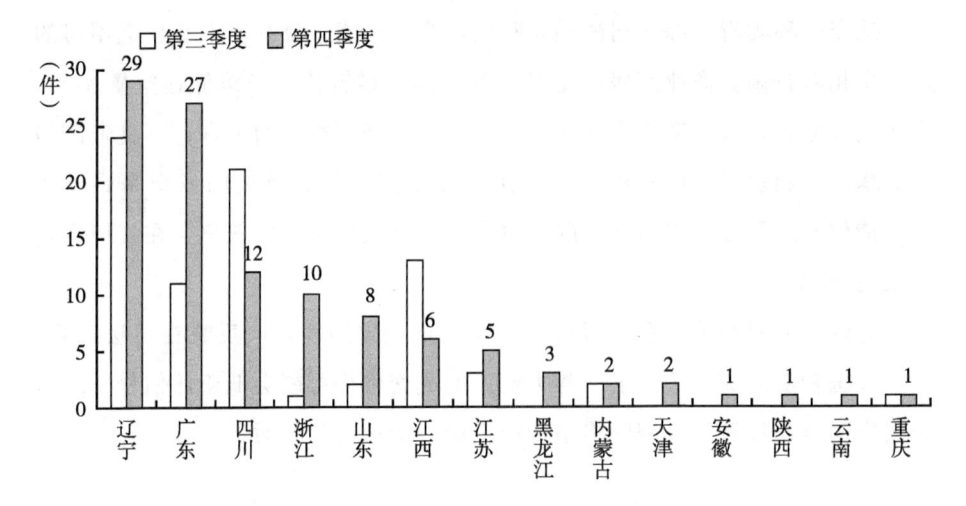

第三章　中国特殊资产市场的交易情况（2019～2020）

图3-28　2019年第三、四季度主要省份机动车（资产金融类）标的量

资料来源：淘宝、京东。

的机动车成交率达100%，广东省（第四季度成交量最高）的成交率为63%，辽宁省（第四季度标的量最高）的成交率为15%。

（三）司法拍卖市场展望

从往年的数据看，每年第一季度是特殊资产交易的淡季。在过去两年中，受春节因素影响，第一季度的特殊资产交易指数均为全年低点。2020年除了季节效应以外，新冠肺炎疫情也对特殊资产交易产生负面冲击。预计2020年，特殊资产交易的标的存量、交易量、成交率、成交价均会出现同比下滑。

从地区上看，司法拍卖方面，长三角、珠三角、东部沿海等经济较为发达地区的交易活跃度更高，成交量排在全国前列；而资产金融拍卖方面，部分中西部省份和东北地区的成交量甚至高于东部沿海地区。本报告预计这一趋势会持续。从标的数量上可以看出，中部地区、东北地区的市场发展潜力很大，从中长期看，非东部沿海地区的成交量也会跟随标的量的上升而上升，但成交率是否能够上升依然与当地经济发展前景有关。

073

从资产种类看，综合司法拍卖和资产金融拍卖，债权资产和住宅用房的成交率相对较高。商业用房可能因为单价高、难转让、经济低迷空置率高、难变现等原因，成交率较为低迷。预计随着经济下行压力上升，不良资产的不断暴露，商业地产的标的数量会进一步上升，但其低迷的成交率难以改善。债权资产和住宅用房的标的量也会上升，其成交量大概率会在疫情影响结束后出现回升。

此外，如果经济仍在下行通道，经济增长预期不佳会反映在司法拍卖、资产金融拍卖的成交价格上，各类资产的成交价格可能会低于评估价格。对于买家而言，经济下行期间将是资产金融拍卖撮合的好时机。

第四章
特殊资产的出让方

不良资产的出让方是不良资产的初始所有人，是不良资产一级市场的供给方，主要包括商业银行、非银行金融机构、地方性金融机构以及非金融企业，其中商业银行是目前不良资产的主要供给方。不良资产的形态多样，包括债权、股权、实物资产等，商业银行的不良贷款是金融类不良资产的主要形式，应收账款是非金融企业不良资产的主要形式。不良资产的出让方有多元化的趋势，体现为地方性金融机构和非金融企业的不良资产供给增多。

作为不良资产的初始所有人，不良资产出让方可以采取不同的处置方式。在我国不良资产行业的发展初期，不良资产的处置以政策安排为主，通过四大金融 AMC 集中批量接收商业银行的不良资产。目前不良资产行业的市场化程度不断提高，不良资产出让方在不良资产处置上有更多的自主选择权，处置方式更加多样化。商业银行作为不良资产的主要出让方，积累了多年的不良资产处置经验，可以灵活地选择自行清收、对外转让、资产证券化、资产重组及债转股等处置方式，使自身的利益最大化。商业银行在不良资产处置上的方式选择会直接影响不良资产市场的供给。

一 商业银行

（一）银行不良资产生成原因

商业银行不良资产生成原因来自多个层面，包括商业银行外部因素和商业银行内部因素。外部因素包括宏观经济、产业政策、贷款企业的经营情况等，内部因素包括银行的内部控制管理、风控能力、信贷投放政策等。

宏观经济周期是造成商业银行整体不良贷款率波动的主要原因。经济下行周期和经济衰退会导致金融风险的上升。目前我国宏观经济增速处于缓慢下行阶段，经济发展处于转型期，部分贷款企业在市场需求变化和产业升级中未能及时调整经营策略，导致企业现金流出现问题，无法及时还款，从而形成不良贷款。企业所在的行业市场环境变化、国际贸易因素也是不良贷款形成的外部原因。此外，个人贷款也会受到宏观经济的影响，部分还款人在经济下行周期中由于失业及其他原因收入减少，无法履行还款责任，形成个人不良贷款。

不良贷款的产生也与政府干预有关。政府部门出台一些行业鼓励政策，这些行业在商业银行的信贷投放上得到一定的政策倾斜。如果产业政策的落地不及预期，信贷资源就会出现错配的情况，导致授信企业经营情况不佳，还款能力不足。此外，政府项目和国有企业更容易获得银行的信贷支持，信贷领域的市场化程度不高也会导致信贷资源错配的情况出现。国有企业的杠杆率持续提升，风险在经济下行周期中集中暴露。

贷款企业经营不善也是不良贷款产生的原因。即使在外部环境良好的情况下，企业经营者在战略制定或管理执行上的错误也会导致企业利润下滑、负债率上升，甚至出现经营困难、资金链断裂。盲目扩张、多元化经营、过度负债等都是借款企业形成不良贷款的常见原因。

除了外部原因，商业银行本身也会成为不良资产形成的原因。国内商业银行数量众多，公司治理水平参差不齐。部分商业银行存在内部管理不到位、信贷流程和风控体系不完善、考核激励机制不合理等问题，未能在审核阶段有效识别贷款风险，也缺乏必要的贷后管理。此外，商业银行也会出现盲目扩张、快速做大信贷规模、对信贷资产的风控审核要求过于放松的情况。

（二）商业银行不良资产处置的需求

商业银行的不良资产规模和不良贷款率过高不但会影响银行本身的经营活动，也会给整个金融体系带来风险。商业银行需要通过不良贷款处置来降低不良贷款率。

从国家层面来看，构建不良资产处置行业并完善相关政策，有助于维护社会经济的稳定，当金融危机到来或者经济周期下行，需要快速隔离风险，阻止金融机构资产质量持续恶化，保护金融系统的安全。从社会资源配置的角度来说，不良资产的增长也体现了经济发展过程中的资源错配，可以对不良资产进行重组，优化资源配置。回顾我国历史上两次大规模的银行不良资产剥离，第一次也是四大金融 AMC 成立的原因，亚洲经济危机之后，国内经济下行，商业银行不良率超过 30%，通过一次性出让不良资产，改善了银行的资产负债表，化解了系统性金融风险；第二次则是配合商业银行的股份制改革，通过出清不良资产，完善公司治理结构，从而支持国有银行成功上市。

从商业银行层面来看，不良资产规模的持续扩大将会影响银行的资本充足率，继而影响银行的正常业务经营。资本充足率是针对银行等金融机构的监管要求，设置的目的是抑制金融机构盲目扩张，确保金融体系的稳定性，防止系统性风险的出现。国际上对商业银行资本充足率的监管已经形成了一套比较完善的体系，其中最主要的就是《巴塞尔协议》。不良资产规模的增加会使银行的资本充足率下降，当不良贷款规模超过拨备，会使资本充足率快速下降，甚至使核心一级资本充足率降为负值。当资本充足率低于监管要求时，银行的经营业务范围将会受到限制，主体信用评级下降，进而导致融资成本上升。不良资产处置可以解决历史包袱，使商业银行轻装上阵，更好地开展后续业务，同时也是银行提升内部管理能力、改善业务流程、优化公司治理结构的机会，从而推动商业银行的转型升级。

（三）商业银行不良资产的主要处置方式

商业银行处置不良贷款的主要方式包括司法清收、打包处置、破产清偿、不良资产证券化、债转股等。商业银行在不良贷款处置上具有信息优势，可灵活选择处置方式并不断探索创新模式，使自身利益最大化。

司法清收就是基于借贷合同，通过司法途径要求借款人还款，贷款机构可以向法院申请强制执行，拍卖债务人名下的资产，挽回自身损失。通过司法途径可以减少恶意逃债的现象，对借款人起到威慑作用。但在实际操作中，司法清收具有"胜诉易、执行难"的特点，且诉讼周期长，成本高。

打包处置是指将一定数量的债权、股权和实物等资产进行组合，形成资产包，再通过债务重组、转让、招标、拍卖、置换等方式进行处置。批量处置有助于提升处置效率，也是 AMC 获取不良资产的主要途径。

破产清偿主要是针对无法继续经营下去的借款企业采取的处置方式。企业申请破产之后，将资产进行清算变卖，按顺序对债权人进行偿付。通常情况下，破产企业已经资不抵债，贷款机构并不能完全挽回损失，破产清算是最后的选择。

不良资产证券化是将一定数量的不良资产组成资产池，出售给一个特殊目的实体（SPV），通过结构分层形成具有稳定现金流的债券，由投资者进行认购。对于商业银行来说，可以实现不良贷款的出表。目前不良资产证券化的发行规模较小，由于不良资产的现金流具有较大的不确定性，在资产的组包、估值、增信、销售等方面的能力要求均高于一般的资产证券化。

债转股是指通过债转股、以股抵债、追加投资等方式获得债转股资产，改善债转股企业的经营，同时，主要通过债转股企业资产置换、并购、重组和上市等方式退出，实现债转股资产的增值。目前，五大国有银行已分别设立了专营债转股的不良资产管理子公司，银行 AMC 对于债转股项目具有信息优势，能有效提升债转股处置效率。作为银行的全资子公司，还可以最大限度地留存收益，并与母公司有效地隔离风险。

（四）商业银行经营状况

商业银行资产规模保持稳健增长。2017～2018 年，在金融去杠杆的背景下，商业银行总资产规模增速大幅下降，两年增速分别为 8.31% 和 6.7%，2019 年，金融监管进入稳杠杆阶段，总资产规模增速有所回升，截至 2019 年末，银行业金融机构总资产规模为 290 万亿元，同比增长 9.12%。其中，国有大型商业银行（包括中国邮政储蓄银行）总资产规模为 116.78 万亿元，同比增长 8.27%；股份制商业银行总资产规模为 51.78 万亿元，同比增长 10.13%；城商行总资产规模为 37.28 万亿元，同比增长 8.53%；农村金融机构（包括农村商业银行、农村合作银行、农村信用社和新型农村金融机构）总资产规模 37.22 万亿元，同比增长 7.63%。股份制商业银行的资产规模增速最快，弹性最大；农村金融机构在大型商业银行客户下沉、监管政策逐步完善的环境下，资产规模增速放缓。银行业金融机构的总资产构成见图 4-1。

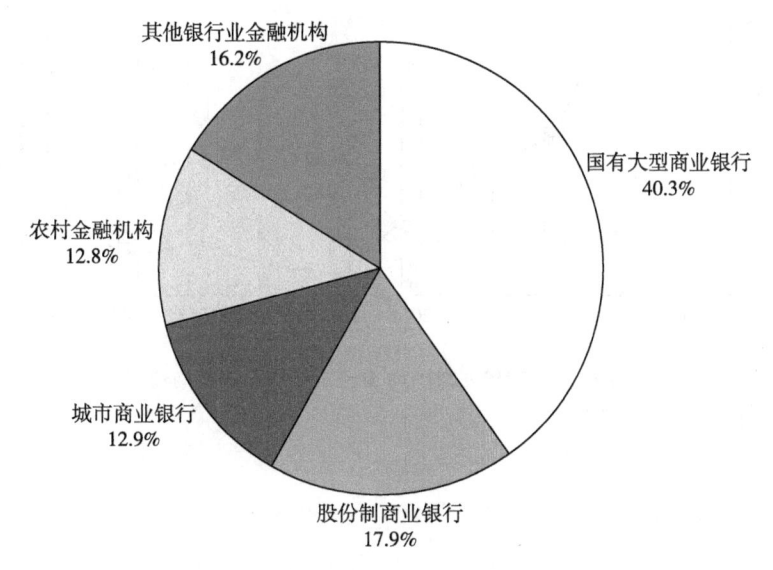

图 4-1　2019 年银行业金融机构的总资产构成

资料来源：银保监会。

商业银行业绩总体稳健，利润率呈现下降趋势。2019 年商业银行实现净利润为 19932 亿元，同比增长 8.91%，为 5 年来的最高值（见图 4-2）。国有大型商业银行、股份制商业银行、城商行、农商行的净利润增速分别为 10.79%、9.07%、1.95% 和 9.22%，其中城商行受拨备计提压力影响，增速最低。商业银行的资本利润率呈现下降趋势，2019 年来商业银行资本利润率为 10.96%，同比下降 0.77 个百分点，主要受到报备计提压力增加和不良认定趋严的影响。2019 年末商业银行净息差为 2.20%（见图 4-3），同比上升 2bp。其中国有大型商业银行的净息差为 2.12%，同比下降 2bp，略有下降；股份制商业银行的净息差为 2.12%，同比大幅上升 20bp；城商行的净息差为 2.09%，同比上升 8bp，农商行的净息差为 2.81%，同比大幅下降 21bp，农商行的净息差明显高于其他类型的银行，但受国有大型商业银行下沉小微金融的影响，净息差受到压缩。

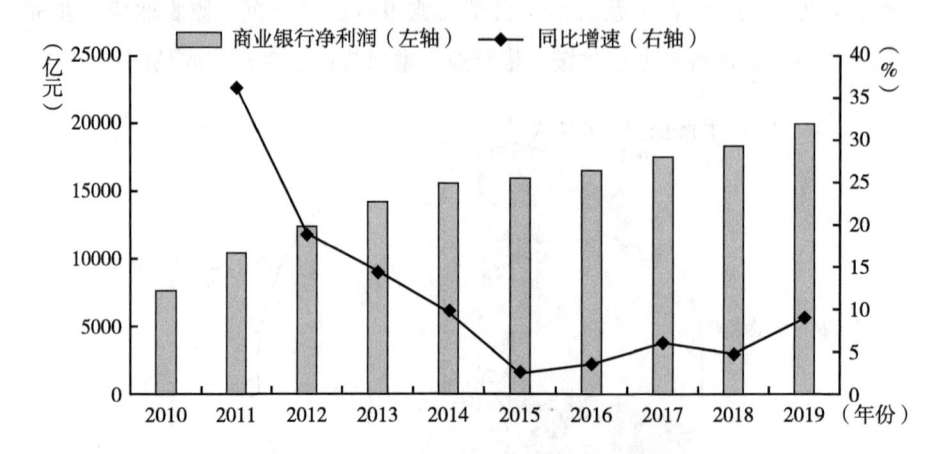

图 4-2　2010～2019 年商业银行净利润及增速

资料来源：银保监会。

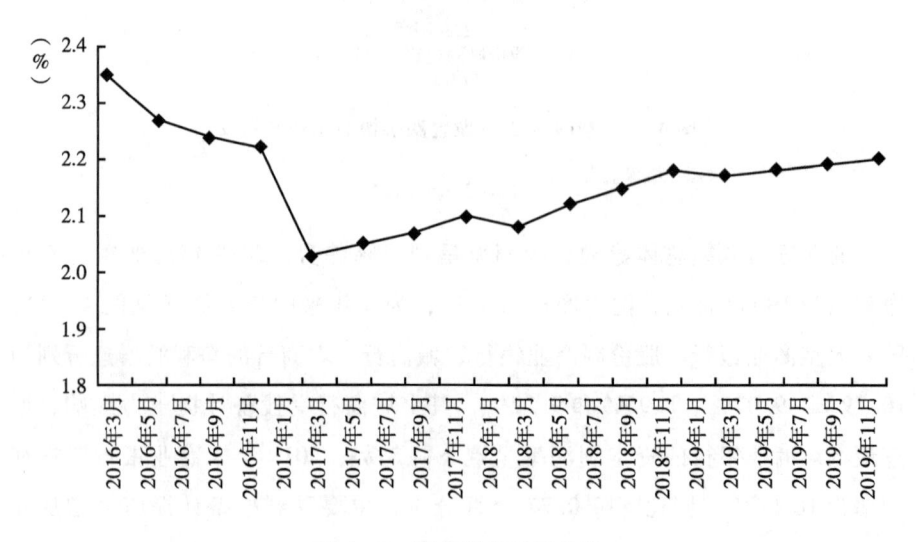

图 4-3　商业银行的净息差

资料来源：银保监会。

第四章　特殊资产的出让方

商业银行的资本充足率指标整体向好。截至 2019 年末，商业银行的核心一级资本充足率、一级资本充足率和资本充足率分别为 10.92%、11.95%、14.64%（见图 4-4），环比分别上升 7bp、11bp、10bp，同比分别下降 11bp、上升 37bp、上升 44bp，资本充足率整体呈现上升趋势。

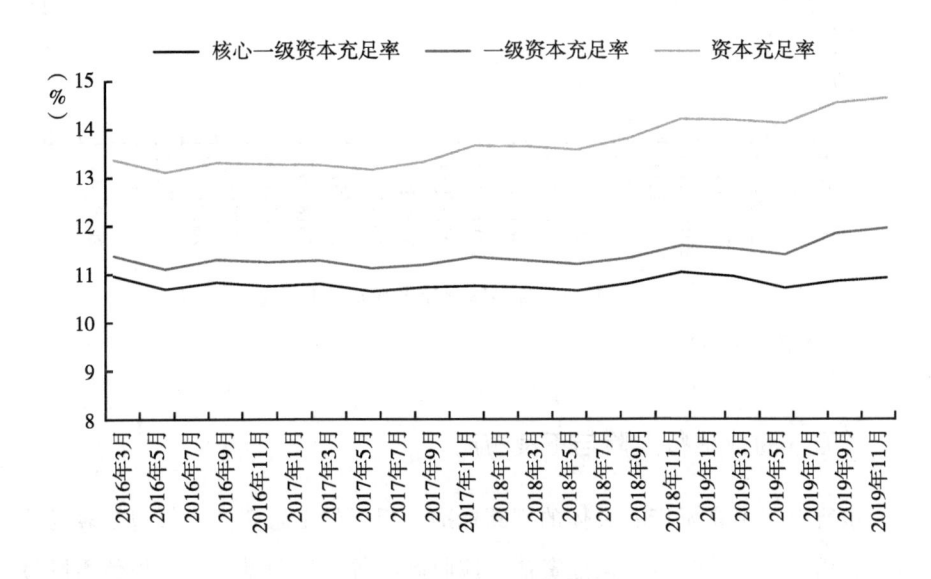

图 4-4　商业银行的资本充足率

资料来源：银保监会。

2019 年末，国有大型商业银行的资本充足率为 16.31%，高于其他银行类型（见图 4-5），同比上升 61bp；股份制商业银行的资本充足率为 13.42%，同比上升 66bp；城商行的资本充足率为 12.70%，低于其他银行类型，同比下降 10bp；农商行的资本充足率为 13.13%，同比下降 7bp。2019 年国有大型商业银行和股份制商业银行通过各类资本融资工具提升资本充足率水平，城商行和农商行的资本融资渠道相对较少，资本充足率有所下降。随着各类资本融资工具陆续向中小银行放开，中小银行的资本充足率有望得到提升。

图 4-5　各类银行的资本充足率

资料来源：银保监会。

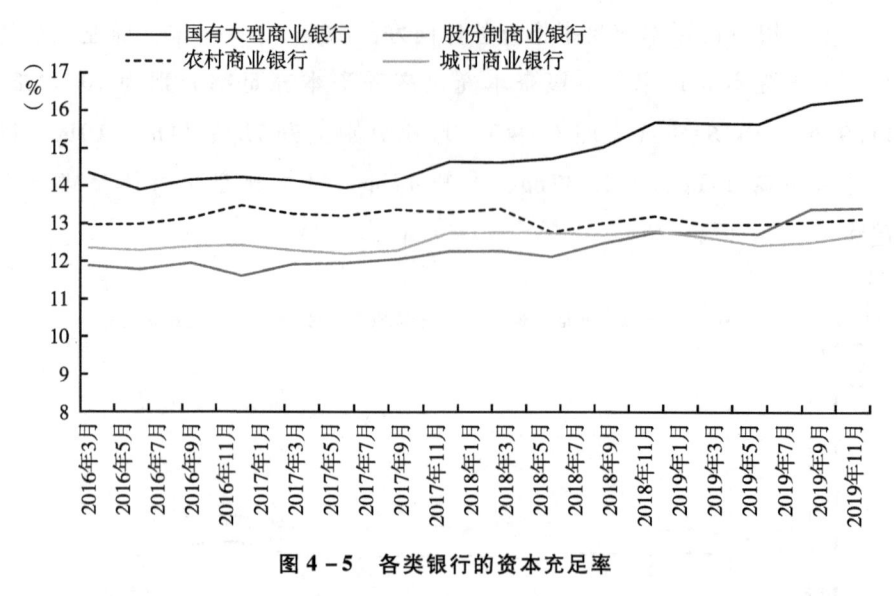

（五）商业银行风险与不良资产

银行对于不良资产有具体的判断标准。银行的金融资产不仅包括表内的贷款、债券和其他投资、同业资产、应收款项等，还包括表外承担信用风险的项目。金融资产按照风险程度分为五类，分别为正常类、关注类、次级类、可疑类、损失类，后三类合称不良资产（见表 4-1）。截至 2019 年末，商业银行贷款余额为 129.63 万亿元，其中正常类贷款为 123.45 万亿元，关注类贷款为 3.77 万亿元，不良资产为 2.41 万亿元。

表 4-1　商业银行不良资产的定义

类别	定义	满足以下任一条件
次级类	债务人依靠其正常收入无法足额偿付本金、利息或收益，资产已经发生信用减值	（一）本金、利息或收益逾期（含展期后）超过 90 天； （二）债务人或金融资产的外部评级被下调至非投资级； （三）同一非零售债务人在所有银行的债务中，逾期 90 天以上的债务已经超过 5%； （四）债务人被纳入失信联合惩戒名单

续表

类别	定义	满足以下任一条件
可疑类	债务人已经无法足额偿付本金、利息或收益，资产已显著信用减值	（一）本金、利息或收益逾期（含展期后）超过270天； （二）债务人逃废银行债务； （三）金融资产已减值40%以上
损失类	在采取所有可能的措施后，只能收回极少部分金融资产，或损失全部金融资产	（一）本金、利息或收益逾期（含展期后）超过360天； （二）债务人已进入破产程序； （三）金融资产已减值80%以上

资料来源：银保监会。

自2012年起，商业银行不良贷款余额和不良贷款率即呈现上升趋势。截至2019年末，商业银行不良贷款余额为24135亿元，不良贷款率为1.86%（见图4-6）。2019年不良贷款余额较2018年同比增长19%。自2012年以来，不良贷款余额增速较快，2012~2019年的复合增速达到24%；2015~2019年不良贷款率呈现缓慢上升趋势，但仍处于历史较低水平。

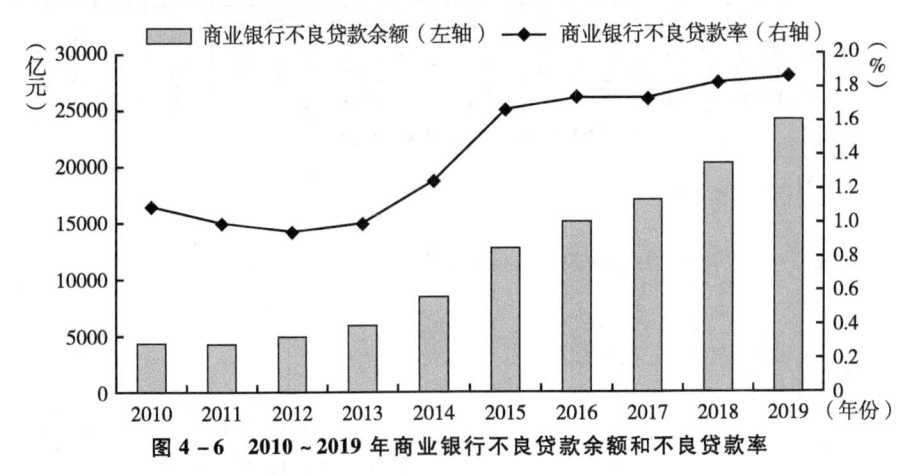

图4-6 2010~2019年商业银行不良贷款余额和不良贷款率

资料来源：银保监会。

商业银行对于不良贷款的认定趋于严格。2019年4月30日，银保监会下发了《商业银行金融资产风险分类暂行办法》，扩大了风险分类的资产范围，明确把逾期天数作为风险分类的客观指标，具体情况包括：①逾期资产全部纳入关注类或不良；②逾期90天以上资产纳入不良；③逾期270天以上纳入可疑类或损失类；④逾期360天以上纳入损失类。2016~2019年，关注类贷款的占比呈现下降趋势,从 2016 年第三季度的 4.1% 回落至 2019 年末的 2.91%(见图 4-7),潜在不良资产的风险持续下降,不良资产的真实度提升。从不良贷款的构成来看,次级类和可疑类贷款规模均为约 1.01 万亿元,损失类贷款规模约为 0.39 万亿元(见图 4-8)。次级类贷款率和可疑类贷款率均为 0.78%,损失类贷款率为 0.3%。

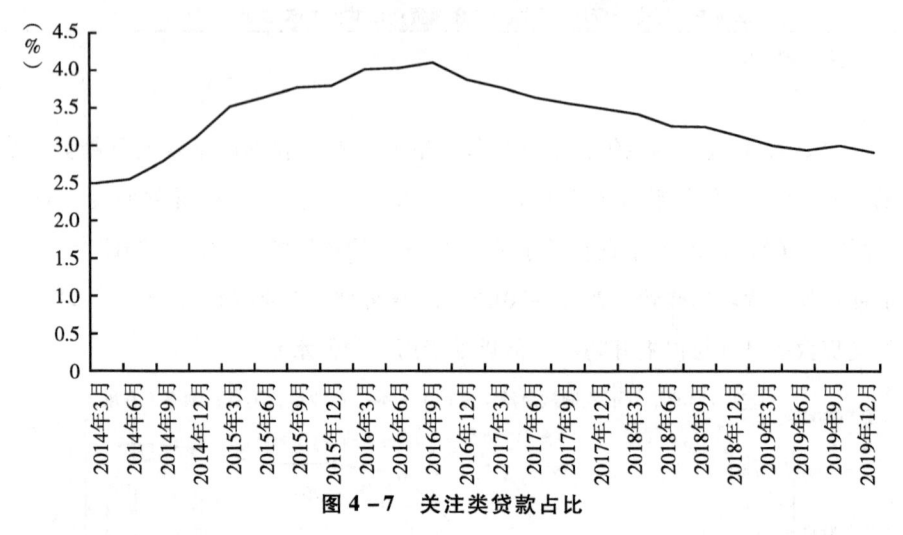

图 4-7 关注类贷款占比

资料来源:银保监会。

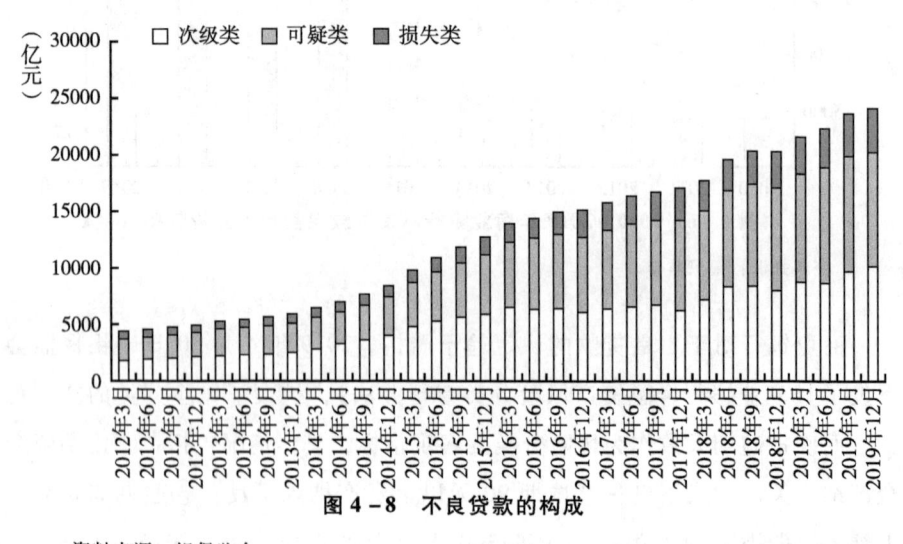

图 4-8 不良贷款的构成

资料来源:银保监会。

第四章 特殊资产的出让方

从不良贷款的规模分布来看，国有大型商业银行的规模最大，其次是农商行（见图4-9）。从不良贷款率来看，最高的是农商行不良贷款率达到3.9%，其次是城商行，为2.32%，股份制商业银行的不良贷款率为1.64%，国有大型商业银行的不良贷款率最低，为1.38%（见图4-10）。相比上年，除了城商行外，其他类型银行的不良贷款率均有所下降，城商行的不良贷款率上升较快，增长了53bp。国有大型商业银行经历了几次不良资产的集中剥离，不良贷款率处于历史较低水平。相比之下，地方性银行贷款区域集中、风险分散程度较低，不良资产的处置能力也较弱。

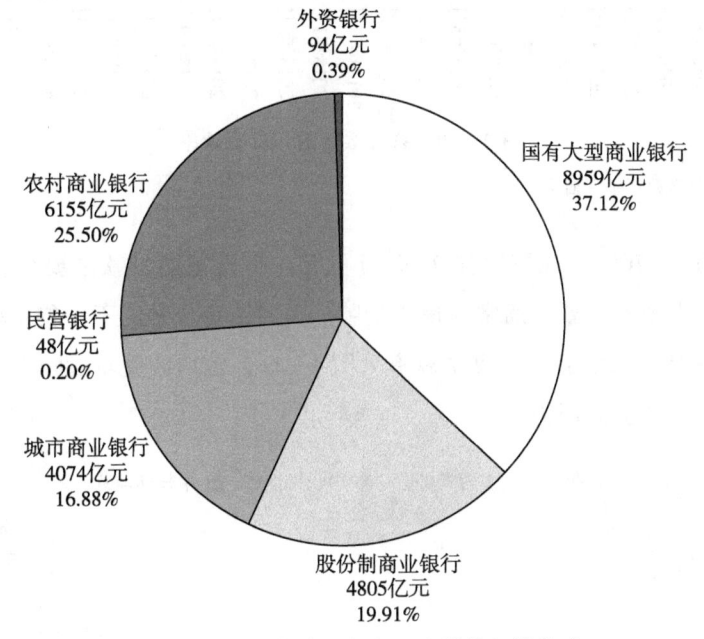

图4-9 2019年商业银行不良贷款规模构成

资料来源：银保监会。

个人不良贷款的供给增加。过去几年，个人贷款增速持续高于整体贷款增速，消费金融业务呈现高速发展的态势。截至2019年末，个人贷款余额达到55.32万亿元（见图4-11），其中，个人中长期消费贷款占比最高，达到61.54%。个人中长期消费贷款以按揭贷款为主，不良贷款率长期处于较低水平。个人短期消费贷款在连续高速增长之后，2019年同比增速明显

图 4-10 各类银行的不良贷款率

资料来源：银保监会。

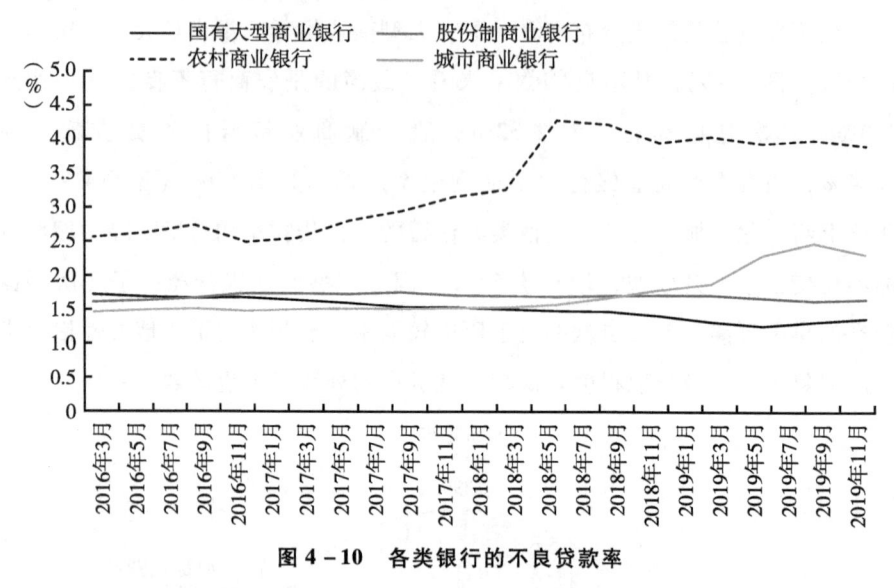

放缓，为 12.76%，规模达到 9.92 万亿元。个人短期贷款主要包括信用卡贷款和个人消费贷款，通常为信用贷款。目前消费金融的不良贷款率整体可控，2017 年个人贷款的不良贷款率见图 4-12，短期内受新冠肺炎疫情影响或出现一定的上升压力。

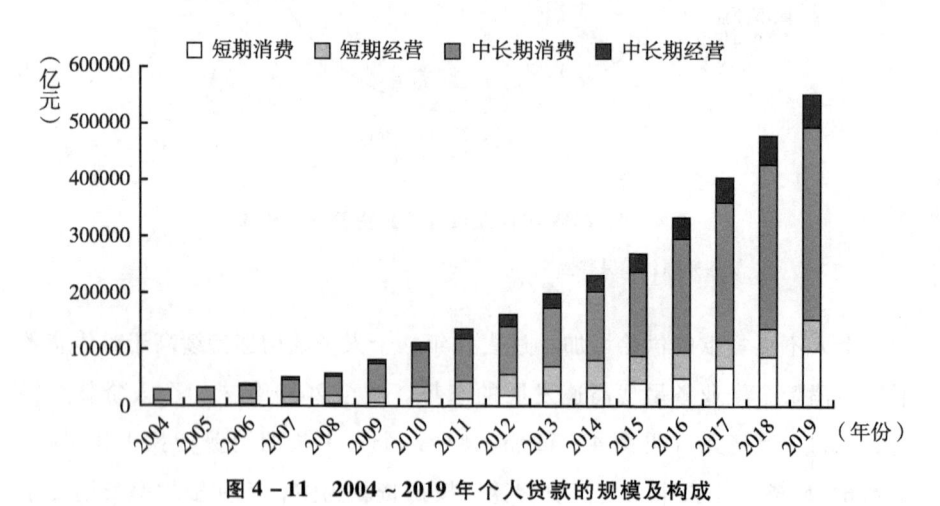

图 4-11 2004~2019 年个人贷款的规模及构成

资料来源：中国人民银行。

第四章 特殊资产的出让方

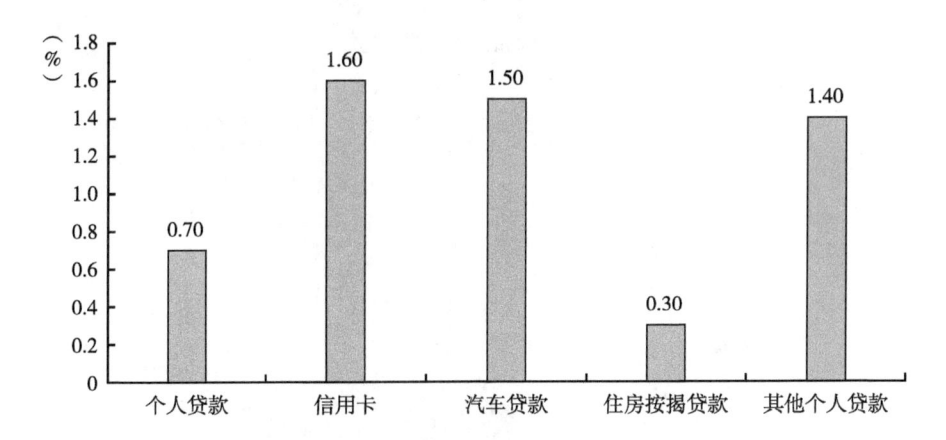

图 4-12　2017 年个人贷款的不良贷款率

资料来源：银保监会。

组合政策鼓励商业银行服务小微金融。自 2018 年以来，监管部门重点监测普惠型小微企业贷款，即单户授信额度在 1000 万元以下的贷款。截至 2019 年末，普惠型小微企业贷款余额为 11.67 万亿元，同比增长超过 25%。5 家国有大型商业银行普惠型小微企业贷款增长超过 55%。农商行依然是小微金融贷款余额占比最高的银行类型，提供了 37.03% 的小微企业贷款（见图 4-13）。此外，监管部门适当放宽对小微企业贷款的不良率容忍度，切实服务下沉市场的小微企业。

总体来看，商业银行资产拨备计提充足，风险处置能力处于较高水平。截至 2019 年末，商业银行的拨备覆盖率为 186.08%，与上年末基本持平。贷款拨备率为 3.46%，同比上升了 5bp，呈现持续上升趋势。国有大型商业银行的拨备覆盖率最高，达到 234.33%，其次是股份制商业银行，为 192.97%（见图 4-14），国有大型商业银行和股份制商业银行的拨备覆盖率同比有所提升。城商行的拨备覆盖率为 153.96%，农商行为 128.16%，同比有所下降。充足的拨备计提有利于存量不良资产的清收处置。

（六）地方中小银行的不良资产与风险

在商业银行体系中，地方中小银行的不良资产和风险状况尤其值得关

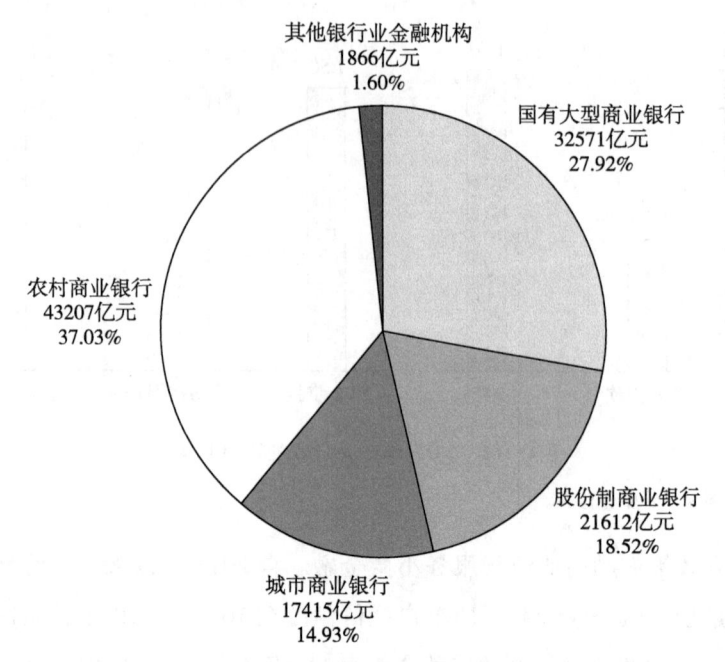

图 4-13　普惠型小微企业贷款的构成

资料来源：银保监会。

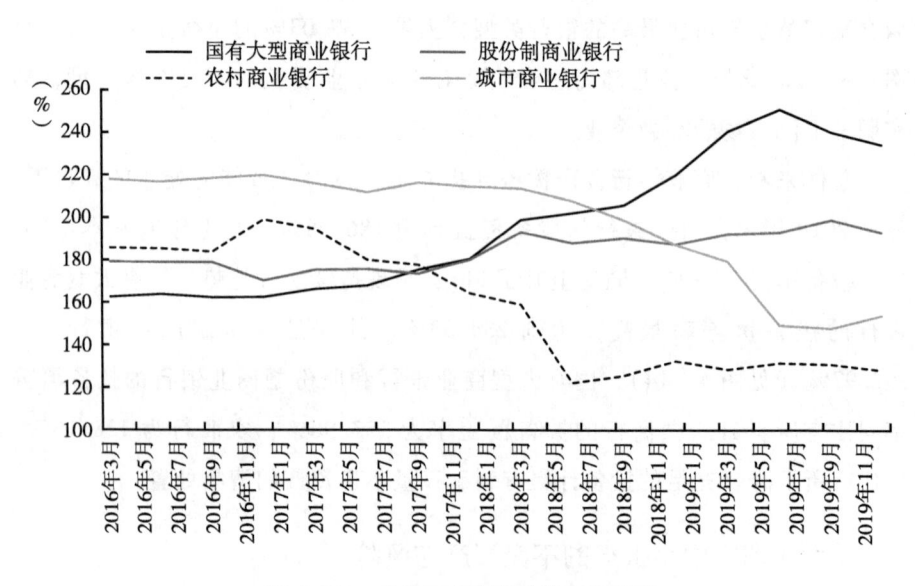

图 4-14　各类商业银行的拨备覆盖率

资料来源：银保监会。

注。一方面，地方中小银行的经营局限于本地，且客户质量比大型银行要更为下沉，加之经营管理和风险管理能力有限，因此其面临的整体信用风险要高于国有大型商业银行；另一方面，由于受各种因素的限制，地方中小银行资产处置的能力也相对较弱，价值挖掘能力偏低，对资产处置服务有着较为强烈的需求。

1. 地方中小银行不良资产的成因

地方中小银行的资产质量受所在地区的经济发展情况影响。各地的经济基础差异性较大，经济发展程度不一。全国性金融机构可以通过业务和区域分散来降低风险，相比之下，地方中小银行信贷投放的区域集中度和行业集中度更高，外部环境变化造成的风险更大。此外，地方中小银行的信贷投放会受到当地政府的影响，包括当地的产业政策、基础设施建设计划等。具体而言，获得政府信用背书的企业更容易获得金融机构的信贷支持。如果产业政策的导向与市场发展方向相背离，企业经营情况不达预期，后续还贷就会出现问题，导致不良贷款的增加。

地方中小银行一般由信用社改制而来，成立时间较短，管理制度相对落后，内部的管控机制不完善，具体包括在业务流程、风控管理、岗位职责落实等方面存在问题。此外，地方中小银行员工的业务专业能力、职业道德、风控意识等方面也有待加强。

2. 地方中小银行不良资产的来源及规模

地方中小银行主要包括城商行、农商行及其他农村金融机构等。地方中小银行的资产规模较小，但不良贷款率水平整体较高。此外，2019年，中小银行出现风险集中暴露的情况，成为问题金融机构。

城商行的前身是城市信用社，从20世纪90年代开始改制，成为城商行，定位服务本地经济和本地居民，为中小企业提供金融支持。目前，全国有134家城商行，总资产规模超过30万亿元（见图4-15）。城商行的历史包袱不多，不良贷款主要来自产业结构调整和地方政府债务。截至2019年末，城商行不良贷款余额为4074亿元（见图4-16），不良贷款率为2.32%。

农商行由农村信用社改制而来，截至2017年末，全国有农商行总资产规模为23.7万亿元（见图4-17）。农商行立足于农村地区，农村经济的活

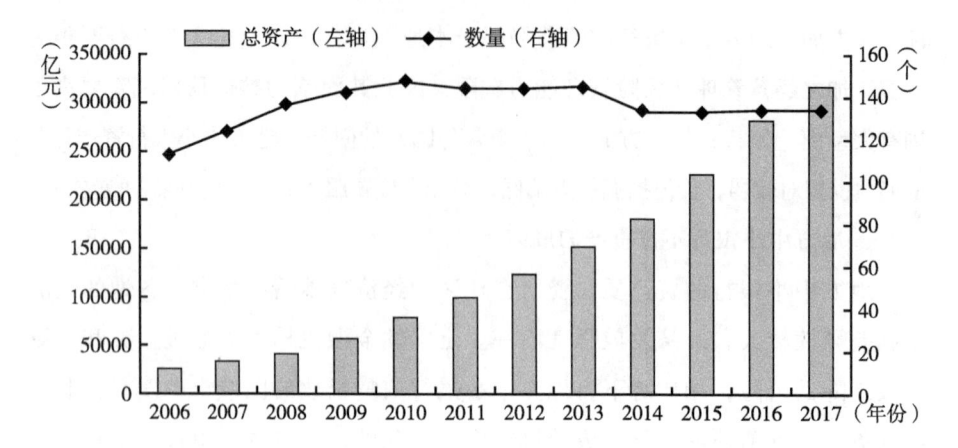

图 4-15　2006~2017 年城市商业银行数量及总资产

资料来源：银保监会。

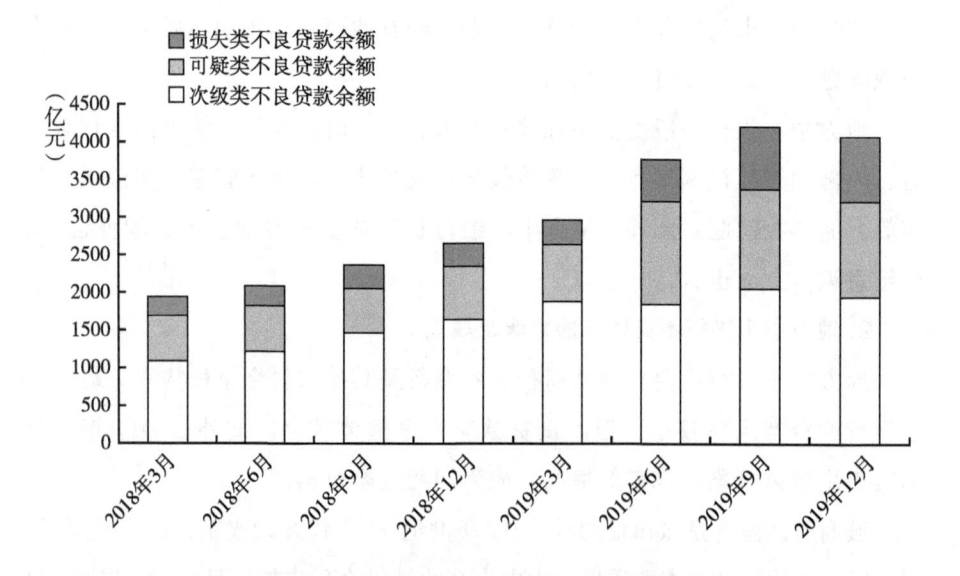

图 4-16　城市商业银行的不良贷款规模及构成

资料来源：中国人民银行。

跃度较低，产业结构比较单一，金融司法环境有待完善。农商行需要承担国家的支农惠农政策，向经济落后地区投放信贷，区域集中度高，贷款客户中，三农企业、中小微企业居多，抗风险能力较弱。农商行在所有类型的银行中不良贷款率最高，2019年末，农商行不良贷款规模为6154亿元（见图4-18），不良贷款率为3.9%。

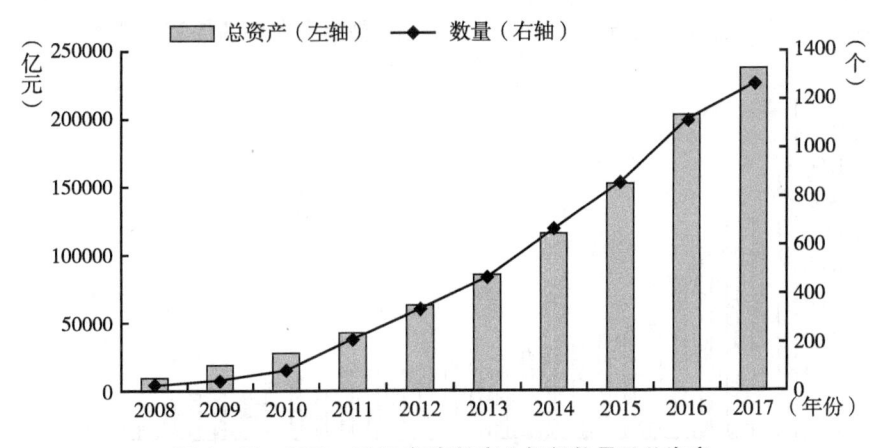

图4-17　2008~2017年农村商业银行数量及总资产

资料来源：银保监会。

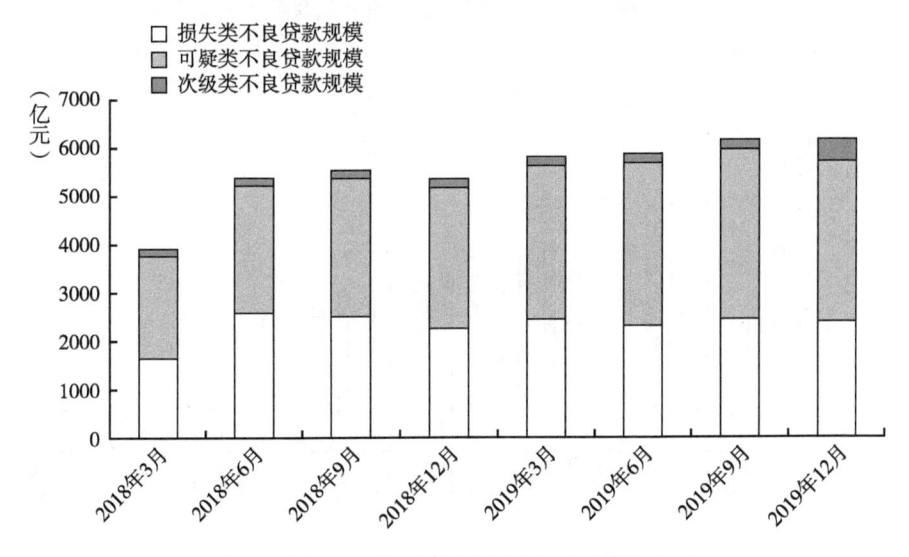

图4-18　农村商业银行的不良贷款规模及构成

资料来源：中国人民银行。

地方中小银行的不良贷款情况与本地经济发展紧密相关，包括当地经济体量、产业结构、经济增速等。从不良贷款余额来看，规模靠前的省份依次为山东、广东、浙江和江苏（见图4-19），主要以经济体量较大的东部沿海省份为主。从不良贷款率来看，排名靠前的省份依次为内蒙古、甘肃、山东、吉林、贵州、云南、辽宁（见图4-20），主要集中在中西部和东北地区。

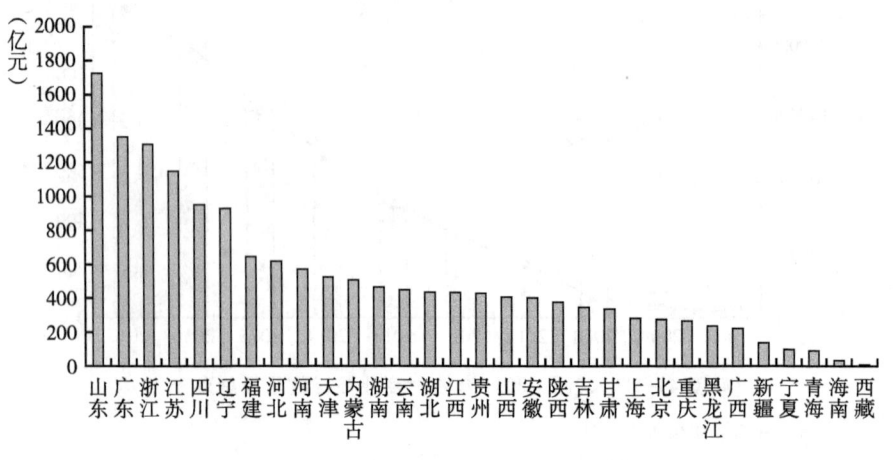

图4-19　全国各省份不良贷款余额

资料来源：银保监会。

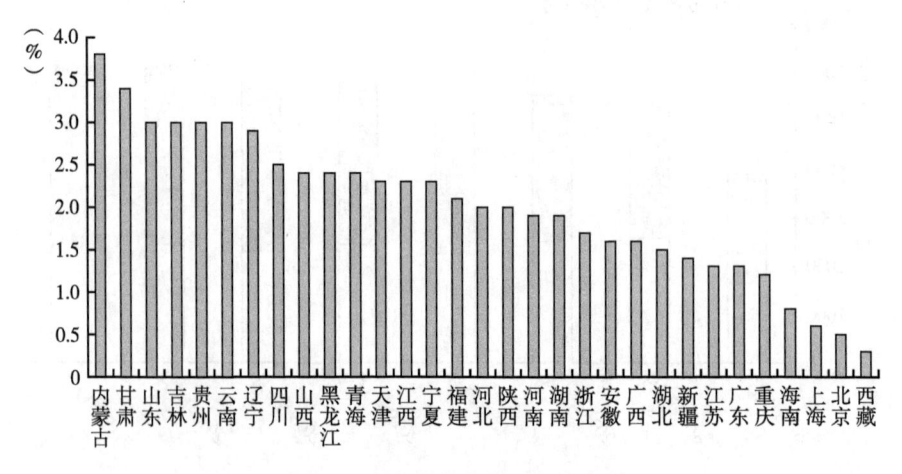

图4-20　全国各省份不良贷款率

资料来源：银保监会。

部分地区的地方性金融机构存在重大的风险隐患。2019年4月，审计署发布《2018年第四季度国家重大政策措施落实情况跟踪审计结果》（2019

年第 1 号公告），发现 7 个地区的部分地方性金融机构存在不良贷款率高、拨备覆盖率低、资本充足率低、掩盖不良资产等问题，风险管控能力有待进一步加强（见表 4-2）。

表 4-2 审计署发现的地方性金融机构重大风险问题

序号	涉及地区	问题分类	具体问题
1	河南省	不良率高	截至 2018 年底,河南浚县农村商业银行股份有限公司等 42 家商业银行贷款不良率超过 5% 警戒线,其中超过 20% 的有 12 家,个别商业银行贷款不良率超过 40%
2	吉林省、山东省、湖南省、广西壮族自治区	拨备覆盖率低	截至 2018 年底,吉林省农村信用社联合社下辖的 9 家农村商业银行和 14 家农村信用合作社、山东省内 78 家银行业金融机构、湖南省农村信用社联合社下辖 16 家法人行社、广西壮族自治区南宁市区农村信用合作联社等 10 家农合机构的拨备覆盖率均低于 120% 至 150% 的监管要求
3	海南省	资本充足率低	截至 2018 年底,海口市农村信用合作联社等 14 家农合机构资本充足率未达到 10.5% 最低监管要求,占海南省农合机构数量比例为 73.68%
4	河北省、河南省、山东省	掩盖不良资产	2016~2018 年,河北银行股份有限公司、河南中牟农村商业银行股份有限公司、山东滕州农村商业银行股份有限公司等 23 家金融机构通过以贷收贷、不洁净转让不良资产、违反五级分类规定等方式掩盖不良资产,涉及金额 72.02 亿元

资料来源：审计署。

3. 地方中小银行自身的风险

地方中小银行目前面临更大的风险。过去几年，地方中小银行通过同业业务实现了资产规模的快速扩张，随着经济增速的放缓、金融监管的收紧，在激进扩张中累积的风险进入暴发期。前文已提到，城商行和农商行的各项风险监管指标均弱于国有大型商业银行和股份制商业银行，包括不良贷款率、拨备覆盖率、资本充足率等。此外，地方中小银行的成本收入比整体高于全国性银行，资产利润率下降幅度更大。随着利率市场化的推进，地方中小银行的市场竞争更加激烈，盈利能力的分化日趋明显，在优胜劣汰的过程中，地方中小银行的风险将逐步暴露和释放。

从业务层面来看，地方中小银行的市场定位是服务中小企业和本地实体经济。在普惠型小微企业贷款中，城商行和农商行合计占比达到52%。在经济下行周期，小微企业抗风险能力较弱，更容易受到冲击，从而影响企业营收及还款能力。此外，地方政府的显性和隐性债务支付的压力也主要落在当地的地方中小银行上，进一步增加了地方中小银行的风险。

为了支持地方中小银行继续服务实体经济，确保中小银行的风险整体可控，监管部门也出台了相应的倾斜政策，包括通过货币政策的定向降准向中小银行释放资金，通过同业流动性支持缓解中小银行的负债成本压力，拓宽中小银行资本补充的资金来源渠道等。2019年11月6日，国务院金融稳定发展委员会召开第九次会议，提出"当前要重点支持中小银行多渠道补充资本，优化资本结构，增强服务实体经济和抵御风险的能力"。预计更多的城商行和农商行将通过优先股、二级资本债、永续债等融资工具进行资本补充。监管部门也鼓励推广一些中小银行经营管理中的好经验、好做法，以此改进中小银行的商业模式。针对部分中小银行风险暴发后的结构性、流动性紧张局面，中国人民银行建立了再贴现、常备借贷便利、存款准备金、流动性再贷款等防范中小银行流动性风险的"四道防线"，以便及时稳定市场信心。

市场化处置高风险的中小银行。2019年，陆续有中小银行暴发危机，三家高风险机构采用了不同的方式对风险进行处置。因出现严重信用风险，包商银行直接被银保监会接管。包商银行的风险源自股东长期违规占用资金，到期未能足额偿还债务，属于个例，及时托管可最大限度保护存款人和客户合法权益，并防止风险扩散，稳定市场信心，守住不发生系统性风险的底线。锦州银行和恒丰银行则采用了更加市场化的处置方式。遵循市场化、法治化的原则，恒丰银行制订并实施了"剥离不良、引战增资"两步走的改革方案。2019年12月31日，恒丰银行顺利完成股改建账工作，标志着市场化重组基本完成。此外，中国人民银行、银保监会和辽宁省政府联合推动锦州银行的改革重组，指导锦州银行处置风险资产，并同步进行增资扩股,修复资产负债表,增强风险抵御能力。预计后续高风险金融机构的处置方式会更加市场化、多样化。

二 非银行金融机构

非银行金融机构产生不良资产的原因与商业银行类似,不良资产也是以类信贷业务中产生的债权类资产为主。同样为实体经济提供融资服务,非银行金融机构的资产质量与宏观经济关系紧密相关,经济增速下行和产业结构调整致使部分融资企业出现财务和经营问题,推升非银行金融机构的不良资产率。

此外,非银行金融机构的类信贷业务受到金融监管趋严的影响。在金融去杠杆、去通道的大背景下影子银行业务受到持续压降,导致非银行金融机构的融资业务规模收缩,市场流动性下降,进而使非银行金融机构的债权资产风险提升。根据银保监会的数据,2017年以来,影子银行规模较历史峰值压降了16万亿元。

除 AMC 之外,非银行金融机构还包括信托公司、证券公司、基金公司、金融租赁公司、财务公司、汽车金融公司、消费金融公司、货币经纪公司等。从不良资产的供给角度来看,非银行金融机构的不良资产整体规模相比商业银行较小。

(一)信托业

信托公司是主要的非银行金融机构,也是非银行金融机构不良资产的主要来源。截至2019年末,全国68家信托公司信托资产规模为21.6万亿元,较2018年末的22.7万亿元下降4.85%,小于2018年同期的13.52%。从2019年四个季度的环比变化看,第一季度环比增速为-0.7%,第二季度和第三季度环比增速分别是-0.02%和-2.39%,第四季度则是-1.78%(见图4-21)。在经历了2018年较大幅度的调整后,2019年信托业资产规模下降幅度明显收窄,进入了波动相对较小的平稳下行阶段。

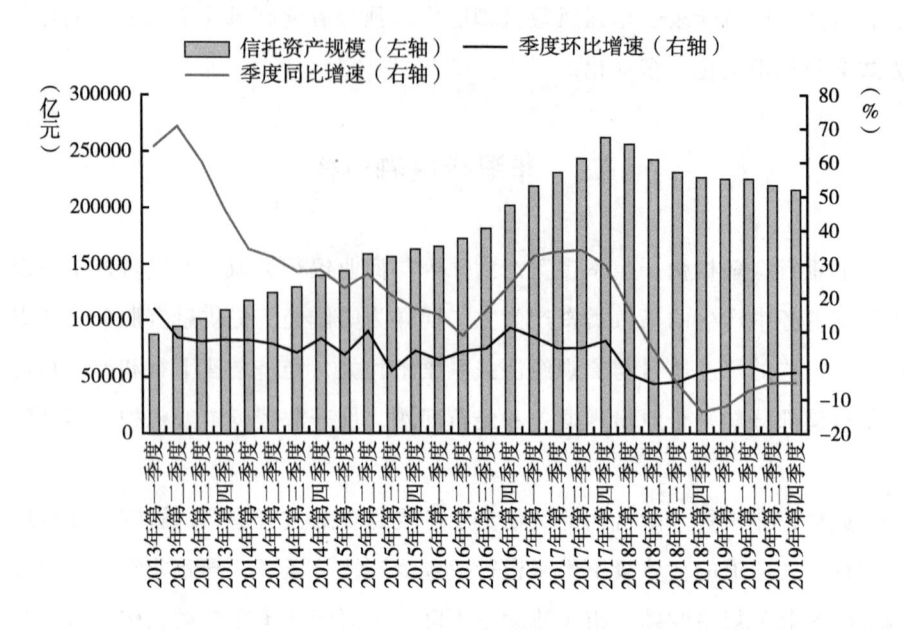

图 4-21 2013~2019 年各季度信托资产规模、同比增速及环比增速

资料来源：信托业协会。

近年来，国内经济进入减速换挡期，供给侧结构性改革步入深水区，信托行业风险面临持续上升的压力，信托业风险项目数量和规模持续增加，风险资产率也有显著上升。2019 年，信托行业主要风险特征包括以下几个方面。

一是风险资产规模和项目数量有所增加。从风险资产规模和风险项目数量的变动来看，2019 年末，信托行业风险资产规模为 5770.47 亿元（见图 4-22），较 2018 年末增加 3548.6 亿元，增幅 159.7%。从风险项目数量看，也有逐步增加的趋势。2019 年末，信托业风险项目数量为 1547 个，较 2018 年末增加 675 个。2019 年，信托业风险项目数量和风险资产规模显著增加，最主要的原因是监管部门加大了风险排查的力度，增加了频率，之前被隐匿的风险得到了更充分地暴露，并不意味着增量风险的加速上升。从环比看，2019 年四个季度，风险资产规模的环比增速分别为 27.39%、22.74%、32.72% 和 25.14%，环比增速有放缓趋势。随着风险的充分暴露，预计信托风险资产规模变化将趋于平稳，行业整体风险也将逐步从发散进入收敛状态，有助于行业的长期健康发展。

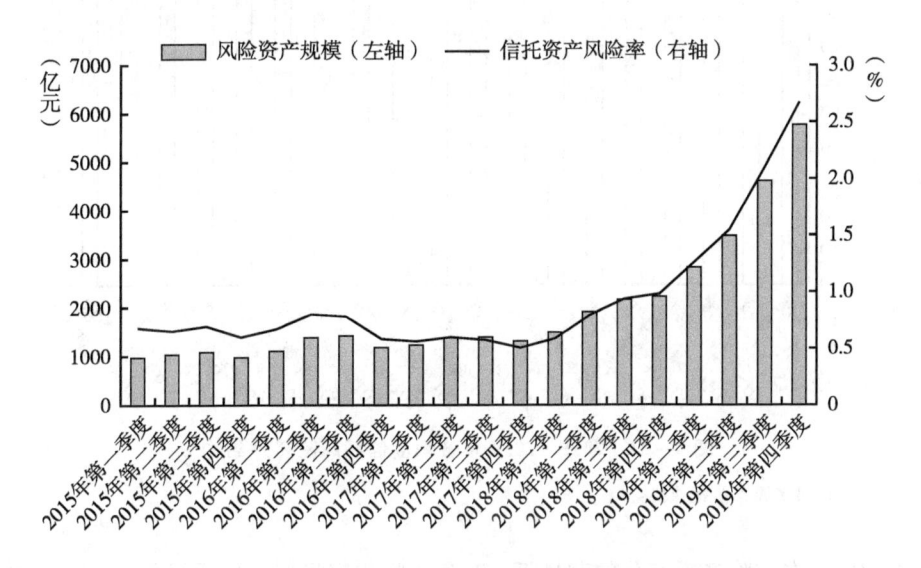

图4-22　2015~2019年各季度信托风险资产规模与风险率

资料来源：信托业协会。

二是集合信托风险资产规模占比仍居主导。从信托行业风险资产分类来看，三类信托的风险提升都较为明显。2019年第四季度，集合信托风险资产规模为3451.8亿元，比2018年末的1371.89亿元增加了2079.91亿元，增长较为显著；集合信托风险资产规模在全部风险资产规模中的占比为59.82%，比2018年第四季度的61.74%略有下降（见图4-23）。

2019年第四季度，单一财产权信托风险规模为2263.09亿元，较2018年第四季度的812.4亿元大幅上升1450.69亿元，在全部风险资产规模中的占比为39.22%。财产权信托风险资产规模为55.58亿元，较2018年的37.59亿元增加17.99亿元，整体规模和占比都较低。

三是信托资产风险率显著上升。伴随风险资产规模的增大，信托资产风险率也有较大幅度的上升。2017年之前，信托风险资产率虽有波动，但多数时候维持在0.8%以下，2018年小幅上升至0.98%，2019年末则大幅上升至

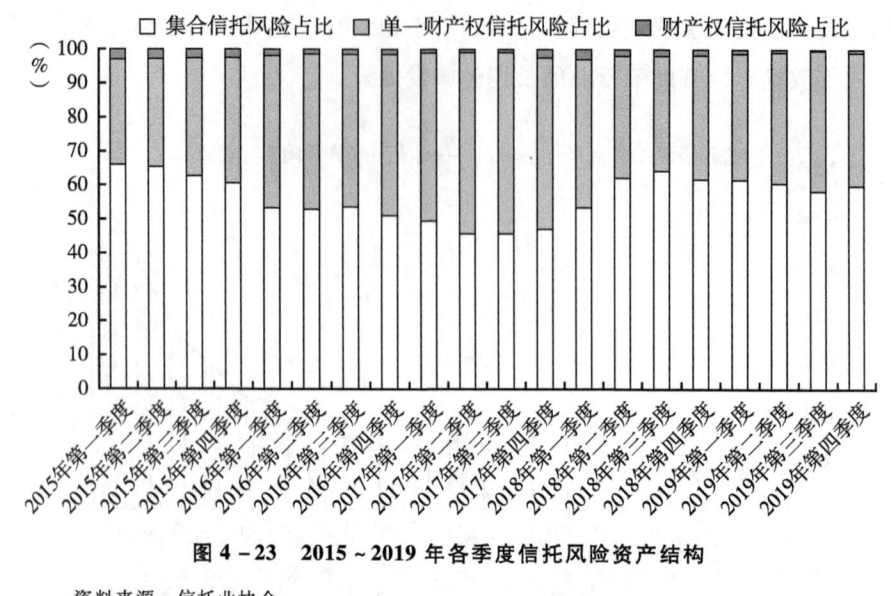

图 4-23 2015~2019 年各季度信托风险资产结构

资料来源：信托业协会。

2.67%。在风险暴露充分的背景下，存量风险化解将成为信托行业一项重要的任务，从信托行业自身的风险抵御能力来看，行业风险仍在可承受范围。

2020 年 5 月 8 日，银保监会官网发布《信托公司资金信托管理暂行办法（征求意见稿）》（以下简称"资金信托新规"），以规范信托公司资金信托业务发展，其核心目的在于推动资金信托回归"卖者尽责、买者自负"的私募资管产品本源，发展有直接融资特点的资金信托，促进投资者权益保护，促进资管市场监管标准统一和有序竞争。

"资金信托新规"对于资金信托的监管主要遵循了四大原则。一是坚持私募定位。资金信托是买者自负的私募资管业务。二是聚焦"资管新规"。以加强产品监管为抓手，明确资金信托业务的经营规则、内控要求和监管安排，促进资金信托监管到位。三是严守风险底线。要求信托公司加强资金信托风险管理，限制杠杆比例和嵌套层级，实现风险匹配、期限匹配。四是促进公平竞争。精简制度体系，统一监管规则。

从短期来看，"资金信托新规"的出台最直接的影响是大幅压缩资金信托中的非标业务，目前非标业务是信托公司的主要业务。"资金信托新规"的发布将加快信托公司标品信托业务转型的步伐，标品信托业务的市场竞争将更加激烈。"资金信托新规"对集合资金信托计划投资于单一主体非标业务规模占净资产的比例做出 30% 的限制。截至 2019 年末，信托公司净资产均值为 92.89 亿元，行业中位数是 74.67 亿元。在 30% 的约束下，大多数信托公司与单一主体开展贷款或其他非标债权业务规模不能超过 30 亿元，这将对部分信托公司的大客户战略造成较大影响，要求信托公司分散投资，限制单一客户集中度。从存量限制来看，"资金信托新规"规定非标债权类资产规模任何时点均不得超过全部集合资金信托规模的 50%，这给信托行业也带来了较大的调整压力。

从中长期来看，"资金信托新规"符合金融供给侧改革的方向，有助于加快发展有直接融资特点的资金信托，提高实体经济直接融资比重。当然，在业务调整的过程中，可以预期，存量资金信托业务的风险还将持续暴露。另外，"资金信托新规"的出台将倒逼信托公司进行业务转型，信托行业将真正进入转型发展新阶段。近年来，行业内各种创新业务涌现，如资产证券化、家族信托、保险金信托、股权信托、遗嘱信托、知识产权信托等，均是在信托业务上进行的新探索和新尝试，为业务转型奠定了一定基础，也体现了信托公司特色经营、差异化发展的趋势，未来这种趋势会更加明显。

（二）融资租赁行业

国内融资租赁行业经过了十几年的发展，机构数量和资产规模实现了大幅增长。2006 年，全国只有 6 家融资租赁公司，合同余额仅为 10 亿元。截至 2018 年末，融资租赁公司数量达到 69 家（见图 4-24），合同余额达到 2.5 万亿元（见图 4-25）。经历了 2012~2015 年的高速发展期之后，融资租赁规模增速有所下降，2016~2018 年租赁资产复合增长率为 14%。融资租赁行业也面临着经济下行压力、行业增速放缓、市场竞争加剧等问题，风险防控的压力在增加，截至 2018 年末，融资租赁行业的不良率为 0.89%，较前期有所上升。融资租赁行业的风险特点包括：①流动性风险高，融资租赁资产期限长，负债期限短，期限错配容易带来流动性风险；②资产端集中度高，租赁资产主要是大型的机械设备、飞机及其他基础设施等，客户集中度高，处置难度大。

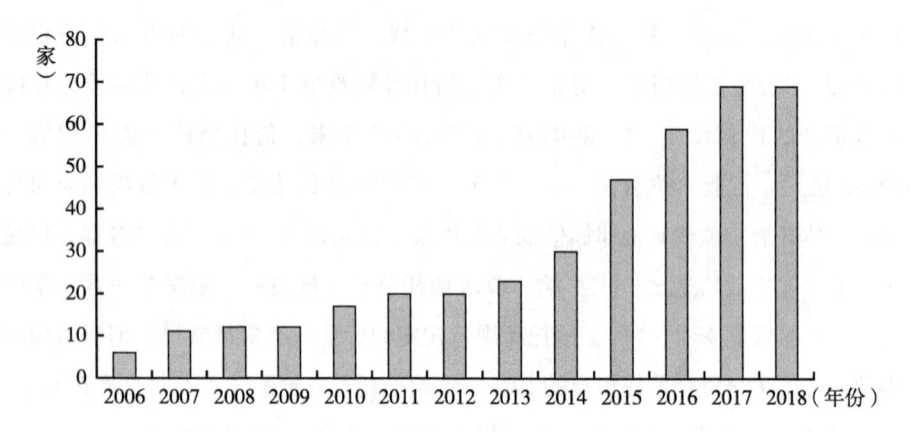

图 4-24 2006~2018 年融资租赁公司数量

资料来源：银保监会。

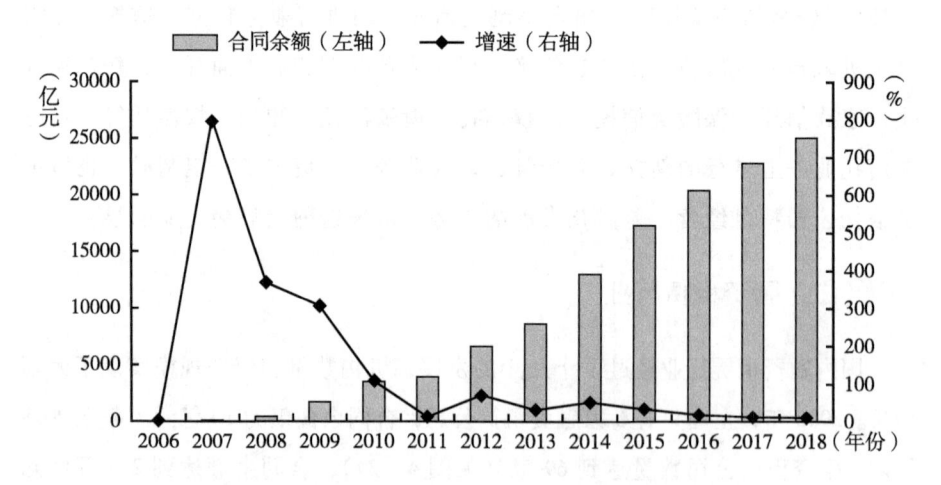

图 4-25 2006~2018 年融资租赁公司合同余额及增速

资料来源：中国租赁联盟。

2017 年第五次全国金融工作会议之后，融资租赁行业的整顿与改革成为金融乱象治理工作的一部分。2017 年以来融资租赁业主要监管政策见表4-3。2018 年 5 月，商务部办公厅发布《关于融资租赁公司、商业保理公司和典当行管理职责调整有关事宜的通知》，将制定融资租赁、商业保理和典当行等三类公司的业务经营与监管职责划给银保监会。新的监管格局确定后，银保监会随即开启行业摸底，强监管大幕拉开。2020年1月8日，银保监会就《融资租赁公司监督管理暂行办法（征求意见稿）》（以下简称《办法》）公开征求意见（正式稿已于2020年6月9日落地）。《办法》从经营规则、监管指标、监督管理等几个方面对融资租赁行业进行了规范。一方面，对融资租赁行业做了清晰的定义，明确了融资租赁公司的业务范围和禁止业务；另一方面，从内部控制、关联交易、租赁物价值评估和检测等多方面均对融资租赁公司从严监管，同时要求融资租赁公司建立资产质量分类制度和准备金制度，这有可能会加速融资租赁公司的风险暴露。此外也设置了各类监管指标强化融资租赁公司的风险控制，比如，规定融资租赁资产和其他租赁资产的占比不低于总资产的60%、杠杆倍数不得超过8倍、固定收益投资不得超过净资产的20%等。

表4-3　2017年以来融资租赁业主要监管政策

发布时间	政策文件	主要内容
2018年2月9日	《融资租赁债权资产支持证券挂牌条件确认指南》《融资租赁债权资产支持证券信息披露指南》	对融资租赁ABS的发行和存续期管理进行了规范
2018年5月14日	《关于融资租赁公司、商业保理公司和典当行管理职责调整有关事宜的通知》	将融资租赁公司的经营和监管职责划转至银保监会，融资租赁与金融租赁业务统一划归银保监会
2020年1月8日	《融资租赁公司监督管理暂行办法（征求意见稿）》	明确融资租赁的业务范围和负面清单；突出主业占比，融资租赁公司融资租赁和其他租赁资产比重不得低于总资产的60%；降低杠杆水平，风险资产不超过净资产的8倍；降低行业集中度等

资料来源：笔者整理。

长期来看，《办法》的颁布将加速融资租赁行业洗牌。短期内，监管标准的提高会给融资租赁市场带来一定压力，部分不达标的融资租赁公司将面临整顿。未来一段时期，融资租赁市场将会实现优胜劣汰，行业整合力度进一步加大。与此同时，融资租赁ABS（Asset-backed Securities，资产支持证券）业务将得到进一步发展。在监管趋严、杠杆率约束日渐增强的背景下，租赁行业（尤其是融资租赁行业）通过ABS等方式实现资产出表的动力开始显著增大。2017~2019年，融资租赁ABS发行规模年均增速为31.37%。2019年，融资租赁ABS发行规模为1397.98亿元，同比增长17.32%；发行产品数量115单，同比增加12单。原始权益人参与度方面，截至2019年，共有61家融资租赁公司参与ABS发行，相比2018年增加5家。从市场集中度看，近年来，融资租赁ABS市场发行集中度显著提高。发行规模最大的两大机构为平安租赁和远东国际租赁，2017~2018年，两家机构的发行规模占当年融资租赁ABS规模的20%~30%。2019年，这两家机构合计发行规模为539.04亿元，占融资租赁ABS当年发行规模总额的38.56%。

（三）企业集团财务公司

企业集团财务公司作为非银行金融机构，在国内有30多年的发展历史，其职能是加强企业集团资金集中管理，提高资金使用效率，为企业集团成员单位提供财务管理服务。截至2017年，财务公司数量为247家。截至2019年第三季度，财务公司的总资产达到6.13万亿元（见图4-26）。2018年以来，财务公司的不良资产率有明显提升，但总体水平较低，2019年第三季度为0.5%（见图4-27）。

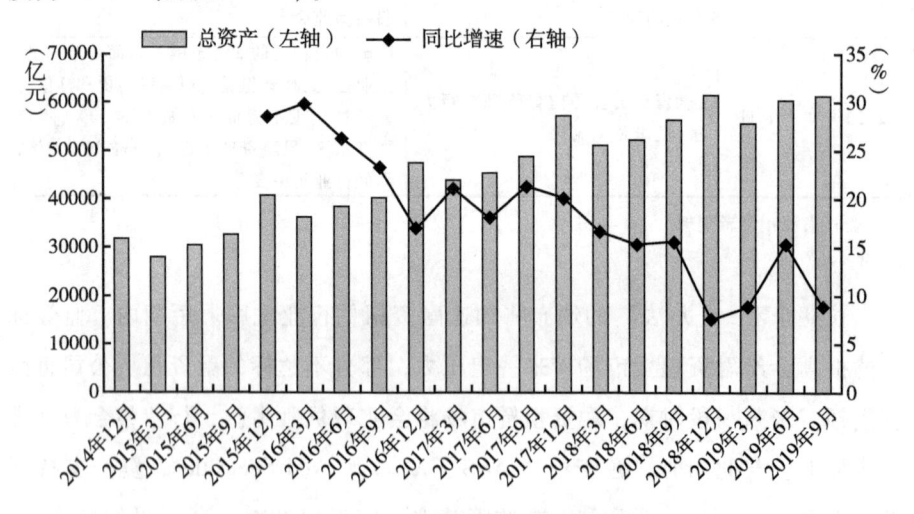

图4-26 财务公司的总资产及同比增速

资料来源：银保监会。

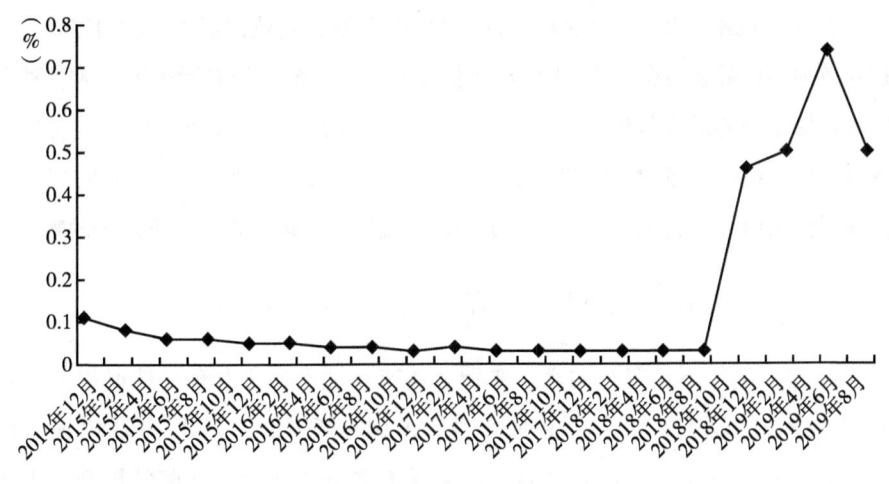

图 4-27 财务公司的不良资产率

资料来源：财务公司协会。

三 非金融企业

（一）非金融企业不良资产生成原因

非金融企业产生不良资产的原因包括以下几个方面。首先与企业所在的行业有关，行业景气度下降会影响到企业的经营效益，供需失衡导致产能过剩、产品销量和价格下降，从而影响企业的现金流，周期性行业的企业就会在某些阶段集中出现不良资产的情况。其次与企业的经营管理有关，管理层对市场前景判断失误、盲目扩张产能或者拓展多元化业务都有可能使企业陷入困境，形成不良资产。最后是企业的杠杆率过高，抗风险能力下降，叠加企业的经营问题或者金融监管去杠杆、金融机构信贷收缩等情况，企业风险就会暴露。

非金融企业不良资产的形式多样化，包括债权、股权、实物资产及其他资产。除企业在日常经营和生产的资金往来中产生的不良资产，包括材料款、工程款以及其他各种应收账款之外，还包括股权、期权、无形资产等资产类别。不同类型的资产具有不同的法律关系，加大了企业不良资产处置的难度。

企业出现不良资产的直接表现是现金流断裂，企业的经营无法正常开展。在企业的不良处置过程中会引入多个参与方，根据企业的实际情况，从各种角度来挖掘企业的潜在价值，最终给出定制化的解决方案，使不良资产的价值实现最大化。经过重组的企业解决了短期现金流的问题，恢复了正常的生产经营，解决了公司内部的管理问题，改善了公司治理结构，进而走上健康发展的轨道。

（二）非金融企业不良资产的主要来源及规模

国有企业是不良资产的重要来源。国有企业在内部管理的体制机制上存在一些遗留问题。诸如，国企的管理层由国资委委派，容易出现代理人问题；管理层激励机制不足，经营管理缺乏有效的责任制度和监督机制；不科学的决策容易造成不良资产等。部分国有企业存在产权不明晰的情况，期初投资并没有得到相应的法律确认，导致产权的归属和责任没有落实，复杂的主体关系造成管理上的缺失，最终形成不良资产。此外，商业银行更倾向于对国有企业授信，导致国有企业杠杆率过高，风险上升。对于一些本应淘汰的落后产能、过剩产能，由于是国有企业，银行继续给予信贷支持，造成资源错配，形成不良资产。近年来，国有企业的资产负债率有所下降，不良资产率较为平稳（见图4-28和图4-29）。总体来说，地方国有企业的不良资产率高于全国国有企业。

从行业的角度来看，农林牧渔业、批发和零售贸易业、建筑业、住宿和餐饮业的平均不良资产率较高，2018年分别达到5.5%、4.5%、4.0%和3.0%（见图4-30）。其他行业的平均不良资产率在3.0%以下。第一产业中的农林牧渔业的不良资产率常年处于高位；第二产业主要受经济结构转型和过剩产能化解的影响，不良资产率有所抬升；第三产业分化最大，房地产业不良资产率处于低位，批发和零售贸易业以及住宿和餐饮业等行业受到经济下行、需求回落等影响，不良资产率较高。

非金融机构的不良资产主要是企业的应收账款及其他不良债权，包括逾期的应收款、预期可能发生违约的应收款，以及债务人存在流动性问题的应收款。随着宏观经济增速的放缓，部分企业面临负债率提升、应收账款周转

第四章　特殊资产的出让方

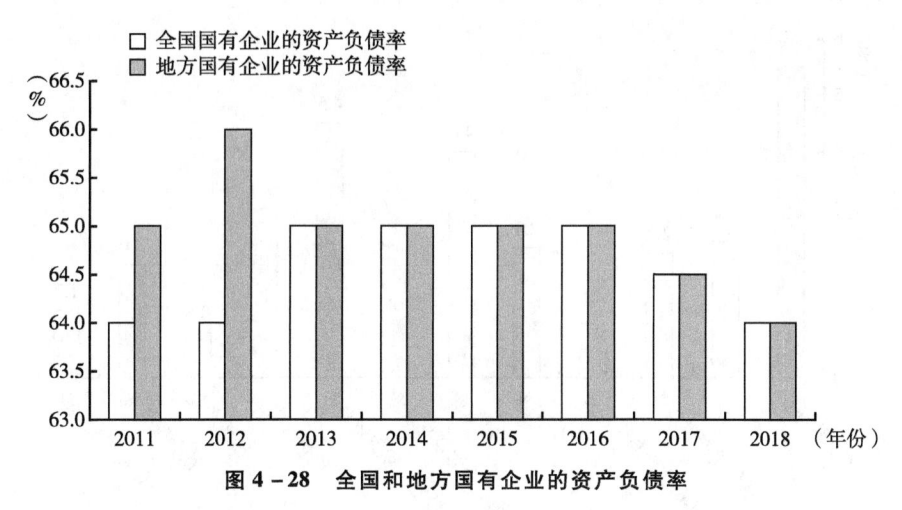

图 4-28　全国和地方国有企业的资产负债率

资料来源：国资委。

图 4-29　全国和地方国有企业的不良资产率

资料来源：国资委。

率下降等问题。在经济转型过程中，部分行业迎来转型升级、重组整合的过程。根据华融资产和信达资产的财报数据，非金融类不良资产的占比逐年提升，已成为不良资产管理行业重要的不良资产来源。截至2019年末，工业企业应收票据及应收账款规模达到17.4万亿元（见图4-31），平均回收周期升至53.7天（见图4-32）。

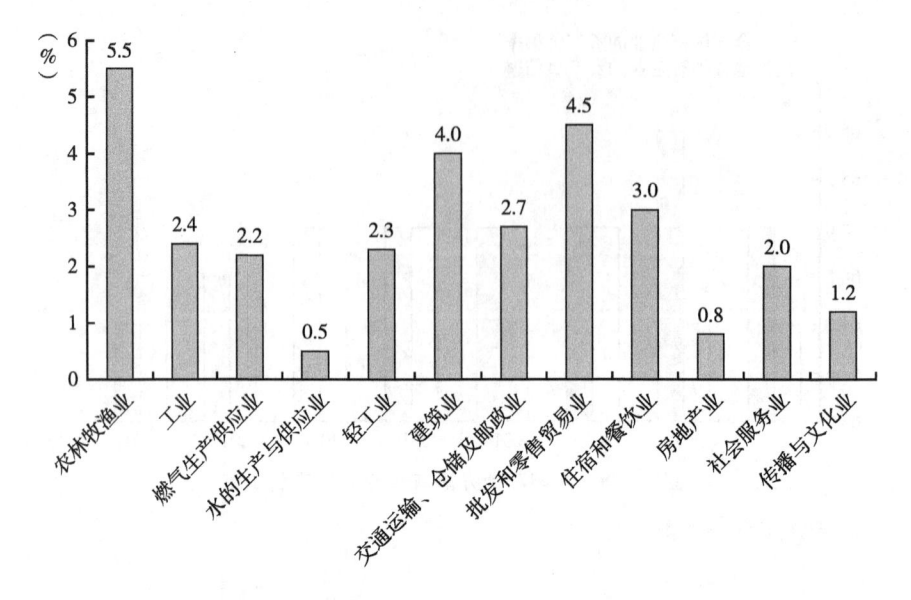

图4-30 2018年行业平均不良资产率

资料来源：国资委。

（三）非金融企业不良资产的处置

以国有企业为例，非金融企业不良资产的处置有三种模式：一是分散处置模式，由国有企业自行采取措施处置不良资产，政府可以提供指导和支持；二是集中处置模式，由国资委等国有资产监督管理机构推动成立专门机构，将国有企业的不良资产剥离或置换出来，依托资本市场，进行集中处置；三是混合处置模式，结合上述两种模式，由国有企业和国有资产监督管理机构推动成立的专门机构合作，共同处置不良资产。混合处置模式可以扬长避短，结合分散处置的信息优势和集中处置的资源优势，降低处置成本，减少道德风险，使处置效用最大化。

在微观层面，国有企业首先要对不良资产进行剥离，在集团内设立不良资产管理公司或管理部门，通过各种方式将不良资产转入，进行集中、专业化的处置。剥离方式具体包括：一是减资方式，对子公司的资产进行清理，收回其中的不良资产，子公司做相应的减资登记；二是资产置换，用优质

第四章　特殊资产的出让方

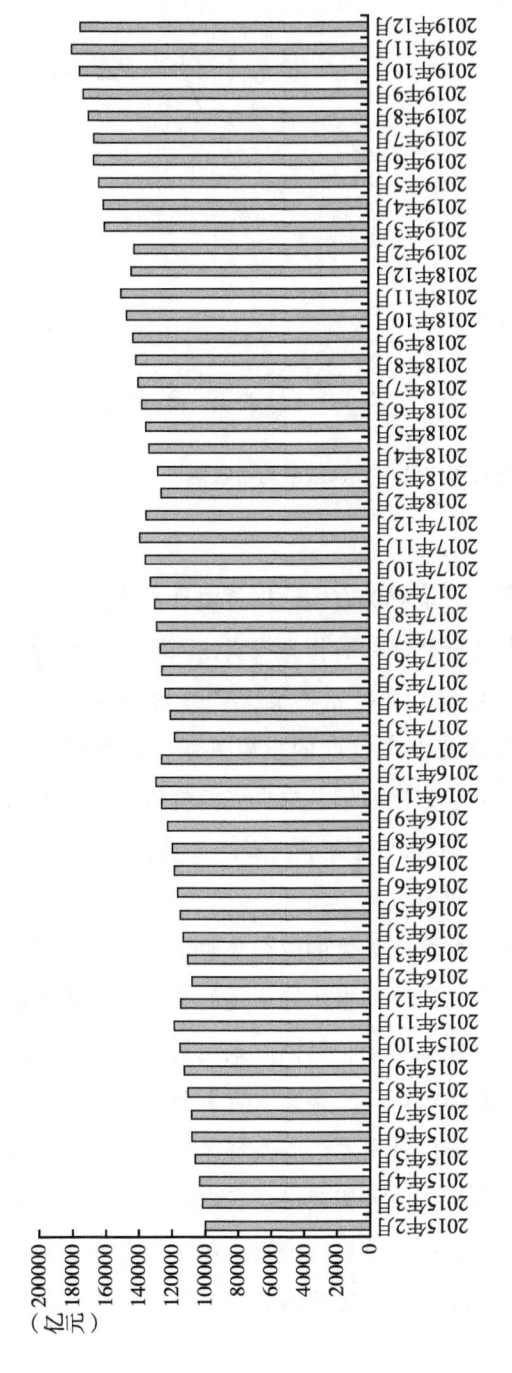

图4-31　工业企业应收票据及应收账款

资料来源：国家统计局。

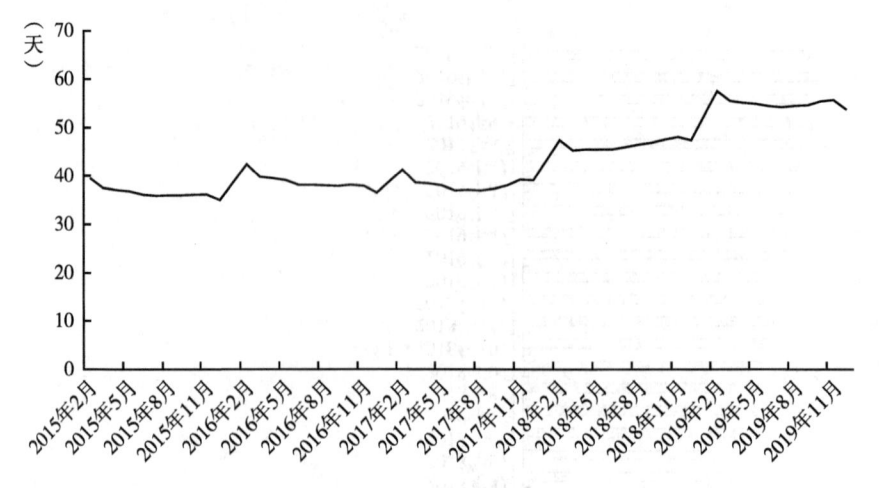

图 4-32　工业企业应收票据及应收账款平均回收期

资料来源：国家统计局。

资产与子公司的不良资产进行置换；三是收购方式，以货币资金收购子公司的不良资产；四是投资方式，将不良资产评估后作为投资注入不良资产管理公司；五是委托管理，将不良资产打包，委托给不良资产管理公司进行处置，委托管理不属于"剥离"，不改变不良资产的权属关系；六是核销方式，对于无法挽回损失的不良资产进行直接核销，减少账面价值。此外，国有企业也可以采取债务重组或债转股的方式处置不良资产，与债务人协商，达成新的还款协议，或者将债权转化成股权。

未来，需进一步拓宽国有企业不良资产处置的资金来源渠道，推动非金融不良资产处置的市场化。在健全不良资产处置法律法规的基础上，使更多的外资和民间资本参与到不良资产的处置中去，具体方式包括：一是直接向外资或民间资本出售债权、股权或实物资产；二是建立合资公司，共同进行不良资产的经营和处置；三是由外资或民营资本设立投资基金，进行不良资产的投资；四是将不良资产进行证券化，由外资或民营资本进行认购；五是委托管理，将不良资产委托给外资机构或民营机构进行专业化的管理，借助它们的技术和经验。通过多元化的合作模式，提高国有企业不良资产处置的效率，推进不良资产处置的市场化。

第五章
特殊资产的买入方

特殊资产的本质仍属于资产，具备资产的一些基本属性，即预期可以带来一定经济效益，同样具有收益性、风险性和流动性等特征，这也是特殊资产市场可以形成生态链的基本支撑。由于特殊资产的出让方既存在行业属性上的不同，亦存在地域上的差异，同时它在不断演进的过程中呈现转让处置等不同的交易形态，因此特殊资产收购端也具有不同的生态。

具体来看，中国特殊资产的收购端生态大致由金融资产管理公司（金融AMC）、金融资产投资公司（金融AIC）、地方资产管理公司（地方AMC）以及其他各类参与机构（主要参与特殊资产的二级市场交易、提供处置服务等）等几大类别共同构成。

一 金融AMC

（一）金融AMC的概况

全国性金融AMC目前已增至5家。2020年3月5日，银保监会批复建投中信资产管理有限责任公司（以下简称"建投中信资产"）申请转型为中国银河资产管理有限责任公司（以下简称"银河资产"），使得我国由国家控股的金融AMC数量自1999年以来首次增至5家，分别为东方资产、信达资产、长城资产、华融资产和银河资产。与银河资产的股权结构不同（中央汇金和中信证券分别持股70%、30%），前四家金融AMC均成立于1999年，在成立之初均为财政部100%控股，且注册资本均为

100亿元。

从成立的时间脉络来看，银河资产的推进是近两年的事情，与金融风险上行有关，特别是自2017年风险攻坚战启动以来，金融监管强化推动金融市场的存量风险开始暴露，亟须建立与之相适应的风险处置能力和机制，以促进金融市场长期、稳健发展。2005年8月，中信证券与建银投资共同出资筹建中信建投证券和建投中信资产（分别受让华夏证券的证券类和非证券类资产）。2005年9月30日，建投中信资产正式挂牌成立。2018年3月，国务院批复同意建投中信资产转型为第五家全国性金融AMC并更名为"中国银河资产管理有限责任公司"（银河金控持股比例不低于51%、注册地由北京变更为广东）的方案；2020年3月5日，银保监会批复同意建投中信资产正式转型为金融AMC并更名为银河资产。不过，由于转型方案要求银河金控的持股比例不低于51%，这意味着银河金控需要受让中央汇金和中信证券持有的部分股权以实现51%的股权控制。

鉴于银河资产刚刚获批转型，本章的分析仍以原四大金融AMC为主。1999年成立的四大金融AMC在注册资产、总资产、业务范围等层面均有不小的变化。如目前已有两家实现上市，即分别于2013年12月和2015年10月在香港上市的信达资产（1359.HK）和华融资产（2799.HK）。同时经过长年的积累，目前四大金融AMC的注册资本已增至1900亿元左右，且单家的注册资本均在300亿元以上。

与此同时，1999年成立的四大金融AMC也已全部转型为拥有各银行、信托、券商、基金、保险、消费金融、金融租赁、期货、资产管理、信用评级等各类金融牌照的金融控股集团，并广泛涉足私募基金、房地产等业务。例如，信达资产拥有南洋商业银行、金谷国际信托、信达证券、幸福人寿保险和中国信达基金管理；华融资产拥有华融湘江银行、华融国际信托、华融证券、华融消费金融和华融金融租赁；长城资产拥有长城华西银行、长城新盛信托、长城国瑞证券、长生人寿保险；东方资产则拥有大连银行、大业信托、东兴证券、东方金诚和中华联合保险集团等（具体见表5-1）。

第五章　特殊资产的买入方

表 5-1　四大金融 AMC 的业务布局

名称	银行	信托	券商	基金	保险	消费金融、金融租赁、期货	其他
信达资产	南洋商业银行 100%	金谷国际信托 92.29%	信达证券 99.33%	中国信达基金管理 100%、信达澳银基金管理 54%	幸福人寿保险 51%	信达金融租赁 99.92%、信达期货 100%	中国信达(香港)控股 100%、大连信达中连投资 55%、信达国际控股 63%、北京始于信投资管理 100%、宁波梅山保税港区润浙投资管理 100%、信达资本管理 100%、信达投资 100%、中国信达(香港)资产管理 100%、中国信达(香港)投资管理 100%、信达(中国)投资 100%、中国信达(澳门)资产管理 100%、信达金融控股 100%、信风投资管理 100%、信达创新投资 100%、海南建信投资管理 100%、深圳市建信投资发展 100%、河南省金博大投资 100%
华融资产	华融湘江银行 40.53%	华融国际信托 76.79%	华融证券 71.99%	—	—	华融金融租赁 79.92%、华融消费金融 55%	哈尔滨哈投投资 11.24%、华融融德资产管理 59.30%、华融汇通资产管理 100%、华融致远投资管理 100%
长城资产	长城华西银行 40.92%	长城新盛信托 62%	长城国瑞证券 67%	博时基金管理 25%、甘肃长城兴陇丝路基金管理 51%	长生人寿保险 70%	长城国兴金融租赁 100%	长城(宁夏)资产经营 100%、长城国融投资管理 100%、哈尔滨龙晟资产管理 100%、四川小天城投资 82.50%、长城融资担保 100%、中国长城资产(国际)控股 100%、长城金桥金融咨询 100%、德阳市国有资产经营 100%、甘肃长达金融资产管理 25%、天津金融资产登记结算 20%、宁夏金融资产管理 34%、北京长融和银投资管理 35%
东方资产	大连银行 0.29%	大业信托 41.67%	东兴证券 52.74%	—	中华联合保险集团 51.01%		上海东兴投资控股发展 100%、东方金诚国际信用评估 68%、东银发展(控股)100%、上海闵行联合发展 35%、天津津融资产管理 20%、华宝冶金资产管理 25%

资料来源：作者整理。

（二）金融 AMC 的财务现状

四大金融 AMC 目前拥有的总资产规模已从 10 年前的 2500 亿元左右迅速增至近 5 万亿元（见表 5-2），而过去 10 年四大金融 AMC 总资产规模之和的年均增速高达 39.32%。截至 2018 年底，四大金融 AMC 的资产规模从高到低依次为华融资产（1.71 万亿元）、信达资产（1.50 万亿元）、东方资产（1.09 万亿元）以及长城资产（0.67 万亿元）。

其中，华融资产、东方资产、信达资产和长城资产过去 10 年总资产年均增速分别高达 49.46%、39.83%、36.91% 和 29.97%。

过去 10 年，四大金融 AMC 的杠杆率也在大幅提升，其资产负债率由过去的 80% 左右大幅提升 10 个百分点，至 90% 左右（尤以华融资产和长城资产最为明显）。其中，华融资产的资产负债率从 55% 上升至 90% 附近（幅度最大），信达资产和长城资产的资产负债率从 70% 左右上升至 90%，东方资产的资产负债率则从 80% 上升至 90% 左右。资产负债率的大幅提升意味着四大金融 AMC 发展模式的转变，即真正转向债务推动模式，也意味着四大金融 AMC 和金融体系的关联性显著增强。

四大金融 AMC 刚刚成立时的资金来源多是政策性资金，主要包括财政部最初分别向每家金融 AMC 注资的 100 亿元注册资金、央行再贷款的 6041 亿元业务启动资金（财政部担保），以及向国有四大银行和国家开发银行发行的 8110 亿元金融债。不过 2009 年以后，四大金融 AMC 开始尝试通过发行金融债、二级资本债以及同业拆借等方式进行多元化融资（主要以同业资金为主）。而其资产端则更多体现为类信贷，即将收购的债权转为股权，或在一定期限内返售，或转让给第三方。特别是四大金融 AMC 也可以通过设立各类资管计划、同业借款、发行债券等方式融资。

（三）金融 AMC 的经营范围

根据银保监会的金融机构分类，金融 AMC 被归为特殊类金融机构，其最初定位为承接处置国有金融机构的不良资产。不过在广泛涉足各类金融牌

表 5-2　四大金融 AMC 的资产规模

单位：元，%

年份	总资产					总资产增速				
	信达资产	华融资产	长城资产	东方资产	合计	信达资产	华融资产	长城资产	东方资产	合计
2009	884.91	459.47	632.6	532.05	2509.03	—	—	—	—	—
2010	1498.06	1563.99	651.97	784.78	4498.8	69.29	240.39	3.06	47.50	79.30
2011	1712.97	2180.45	535.34	736.03	5164.79	14.35	39.42	-17.89	-6.21	14.80
2012	2520.94	3093.35	1070.92	1930.65	8615.86	47.17	41.87	100.04	162.31	66.82
2013	3837.85	4083.67	1532.83	2386.52	11840.87	52.24	32.01	43.13	23.61	37.43
2014	5444.27	6005.21	2689.27	3174.67	17313.42	41.86	47.05	75.44	33.03	46.22
2015	7139.75	8665.46	3656.78	4113.7	23575.69	31.14	44.30	35.98	29.58	36.17
2016	11744.81	14119.69	4868.99	8055.21	38788.7	64.50	62.94	33.15	95.81	64.53
2017	13869.38	18702.6	6395.4	9803.06	48770.44	18.09	32.46	31.35	21.70	25.73
2018	14957.59	17100.87	6693.01	10876.55	49628.02	7.85	-8.56	4.65	10.95	1.76

资料来源：《博瞻智库》、四大金融 AMC 财务报告。

照后，金融 AMC 的业务范围也在发生着深刻变化，具体如下：

（1）收购、受托经营不良资产，并对不良资产进行管理、投资和处置；

（2）债转股，对股权资产进行管理、投资和处置；

（3）对外进行股权和债权投资，买卖有价证券；

（4）发行金融债券、同业拆借和向其他金融机构进行商业融资；

（5）财务、投资、法律及风险管理咨询和顾问业务；

（6）资产及项目评估，经批准的资产证券化业务、金融机构托管和关闭清算业务以及破产管理；

（7）非金融机构的不良资产业务。

事实上，如果考虑到金融 AMC 已全部转型为金融控股集团，那么金融 AMC 的业务范围还应包括存贷款业务、金融租赁业务、保险业务、证券业务、信托业务、基金管理业务、资产管理业务、房地产开发业务等。

这里需要特别提及的是非金融机构不良资产受让业务，其本质是影子银行业务，即金融 AMC 可以通过受让非金融机构的债权的方式，向特定行业或领域提供融资服务（如房地产、基建等）。但是直到 2010 年，信达资产才成为第一家试点非金融机构不良资产相关业务的金融 AMC。2012 年 10 月，《金融资产管理公司收购非金融机构不良资产管理办法（征求意见稿）》正式明确四大金融 AMC 可以开展非金融机构不良资产相关的业务。2015 年 6 月 9 日，财政部和银监会联合印发《金融资产管理公司开展非金融机构不良资产业务管理办法》（财金〔2015〕56 号）。

（四）金融 AMC 的发展历程

金融 AMC 的诞生与发展，有其特定的历史背景。20 世纪 80 代开始的各类经济体制改革（如外贸经济转型、价格并轨、国企改革、银行拨改贷、税改等）使刚刚诞生的商业银行承担了过多国家宏观调控的任务，并导致金融乱象频出、无序放贷频现，国内各类金融机构在这一时期背上了沉重的资产质量包袱。同时，1997~1998 年亚洲金融危机的爆发使资产质量问题变得更为突出，部分国有商业银行的不良贷款率甚至高达 40%，于是 1997 年召开的全国金融工作会议便将化解国内金融风险作为战略任务。1998年，国务院开始筹划设立不良资产专业处置机构。1999年3月，《政府工作报告》明确提出"要逐步建立资产管理公司，负责处理银行原有的不良信贷资产"。

四大金融AMC成立之初的任务非常明晰，即承接和处置国有金融机构的不良资产，并以10年为限。2007～2008年金融危机的爆发使得本应于2009年退出历史舞台的四大金融AMC迎来新一轮发展良机。

第一，1999年4月，承接建行3730亿元不良贷款的信达资产在北京挂牌成立，成为我国第一家金融AMC。

第二，1999年7月，中共中央、国务院印发《关于转发〈国家发展计划委员会关于当前经济形势和对策建议〉的通知》，明确提出"推进建立金融资产管理公司的试点工作"。紧接着，华融资产、长城资产和东方资产也相继成立，并分别承接工行4007亿元、农行3458亿元和中行2674亿元的不良贷款，加上之前信达资产接收建行的3730亿元不良贷款，意味着四大金融AMC合计接收了1.4万亿元的不良贷款。

第三，1999年至2000年6月期间，四大金融AMC仅负责剥离四大银行的不良资产，且按照1:1的对价比例收购（即政策性剥离）。不过2004年3月后，四大金融AMC开始尝试向商业性市场化收购转型，开始面向四大银行之外的金融机构收购不良资产，并按照5折进行收购。

整体来看，在1999～2009年的十年时间里，四大金融AMC的收购方式开始由政策性转向商业性，收购对象不断扩展，收购对价更为灵活，不过这一时期的不良债权回收率多在20%以下（最高也不到30%），四大金融AMC的盈利空间并不理想。虽然财政部一度修改了四大金融AMC的考核方式，即统一考核现金回收率和费用率指标，但在解决金融AMC经营困境方面收效甚微。

四大金融AMC成立之初的资金来源主要为央行再贷款（6041亿元）以及向国有四大银行、国家开发银行发行的8110亿元金融债。由于业务范围有限、债权回收率低，四大金融AMC在2009～2010年时根本无法完成债务兑付，于是通过延长债券持有期限（央行担保）以及再贷款停息挂账等方式解决这一困境。正是基于该背景，拓宽业务范围并提升盈利能力成为四大金融 AMC 的迫切诉求，而这也进一步推动了四大金融 AMC 不断进入其他业务领域，并获监管部门默认。

2009 年四大金融 AMC 并没有按约定退出历史舞台，而是借助 2008～2009 年金融危机和新一轮不良资产处置浪潮，迎来新一轮发展机遇，同时谋求向金融控股模式转型。

2009 年之后，四大金融 AMC 开始纷纷向金融控股集团转型。如前文所述，四大金融 AMC 目前多已持有银行、信托、保险、消费金融、金融租赁、基金券商和信托等各类牌照，同时还广泛涉足房地产、私募基金、股权投资等业务。甚至可以毫不夸张地说，四大金融 AMC 已经成为一类无所不能的金融机构，其牌照价值甚至高于信托。当然也正因为如此，其内部也埋藏着越来越大的风险，而针对金融 AMC 的监管力度也在不断加大。近两年，金融 AMC 反腐和风险化解的步伐亦在明显加快，回归主业和加强风险管控成为监管部门和金融 AMC 自身在未来一段时期内的强烈诉求。

在主业方面，四大金融 AMC 仍在不良资产一级市场上占据主导，并通过综合化经营平台，不断提升特殊资产全产业链的能力。2019 年，四大金融 AMC 债权出让成交总次数为 1296 次，总户数为 15822 户，披露金额的出让总债权约为 1991.23 亿元（见表 5-3），占招标总规模的 10.69%。其中，在披露金额的出让总债权中，信达资产占比为 29.48%，排名第一；但是由于信达资产未披露金额的出让总债权占比较高，故实际推算信达资产的出让总债权占比可能会达到 40.58%。长城资产位列第二，东方资产与华融资产接近，分别位列第三、第四。

2019 年，四大金融 AMC 债权受让成交总次数为 631 次，约为出让次数的一半；总户数为 12025 户，约为出让户数的 80%；披露金额的受让总债权约为 2992.31 亿元，较出让总债权高出 50%。其中，受让总债权占比最高

第五章　特殊资产的买入方

表 5-3　2019 年四大金融 AMC 债权出让成交情况总览

项目	信达资产	东方资产	长城资产	华融资产	合计
未披露金额的出让次数(次)	191	10	9	9	219
披露金额的出让次数(次)	247	145	325	360	1077
总次数(次)	438	155	334	369	1296
披露金额的次数比率(%)	56.39	93.55	97.31	97.56	83.10
未披露金额的出让户数(户)	1551	511	287	475	2824
披露金额的出让户数(户)	1946	3867	5015	2170	12998
总户数(户)	3497	4378	5302	2645	15822
披露金额的户数比率(%)	55.65	88.33	94.59	82.04	82.15
披露金额的出让总债权(万元)	5871081.5	4418911.4	5600109.3	4022242.9	19912345.1
披露金额的出让总债权占比(%)	29.48	22.19	28.12	20.20	100
推测出让总债权(按户数)(万元)	10391294.69	4909901.56	5833447.19	4469158.78	25603802.21
推测出让总债权占比(%)	40.58	19.18	22.78	17.46	100

资料来源：后稷投资。

的为东方资产，而与出让情况相反，信达资产受让总债权占比排倒数第一，而出让总债权占比最低的华融资产，在受让总债权占比上则排名第二（见表 5-4）。

表 5-4　2019 年四大金融 AMC 债权受让成交情况总览

项目	信达资产	东方资产	长城资产	华融资产	合计
未披露金额的受让次数(次)	46	17	6	7	76
披露金额的受让次数(次)	111	164	107	173	555
总次数(次)	157	181	113	180	631
披露金额的次数比率(%)	70.70	90.61	94.69	96.11	87.96
未披露金额的受让户数(户)	524	208	813	49	1594
披露金额的受让户数(户)	2004	3817	1665	2945	10431
总户数(户)	2528	4025	2478	2994	12025
披露金额的户数比率(%)	79.27	94.83	67.19	98.36	86.74
披露金额的受让总债权(万元)	4909959.3	9519091.2	6570541.4	8923495.9	29923087.8

续表

项目	信达资产	东方资产	长城资产	华融资产	合计
披露金额的受让总债权占比（%）	16.41	31.81	21.96	29.82	100
推测受让总债权（按户数）（万元）	6460472.76	10235581.94	6916359.37	9247146.01	32859560.08
推测受让总债权占比（%）	19.66	31.15	21.05	28.14	100

资料来源：后稷投资。

对比2018年，四大金融AMC债权受让成交次数、户数和金额均有大幅下降。其中，受让总次数下降了约40%，总户数下降了45%，而披露金额的总债权下降了约32%。华融资产的受让总债权占比从40.65%下降到29.82%，而东方资产则从12.52%大幅上升至31.81%，信达资产和长城资产份额占比改变不大，但受让总债权除东方资产外，其余几家金融AMC均有大幅下降。

二 金融AIC

（一）市场化债转股与金融AIC的成立

2015年12月，"去杠杆"作为"三去一降一补"五大任务之一，首次在中央经济工作会议上被提出。2016年10月，国务院正式发布《关于积极稳妥降低企业杠杆率的意见》以及《关于市场化银行债权转股权的指导意见》，市场化债转股正式启动。

相对于通过清收、重组、核销、转让等方式处置存量不良贷款，市场化债转股能够更及时地通过降杠杆缓解企业流动性压力和潜在风险，同时增强入股企业中长期发展韧性和竞争力，有助于经济转型升级和国家产业布局优化，既有利于体现金融对实体经济的深度服务、提高社会资源利用效率，又有利于商业银行前瞻性地主动管控不良贷款形成。但是，在原有金融AMC主导的市场格局和银行监管规则下，市场化债转股的进退会面临商业银行参与意愿不高的难题。一方面,如果由商业银行独立开展债转股,则意味着贷款资产转换为股权资产,在资本充足率监管框架下,银行的风险资产规模会大幅增加,对资本形成较大的损耗;另一方面,如果与金融 AMC 合作开展市场化债转股,虽然可以实现债务出表,降低对银行资本的损耗,但银行与金融 AMC 之间很难就转让价值达成一致,进而会影响市场化债转股的效率。在这种背景下,让商业银行成立专门开展市场化债转股业务的子公司(即金融 AIC),将债转股的综合收益内部化,以扫清商业银行更大规模参与债转股的障碍,成为市场化债转股工作的一项核心内容。

在各方推进下,2017 年,中国银监会发布《商业银行新设债转股实施机构管理办法(试行)》(征求意见稿),鼓励国有商业银行设立金融 AIC 承担市场化债转股任务。随后,中国建设银行在北京成立第一家金融 AIC——建信金融资产投资有限公司。

(二)金融 AIC 的概况

目前,国内已成立 5 家金融 AIC,且均成立于 2017 年,母公司均为国有银行,注册资本合计达到 540 亿元,均在 100 亿元及以上(见表 5-5)。

表 5-5 金融 AIC 注册成立概况

名称	成立时间	注册地及注册金额
工银金融 AIC	2017 年 9 月 26 日	江苏南京;120 亿元
建信金融 AIC	2017 年 7 月 26 日	北京西城;120 亿元
农银金融 AIC	2017 年 8 月 1 日	北京海淀;100 亿元
中银金融 AIC	2017 年 11 月 16 日	北京东城;100 亿元
交银金融 AIC	2017 年 12 月 29 日	上海闵行;100 亿元
兴业银行 AIC	拟	注册地信息暂无;注册金额拟定为 100 亿元
平安银行 AIC	拟	注册地及注册金额信息暂无
广州农商行 AIC	拟	注册地拟定为广东广州;注册金额拟定为 100 亿元

资料来源:作者整理。

除五大国有银行外,股份制银行中的平安银行与兴业银行也于 2018 年 8 月和 12 月相继宣布要成立金融 AIC。其中,平安银行为合资,兴业银行为全资。

地方性银行中的广州农商行也发布公告,称将出资 50 亿元(持股比例不低于 35%)合资设立金融 AIC,这是到目前为止唯一一家宣布要成立金融 AIC 的地方性银行。

截至目前,5 家金融 AIC 均已历经一个完整年度,拥有 2018 年和 2019 年上半年两个时期的财务数据可供分析(见表 5-6)。

表 5-6 金融 AIC 经营状况

单位:亿元,%

名称	总资产 2018年12月底	总资产 2019年6月底	净利润 2018年12月底	净利润 2019年6月底	总负债 2018年12月底	总负债 2019年6月底	资产负债率 2018年12月底	资产负债率 2019年6月底
工银金融 AIC	430.25	847.38	5.50	3.64	301.73	710.67	70.13	83.87
建信金融 AIC	327.60	484.14	0.62	1.67	204.92	361.31	62.55	74.63
农银金融 AIC	334.50	437.41	2.48	2.71	231.02	331.20	69.06	75.72
中银金融 AIC	211.72	366.20	2.34	2.25	265.13	262.85	125.23	71.78
交银金融 AIC	203.70	323.10	0.53	1.60	103.11	220.92	50.62	68.38

资料来源:作者整理。

从财务数据来看,五家金融 AIC 的规模增长相当迅速,业绩增长情况也较为亮眼。目前按总资产规模从高到低依次为工银金融 AIC(847.38 亿元)、建信金融 AIC(484.14 亿元)、农银金融 AIC(437.41 亿元)、中银金融 AIC(366.20 亿元)和交银金融 AIC(323.10 亿元);2019 年上半年的规模增速分别高达 96.95%、47.78%、30.77%、72.96% 和 58.62%,资产负债率也分别提升至 83.87%、74.63%、75.72%、71.78% 和 68.38%。

从创利能力来看,金融 AIC 的经营状况良好。其中,2019 年上半年,各金融 AIC 的创利规模分别为工银金融 AIC 3.64 亿元、建信金融 AIC 1.67 亿元、农银金融 AIC 2.71 亿元、中银金融 AIC 2.25 亿元以及交银金融 1.60 亿元。

这意味着自 2017 年成立以来,五家金融 AIC 通过发行债券、同业借款、定向降准等路径,大幅收购债权以做大规模,在不到两年的时间里便实现规模与业绩的高速发展。在低利率政策方向已较明确的背景下,金融 AIC 的负债扩张模式仍可在较长时期内支撑其规模与业绩快速增长。

(三)金融 AIC 的经营范围与监管

2018 年 6 月,银保监会发布实施《金融资产投资公司管理办法(试行)》。2019 年 5 月,国务院常务会议确定深入推进市场化、法治化债转股措施,支持金融 AIC 发起设立资管产品并允许保险资金、养老金等投资。2020 年 4 月,银保监会发布实施《关于金融资产投资公司开展资产管理业务有关事项的通知》,明确金融 AIC 可通过发行债转股投资计划开展资管业务,在"资管新规"下进一步规范金融 AIC 的业务,为继续深入推进市场化、法治化债转股提供了重要政策措施保障。该通知的主要内容包括以下几个方面。

一是坚持私募定位,适当提高合格投资者标准。由于债转股业务风险较高,为有效管控风险,在业务发展初期,通知适当提高了"资管新规"关于合格投资者的标准。对于个人投资者,需具有 4 年以上投资经历,且满足家庭金融净资产不低于 500 万元,或者家庭金融资产不低于 800 万元,或者近 3 年本人年均收入不低于 60 万元。对于机构投资者,最近 1 年末净资产不低于 2000 万元。同时,合格投资者投资单只债转股投资计划的金额不低于 300 万元。为积极吸引社会力量,丰富资金来源,通知规定金融 AMC、保险资产管理机构、国有资本投资运营公司、金融 AIC 等各类债转股实施机构的自有资金、合法筹集或管理的专项用于市场化债转股的资金、保险资金、养老金等,可以依法投资债转股投资计划。

二是增强市场流动性,允许债转股投资计划份额向合格投资者转让。考虑到债转股投资计划的封闭期通常较长,为增强债转股投资计划的流动性,通知允许债转股投资计划持有人通过银行业理财登记托管中心以及银保监会认可的其他场所和方式,向其他合格投资者转让其持有的债转股投资计划份额。转让交易的制度安排,对于提升债转股市场的整体流动性、满足投资者流动性需要、提高资金配置效率都具有重要现实意义。

三是专注主业,规定债转股投资计划主要投资于市场化债转股资产。在投资方式上,债转股投资计划既可以 100% 投资于单笔债转股资产,也可以采用资产组合的方式进行投资。在采用资产组合的方式投资时,市场化债转股资产原则上不低于债转股投资计划净资产的60%，以此推动金融AIC资管业务聚焦主业，从而实现与其他各类资管产品的错位竞争和合作共赢。

四是强化信息披露，加强投资者保护。通知规定金融AIC应当在债转股投资计划产品合同中与投资者约定信息披露方式、内容、频率，主动、真实、准确、完整、及时披露产品募集、资金投向、杠杆水平、收益分配、托管安排、投资账户信息和主要投资风险等内容，并应至少每季度向投资者披露产品净值和其他重要信息。此外，金融AIC还应通过中国理财网及与投资者约定的其他方式披露产品信息，帮助投资者充分了解投资风险，增强风险自担意识，保护投资者合法权益。

上述监管文件确立了金融AIC的主要定位及其业务范围，相较四大金融AMC的业务范围（如可以开展上市推荐及债券、股票承销等业务，以及向央行申请再贷款等），金融AIC的业务范围更加聚焦于市场化债转股这一主业。具体来看，金融AIC的业务范围基本分为两个方向，即资产端的债转股项目落地以及负债端的对外融资情况（见图5-1）。

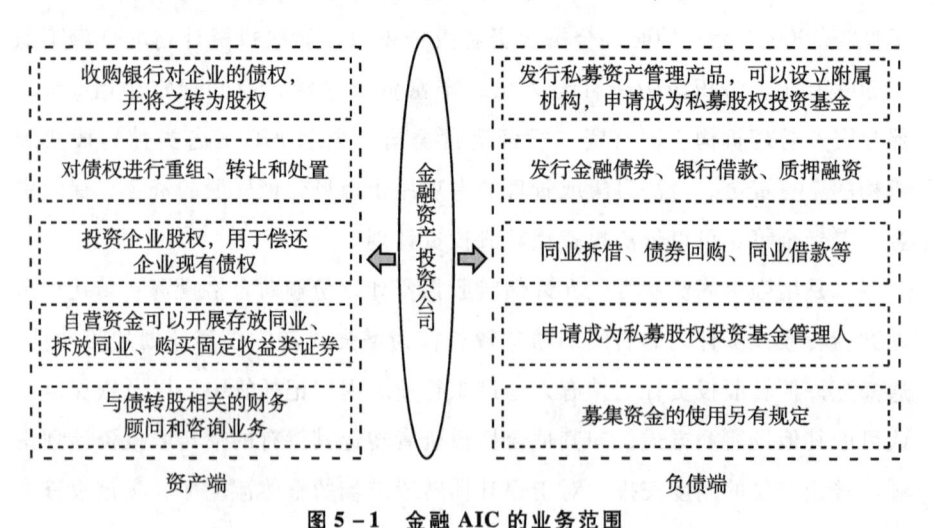

资产端		负债端
收购银行对企业的债权，并将之转为股权		发行私募资产管理产品，可以设立附属机构，申请成为私募股权投资基金
对债权进行重组、转让和处置	金融资产投资公司	发行金融债券、银行借款、质押融资
投资企业股权，用于偿还企业现有债权		同业拆借、债券回购、同业借款等
自营资金可以开展存放同业、拆放同业、购买固定收益类证券		申请成为私募股权投资基金管理人
与债转股相关的财务顾问和咨询业务		募集资金的使用另有规定

图5-1 金融AIC的业务范围

资料来源：作者整理。

可以看出，金融AIC的资产端除债转股相关业务外，还包括同业业务、投资固定收益类证券等，而其负债端业务基本上也囊括除存款以外的所有金融业务。

三 地方 AMC

（一）地方 AMC 的发展

和金融 AMC 成立初衷相同，地方 AMC 的设立目的同样是化解金融风险，而从其整个发展历史来看，大致可以分为四个阶段。

(1) 1999~2008 年，地方 AMC 处于监管空白阶段，在上海、海南、北京、辽宁、广东和福建等地合计共设立 6 家地方 AMC，且均为省级政府授权核准。1997~1998 年亚洲金融危机使当时的地方性金融机构面临严重的资产质量问题，为此，各地申请设立地方 AMC 以处置所辖区金融风险的呼声非常高。1999 年 9 月 24 日，上海率先成立了全国第一家地方 AMC，即上海国有资产经营有限责任公司。随后，其他地方也相继行动，2003 年 7 月 18 日成立海南联合资产管理，2005 年 2 月 2 日成立北京市国通资产管理，2006 年 3 月 23 日成立辽宁省国有资产经营，2006 年 9 月 14 日成立广东粤财资产管理，2008 年 11 月 10 日成立福建省闽投资产管理。

2009~2011 年，地方 AMC 几乎陷入停滞不前的发展局面，当然，全国性 AMC 也同样如此，直到 2012 年沉寂被打破。

(2) 2012~2016 年，随着《金融企业不良资产批量转让管理办法》（财金〔2012〕6 号）和《关于地方资产管理公司开展金融企业不良资产批量收购处置业务资质认可条件等有关问题的通知》（银监发〔2013〕45 号）等政策的发布，新一轮地方 AMC 的设立浪潮再次开启。2013~2016 年，合计新设 32 家地方 AMC（包括之前未获银监会批复的 6 家地方 AMC），实现 31 个省份几乎各有一家地方 AMC。而此时的上海、浙江、山东三地已分别拥有 2 家地方 AMC。

(3) 2017 年，全国金融工作会议再次定调，后续三年的基调是化解金融风险和严监管，而以化解金融风险为天然职责的地方 AMC 自然再次受到政策青睐，特别是 2016 年发布的《关于适当调整地方资产管理公司有关政策的函》（银监办便函〔2016〕1738 号）明确提出各地可以视情况新设一家地方 AMC，使得 2017~2018 年两年时间里合计批设 21 家地方 AMC，我国地方 AMC 数量增至 52 家。

（4）2017 年以来，严监管大幕正式拉开，地方 AMC 的批设浪潮并未停止，但步伐明显放缓。2019 年仅 12 月批复 3 家地方 AMC 设立，使得我国地方 AMC 数量增至 56 家。虽然设立进程上地方 AMC 略显平庸，但其在业务层面动作频频，大量开展通道业务和类信贷业务，帮助金融机构掩盖不良，大肆收购各类债权资产，暴力清收以及开展大量关联内幕交易等。为此，2019 年 7 月，银保监会发布《关于加强地方资产管理公司监督管理工作的通知》（银保监办发〔2019〕153 号），明确提出地方 AMC 的六个"不得"：不得设置任何显性或隐性的回购条款；不得以任何形式帮助金融机构虚假出表掩盖不良资产；不得以收购不良资产名义为企业或项目提供融资；不得收购无实际对应资产和无真实交易背景的债权资产；不得向股东或关系人输送非法利益；不得以暴力或其他非法手段进行清收。

（二）地方 AMC 的概况

地方 AMC 是中国特殊资产收购方的又一重要群体。据统计，目前广泛意义上的地方 AMC 有 63 家。其中，既在工商部门完成登记设立又获得银保监部门许可的有 56 家；另有 4 家成立于 2017 年的地方 AMC 已在工商部门完成登记设立但未获得银保监许可（即冀资唐山资产管理公司、平安普惠立信资产管理公司、中原豫北资产管理公司和榆林金融资产管理公司）。需要说明的是，下文的分析主要是针对已获银监会批复的 56 家地方 AMC 的（成立情况见表 5-7）。

表 5-7 地方 AMC 成立情况

批复时间	批复文件	具体名称（成立时间）	成立数目
2014 年 7 月 4 日	《关于公布江苏、浙江、安徽、广东、上海等五省市地方资产管理公司名单的通知》（银监办便函〔2014〕534 号）	上海国有资产经营（19990924）、广东粤财资产管理（20060914）、江苏资产管理（20030516）、浙江省浙商资产管理（20130806）、安徽国厚资产管理（20140429）	5

第五章　特殊资产的买入方

续表

批复时间	批复文件	具体名称(成立时间)	成立数目
2014年11月14日	《关于公布北京、天津、重庆、福建、辽宁等五省市地方资产管理公司名单的通知》(银监办便函〔2014〕1061号)	北京市国通资产管理(20050202)、辽宁省国有资产经营(20060323)、福建省闽投资产管理(20081110)、天津津融投资服务集团(20130726)、重庆渝康资产经营管理(20160528)	5
2015年9月27日	《关于公布山东、湖北、宁夏、吉林、广西等五省(区)地方资产管理公司名单的通知》(银监办便函〔2015〕927号)	广西金控资产管理(20130607)、山东省金融资产管理(20141231)、湖北省资产管理(20150216)、吉林省金融资产管理(20150228)、宁夏顺亿资产管理(20150422)	5
2015年10月12日	《关于公布河南省、内蒙古自治区地方资产管理公司名单的通知》(银监办便函〔2015〕1314号)	内蒙古金融资产管理(20150807)、河南中原资产管理(20150831)	2
2015年11月20日	《关于公布四川省地方资产管理公司名单的通知》(银监办便函〔2015〕1540号)	四川发展资产管理(20150128)	1
2015年12月9日	《关于公布河北省地方资产管理公司名单的通知》(银监办便函〔2015〕1673号)	河北省资产管理(20151124)	1
2016年2月22日	《关于公布青岛市地方资产管理公司名单的通知》(银监办便函〔2016〕340号)	青岛市资产管理(20150921)	1
2016年5月25日	《关于公布江西省、甘肃省和厦门市地方资产管理公司名单的通知》(银监办便函〔2016〕931号)	厦门资产管理(20151228)、江西省金融资产管理(20160229)、甘肃资产管理(20160324)	3
2016年10月8日	《关于公布湖南省、山西省、西藏自治区地方资产管理公司名单的通知》(银监办便函〔2016〕1692号文)	湖南省资产管理(20151231)、华融晋商资产管理(20160204)、西藏海德资产管理(20160704)	3
2016年11月3日	《关于公布江苏省地方资产管理公司名单的通知》(银监办便函〔2016〕1857号)	苏州资产管理(20160523)	1

续表

批复时间	批复文件	具体名称（成立时间）	成立数目
2016年11月7日	《关于公布陕西省、青海省、黑龙江省、浙江省、上海市地方资产管理公司名单的通知》（银监办便函〔2016〕1862号）	上海睿银盛嘉资产管理（20150610）、光大金瓯资产管理（20151229）、黑龙江省嘉实龙昇金融资产管理（20160613）、华融昆仑青海资产管理（20160617）、陕西金融资产管理（20160816）	5
2017年4月25日	《关于公布云南省、海南省、湖北省、福建省、山东省、广西壮族自治区、天津市地方资产管理公司名单的通知》（银监办便函〔2017〕702号）	海南联合资产管理（20030718）、广西广投资产管理（20161021）、天津滨海正信资产管理（20161124）、湖北天乾资产管理（20161212）、云南省资产管理（20161219）、泰合资产管理（20170124）、兴业资产管理（20170220）	7
2017年6月2日	《关于公布重庆市、宁波市等地方资产管理公司名单的通知》（银监办便函〔2017〕894号）	宁波金融资产管理（20170216）、重庆富城资产管理（20170328）	2
2017年7月28日	《关于公布广东省、深圳市地方资产管理公司名单的通知》（银监办便函〔2018〕18号）	深圳市招商平安资产管理（20170310）、广州资产管理（20170424）	2
2018年1月2日	《关于贵州省、辽宁省、黑龙江省、甘肃省、安徽省地方资产管理公司名单的通知》（银监办便函〔2018〕18号）	辽宁富安金融资产管理（20170509）、贵州省资产管理（20170605）、安徽省中安金融资产管理（20170626）、黑龙江国投穗甬资产管理（20170707）、甘肃长达金融资产管理（20170825）	5
2018年3月16日	《关于公布内蒙古自治区、山西省、河南省、宁夏回族自治区、新疆维吾尔自治区地方资产管理公司名单的通知》（银监办便函〔2018〕385号）	晋阳资产管理（20170330）、河南资产管理（20170808）、宁夏金融资产管理（20170825）、新疆金投资产管理（20170829）、内蒙古庆源绿色金融资产管理（20171226）	5
2019年12月26日	《关于公布北京市、湖南省、四川省地方资产管理公司名单的通知》	北京资产管理（20191107）、长沙湘江资产管理（20190906）以及成都益航资产管理（20180726）	3

资料来源：作者整理。

第五章 特殊资产的买入方

56家地方AMC的批复时间主要集中于2014~2019年。其中，2014年10家，2015年9家，2016年13家，2017年11家，2018年10家，2019年3家。从已获得批复的56家地方AMC的地区分布来看，目前，广东、山东、浙江以及福建等4个省份分别拥有3家地方AMC。北京、上海、重庆和天津4个直辖市各拥有2家地方AMC，江苏、广西、安徽、山西、河南、湖北、黑龙江、辽宁、内蒙古、宁夏、甘肃、四川、湖南等13个省份各拥有2家地方AMC，西藏、新疆、云南、河北、吉林、贵州、海南、江西、青海和陕西等10个省份仅分别拥有1家地方AMC（见表5-8）。

表5-8 地方AMC的地区分布

地区	名称	地区	名称	地区	名称
广东	广东粤财资产管理	江苏	江苏资产管理	甘肃	甘肃资产管理
	广州资产管理		苏州资产管理		甘肃长达金融资产管理
	深圳市招商平安资产管理	广西	广西金控资产管理	四川	四川发展资产管理
山东	山东省金融资产管理		广西广投资产管理		成都益航资产管理
	青岛市资产管理	安徽	安徽省中安金融资产管理	湖南	湖南省资产管理
	泰合资产管理		安徽国厚资产管理		长沙湘江资产管理
浙江	浙江省浙商资产管理	山西	华融晋商资产管理	西藏	西藏海德资产管理
	光大金瓯资产管理		晋阳资产管理	新疆	新疆金投资产管理
	宁波金融资产管理	河南	河南中原资产管理	云南	云南省资产管理
福建	福建省闽投资产管理		河南资产管理	河北	河北省资产管理
	厦门资产管理	湖北	湖北省资产管理	吉林	吉林省金融资产管理
	兴业资产管理		湖北天乾资产管理	贵州	贵州省资产管理
上海	上海国有资产经营	黑龙江	黑龙江省嘉实龙昇金融资产管理	海南	海南联合资产管理
	上海睿银盛嘉资产管理		黑龙江国投穗甬资产管理	江西	江西省金融资产管理
天津	天津滨海正信资产管理	辽宁	辽宁富安金融资产管理	青海	华融昆仑青海资产管理
	天津津融投资服务集团		辽宁省国有资产经营	陕西	陕西金融资产管理

续表

地区	名称	地区	名称	地区	名称
重庆	重庆富城资产管理	内蒙古	内蒙古金融资产管理		
	重庆渝康资产经营管理		内蒙古庆源绿色金融资产管理		
北京	北京市国通资产管理	宁夏	宁夏金融资产管理		
	北京资产管理		宁夏顺亿资产管理		

资料来源：作者整理。

2020年2月17日，北京市金融监管局宣布，全球知名投资管理公司橡树资本（Oaktree Capital）的全资子公司，即Oaktree（北京）投资管理有限公司在北京完成工商注册（注册资本为542万美元）。1995年成立的橡树资本（总部位于美国洛杉矶）管理的资产规模高达1200亿美元，其在中国的不良资产投资总额已逼近70亿美元。这意味着除五大金融AMC和60余家地方AMC之外，我国不良资产行业将迎来更多搅局者。

事实上，外资AMC的到来并不突兀。早在2019年10月25日国家外汇管理局便发布《关于进一步促进跨境贸易投资便利化的通知》（汇发〔2019〕28号）和《关于精简外汇账户的通知》（汇发〔2019〕29号），明确在粤港澳大湾区和海南开展境内信贷资产对外转让试点。2019年12月23日，国务院常务会议进一步明确要开展银行不良债权和贸易融资等跨境转让试点。2019年底的中美贸易第一阶段协定第四部分"金融服务"第五条明确要求中国放开金融资产管理（不良债务）服务，意味着外资AMC进入中国不良资产市场已破除制度性障碍，同时也意味着外资AMC进入中国不良资产行业的步伐不会停止。

（三）地方AMC经营状况

56家地方AMC的注册资本合计达到1620.19亿元。其中，注册资本在100亿元（含）以上的有4家，注册资本在50亿~100亿元的有6家，注册资本为10亿元的有16家，注册资本在10亿~50亿元的有30家（见表5-9）。

表 5–9 地方 AMC 的注册资本情况

单位：亿元

名称	注册资本	名称	注册资本	名称	注册资本
宁夏顺亿资产管理	102.00	湖北省资产管理	30.00	北京资产管理	12.00
山东省金融资产管理	101.10	湖南省资产管理	30.00	海南联合资产管理	10.34
泰合资产管理	100.00	四川发展资产管理	30.00	北京市国通资产管理	10.00
成都益航资产管理	100.00	长沙湘江资产管理	30.00	天津滨海正信资产管理	10.00
上海国有资产经营	55.00	天津津融投资服务集团	28.88	宁波金融资产管理	10.00
重庆渝康资产经营管理	50.00	浙江省浙商资产管理	28.00	广西广投资产管理	10.00
江苏资产管理	50.00	湖北天乾资产管理	26.98	河北省资产管理	10.00
广西金控资产管理	50.00	内蒙古金融资产管理	26.30	黑龙江省嘉实龙昇金融资产管理	10.00
河南中原资产管理	50.00	安徽国厚资产管理	25.00	黑龙江国投穗甬资产管理	10.00
河南资产管理	50.00	上海睿银盛嘉资产管理	20.00	辽宁富安金融资产管理	10.00
陕西金融资产管理	45.09	苏州资产管理	20.00	辽宁省国有资产经营	10.00
安徽省中安金融资产管理	40.00	江西省金融资产管理	20.00	吉林省金融资产管理	10.00
广东粤财资产管理	30.00	甘肃资产管理	20.00	宁夏金融资产管理	10.00
广州资产管理	30.00	云南省资产管理	20.00	贵州省资产管理	10.00
深圳市招商平安资产管理	30.00	兴业资产管理	19.50	华融昆仑青海资产管理	10.00
青岛市资产管理	30.00	厦门资产管理	16.00	甘肃长达金融资产管理	10.00
光大金瓯资产管理	30.00	重庆富城资产管理	15.00	西藏海德资产管理	10.00
华融晋商资产管理	30.00	福建省闽投资产管理	15.00	新疆金投资产管理	10.00
晋阳资产管理	30.00	内蒙古庆源绿色金融资产管理	14.00		

资料来源：作者整理。

目前56家地方AMC中仅有28家公布了相关财务数据，其中，总资产规模以上海国有资产经营（774.23亿元）和河南中原资产管理（733.87亿元）为最高（见表5-10）。

表5-10 部分地方AMC的经营状况

单位：亿元

名称	总资产	净利润	名称	总资产	净利润
上海国有资产经营	774.23	20.12	晋阳资产管理	91.19	2.13
河南中原资产管理	733.87	3.07	江西省金融资产管理	86.57	1.90
浙江省浙商资产管理	463.12	10.19	湖北省资产管理	79.30	2.55
辽宁省国有资产经营	445.29	-1.59	广东粤财资产管理	71.37	2.19
山东省金融资产管理	405.91	7.26	安徽省中安金融资产管理	70.26	1.86
天津津融投资服务集团	208.24	0.80	湖南省资产管理	69.50	0.40
华融晋商资产管理	198.47	1.13	光大金瓯资产管理	67.14	1.31
广州资产管理	196.22	2.69	苏州资产管理	64.49	0.36
江苏资产管理	161.89	4.22	西藏海德资产管理	57.31	0.85
安徽国厚资产管理	137.74	2.82	甘肃资产管理	44.70	0.79
陕西金融资产管理	124.91	2.59	河北省资产管理	34.18	1.42
河南资产管理	122.77	3.04	广西广投资产管理	27.95	0.70
重庆渝康资产经营管理	114.13	1.34	福建省闽投资产管理	21.50	0.04
四川发展资产管理	103.86	3.03	新疆金投资产管理	12.99	0.66

资料来源：作者整理。

盈利能力较强的地方AMC分别有上海国有资产经营、浙江省浙商资产管理、山东省金融资产管理、江苏资产管理、河南中原资产管理、河南资产管理、四川发展资产管理、安徽国厚资产管理、广州资产管理、陕西金融资产管理、湖北省资产管理、广东粤财资产管理等12家。

（四）地方AMC的分类

截至目前，按照控股股东类型、股权结构，已成立的地方AMC（主要由地方金融监管负责监管）可以分为六类：一是地方国有独资企业（集团）控股类；二是地方政府直接控制类；三是地方民营企业（集团）控股类；

四是四大金融 AMC 投资控股类；五是中央企业控股类；六是外资投股类。部分代表性机构可见表 5-11。

表 5-11 地方 AMC 分类

类别	代表企业
地方国有独资企业（集团）控股	江苏资产管理有限公司、浙江省浙商资产管理有限公司、上海国有资产经营有限公司
地方政府直接控制	内蒙古金融资产管理有限公司、辽宁省国有资产经营有限公司、天津津融投资服务集团有限公司、陕西金融资产管理有限公司
地方民营企业（集团）控股	安徽国厚金融资产管理有限公司、宁夏顺亿资产管理有限公司、上海睿银盛嘉资产管理有限公司
四大金融 AMC 投资控股	华融晋商资产管理股份有限公司、中国华融昆仑资产管理股份有限公司
中央企业控股	重庆渝康资产经营管理有限公司
外资控股	Oaktree（北京）投资管理有限公司

资料来源：作者整理。

1. 地方国有独资企业（集团）控股类

这类地方 AMC 在数量上占全部地方 AMC 的绝对多数。可以说，省级政府与地方 AMC 关系紧密，而政府对地方 AMC 实施影响和控制的典型方式之一就是通过省（市）国有独资企业或综合性集团控股本地 AMC。这些国有独资企业或集团大多为全国资企业，通常具有国有资产投资资格，或国有资本运营平台的定位。

这些作为大股东的国有独资企业或集团，往往在组织结构或业务架构上具有多元化特点，金融服务和产业板块较为齐全，并包含一家或多家上市公司，这为身处其中的地方 AMC 在自行处置中运用资产整合、并购重组、资本运作等多元化手段提高处置效率提供了便利。

2. 地方政府直接控制类

这类地方 AMC 由省（市）国资委全资或部分出资设立，或由省财政厅与下辖地市财政局联合出资设立。如对于天津津融投资服务集团有限公司，天津市国资委持有 65.7% 的股份，天津市泰达国际控股（集团）有限公司持有剩余34.3%的股份；辽宁省国有资产经营有限公司，由辽宁省国资委全资设立；内蒙古金融资产管理有限公司，由内蒙古自治区财政厅、鄂尔多斯市财政局、呼和浩特市财政局、通辽市财政局、兴安盟财政局联合出资设立；陕西金融资产管理有限公司，以陕西省国资委为第一大股东，直属省政府管理，以延长石油、西安城投、陕国投等14家企业为战略性股东。

与第一类地方AMC相比，财政或国有资本管理部门作为唯一股东，政府的控制力更强，但出资人职能与监管者身份未分离、股权结构偏单一，可能对企业行使经营自由权和发挥战略功能造成双重阻碍，企业经营管理机制的市场化程度偏低。而股东结构较为多元的此类地方AMC则与第一类具有一定相似性。

3. 地方民营企业（集团）控股类

此类地方AMC由当地民营企业投资控股，股权结构较为多元，或由民营上市公司控股。典型代表有：安徽国厚金融资产管理有限公司，由合肥博雅商贸有限公司控股，并由深圳朗润集团、芜湖厚实商贸、上海东兴投资联合投资。

4. 四大金融AMC投资控股类

此类地方AMC由四大金融AMC投资控股，地方金控集团或地区企业联合投资。例如，华融晋商资产管理股份有限公司，由华融资产投资控股，山西金控联合投资；中国华融昆仑青海资产管理股份有限公司，由华融资产和青海省政府共同组建，由华融资产联合青海泉汪投资管理有限公司、格尔木投资控股有限公司发起设立。

5. 中央企业控股类

近年来，在"防风险、去杠杆"的大背景下，中央企业去杠杆的压力显著上升。央企有较为强烈的盘活自身资产、优化资产负债率的要求，因而对存量资产处置以及债转股等业务表现出较为强烈的兴趣。在难以取得金融AMC牌照和金融AIC牌照的情况下，部分央企开始与地方AMC接触，试图通过股权合作的途径，实现特殊资产行业的牌照突破。2020年5月28日，重庆渝康资产经营管理公司（以下简称"重庆渝康"）发布公告，华润金控与重庆渝富、重庆水务、重庆城投、重庆地产完成《产权交易合同》签署；该合同生效后，华润金控将持有重庆渝康公司54%股权，成为重庆首家地方金融AMC的控股股东，重庆渝康原股东持股比例降为46%，重庆渝康也由此成为全国首家由中央企业控股的地方AMC。

公告还表示，华润金控实现对重庆渝康的控股经营，将有利于发挥华润金控多元化产业资源、优秀文化基因和市场化经营机制，以及多年来深耕重庆的优势，形成平台和业务、资金和资源、体制和机制等优势互补格局，通过产融协同提升资产价值，将重庆渝康打造成为全国一流地方金融AMC、华润金控产融协同发展新平台，全面提升央地合作的深度和水平，更好助推重庆"两点"定位、"两地""两高"目标实现，服务全市经济社会发展。

6. 外资控股类

2020年2月，Oaktree（北京）投资管理有限公司在北京完成工商注册，注册资本542万美元，主要经营业务范围有投资管理、投资咨询、资产管理等。外资AMC的进入，表明新冠肺炎疫情并未改变中国经济长期向好的趋势，境外投资者对中国的特殊资产业务的发展充满信心。从未来看，外资机构将持续积极探索中国境内的投资机会。

（五）地方AMC的经营特点

由于缺乏规范性要求，地方AMC没有统一的经营范围。从实践来看，地方AMC与四大金融AMC一样可以从事全部的资产管理业务，既包括传统的不良资产处置业务，也包括创新型的资产证券化、投资类、股权经营、资产管理服务以及其他综合金融服务。由于地方AMC成立时间普遍较短，活跃在业务一线的仍属少数。同时，由于自行处置周期较长、成本较高、收益相对较低，目前较为活跃的地方AMC在自行处置方面配置的资源也相对有限，不同机构之间的业务模式和收入结构差异较大。

1. 不良资产处置业务

2013年发布的《关于地方资产管理公司开展金融企业不良资产批量收购处置业务资质认可条件等有关问题的通知》明确指出地方AMC可以开展

金融企业不良资产批量收购和处置业务。2016年发布的《关于适当调整地方资产管理公司有关政策的函》则规定，地方AMC的收购对象仅限于金融企业，处置方式包括批量转让、债务重组等，且收购对象不受地域限制。具体包括两种方式。

一是批量或非批量转让交易。主要是利用资产包中各债权资产信息的不对称低买高卖，进行套利交易。批量转让类因规模之大可从中获得更大的成本折让，之后再将批量中的大包拆小包，通过更广泛的潜在买家渠道变现而获利。为规避"只能在本省内批量受让金融企业不良资产（批量指10户以上打包）"的监管规定，有的地方AMC通过10户以下打包，在全国范围内接单转让业务或通道业务。

二是收购并自行处置资产。一般都指向特定地区、特定产业及特定领域，好中选优，优中选精。这样的资产，可能涉及并购重组、盘活重整等运作机会，预期可获得更高的增值收益。

2. 财富管理业务

除了不良资产处置外，部分地方AMC还有一些其他业务，如财富管理业务，即设立投资合伙企业和管理公司，通过代理高端社会投资者的财富管理业务，建立资产收购资金池，拓宽融资渠道。

3. 代持通道业务

即原持有方非真实卖断，地方AMC帮助不良资产原持有方短期代持，暂时美化一下原持有方的资产负债表，其后在约定时间，以约定方式，由原持有方回购或暗保的业务模式，地方AMC不承担终极风险。目前较为普遍的原持有方包括银行、国企、担保与小贷公司。这类业务在一定程度上偏离了地方AMC的主业，且存在较为严重的监管套利问题，近年来成为监管规范和整治的主要对象。继《金融资产管理公司开展非金融机构不良资产业务管理办法》（财金〔2015〕56号）和《关于规范银行业金融机构信贷资产收益权转让业务的通知》（银监办发〔2016〕82号）之后，代持通道业务大势渐去，成为不可持续的业务类型。

在过去几年的实践中，地方AMC兼具功能性和市场化两种属性，在支持实体经济方面做出了重要贡献。2019年，地方AMC出让债权次数总计741次、户数共7998户，披露金额的出让总债权为936.49亿元。其中，出让总债权以浙江的浙商系、福建的厦资系和河南的河资系居前三名。出让总次数方面，浙江的地方AMC占据绝对多数。此外，江苏、山东的地方AMC的出让总债权排名靠前，河南的两家地方AMC出让债权规模与前三名相差较远，但较其他地方AMC仍较大，招标规模大幅领先的广州广资，出让总债权虽也靠前，但出让规模占比，与招标规模占比相差较大，这与四大金融AMC在广东的表现是相似的，江西的情况也一样。

2019年，全国地方AMC受让债权次数共621次、户数共10711户，披露的总金额为1909.48亿元。从受让总次数来看，浙江的地方AMC表现得最为活跃。而从受让总金额来看，浙商系远远超出其他地方AMC，除浙江外，福建、河南和广东的地方AMC的受让债权规模相对较大。

总体上，地方AMC经营的两极分化现象比较明显，有的快速扩张，有的则鲜有业务。最近传出，华融资产欲出让其参股的青海某地方AMC的股权，浙江拟申请第四块省内AMC牌照。这与各地的经济环境不同是有很大关系的，但同时也体现了不同的经营策略。地方AMC在2019年披露的债权总受让额，较2018年降低约400亿元，而净受让额则变化不大，地方AMC净受让额占当地银行出让额的比例超过20%的有11个省份，总出让额占持牌AMC出让总额的30%左右，总受让额占持牌AMC受让总额的约40%。

从上述数据可以看出，地方AMC在不良资产处置主业领域，还是发挥了相当大的作用，并且已经成为市场中举足轻重的力量。但其经营差异化也不容忽视，快速扩张必然面临更高的市场风险，这是市场不变的规律。从长远看，与金融AMC和金融AIC（均为非银行金融持牌机构）相比，地方AMC由于并不持有金融牌照，实际又从事金融业务，存在是一般工商企业还是金融类企业的身份难题，在银行授信、财务指标、税收政策、司法政策、财政政策等各方面受到较大限制。这种机构属性上的不明确，造成目前对金融AMC的司法政策对地方AMC难以推广适用以及地方AMC融资渠道严重受限、税负较高，这些都严重制约了地方AMC的不良资产收购处置能力和效果。为更好地服务于风险攻坚战，更充分地发挥地方 AMC 化解、处置金融风险的功能，相关政策亟待优化和调整。

四 民营资本

（一）民营资本概述与业务特点

民营资本参与不良资产处置，有助于挖掘不良资产中蕴藏的投资价值。投资者购买不良债权所对应的企业或企业拥有的资产，经过价值提升，如重组、借助品牌进行包装、低成本建立制造工厂或对房地产不良资产做增值开发等，可以为投资者带来新的财富。同时，也使不良资产尽早投入社会经济循环周转，实现多方共赢。

非持牌的民营资产管理公司（民营 AMC）主要参与金融不良资产的二级市场转让（从持牌 AMC 处收购金融不良资产）、非批量转让以及非金融不良资产的转让。虽然经营范围受到限制，但民营 AMC 往往拥有更为市场化的激励机制、更有效率的决策流程，以及更加专业化的不良资产管理处置能力。民营资本在特殊资产市场中的业务特点如表 5-12 所示。

表 5-12 民营资本在特殊资产市场中的业务特点

项目	民营资本（二级市场）
参与身份	资产收受方
业务特点	与四大金融 AMC 或地方 AMC 合作，通过招投标、拍卖等公开方式或法律许可的其他方式从出售方购入金融不良债权资产； 直接参与单一或少量（低于 10 户）的不良资产出让及管理业务； 参与非银行金融机构、非金融企业的不良资产出让及管理业务
资产包取得	从四大金融 AMC 购得； 从非金融不良资产市场中取得
处置方式	通过债务追偿、债权转让、以物抵债、债务重组等多种方式对受让债权等资产进行自行清收处置。
业务经营区域限制	无限制
经营许可	无须

续表

项目	民营资本（二级市场）
优势	无监管，灵活，多样化
劣势	资产、资金来源有限，资本金不足，缺乏行业经验和团队力量
发展方向	专注细分市场，精细化、基金化运作； 与优质资产管理公司、服务公司合作，减少投资运作风险； 专注某一领域深度研究，与上市公司、房地产商深度合作

资料来源：姜何《资产市场新规则：不良资产前线操作备忘录》，中信出版集团，2017。

不良资产管理行业属于人才密集和资金密集型行业。民营AMC虽然拥有专业化团队，但通常在资金能力上存在劣势，较难以自有资金规模化收购不良资产。因此，民营AMC通常由不良资产管理服务商的角色起步，为金融机构及特殊机会投资人提供不良资产的投资管理服务，包括但不限于对标的资产进行收购前的尽职调查和估价服务；竞价收购咨询服务；收购后的清收处置服务等。公司根据清收的实现情况获取一定比例的服务费。

目前，部分民营AMC深耕不良资产行业，在渠道和处置方面均积累了丰富的资源和经验。在收购端，民营AMC通过与持牌AMC战略合作，部分进入了不良资产"一级半市场"（借道AMC直接从银行受让不良资产），从而减少在二级市场收购的价格竞争，以相对合理的价格取得资产。在处置端，民营AMC则注重建立自有处置团队，通常以债务追偿、资产拍卖、以物抵债、资产重组等终极处置方式为主，而较少采用债权转让的方式，以期获得最大回收收益。

（二）民营资本的业务模式

目前，非持牌民营AMC的不良资产收购和处置业务可进一步分为以下三种模式。

1. 自主投资模式

通过自有资金收购不良资产包，通过清收处置获取收益。由于该种模式下资金占用压力较大，民营AMC自2015年起开始逐渐减少使用该种模式，现有的自主投资主要为历史存量资产收购、阶段性持有资产包收购、探索新业务模式的资产收购以及为促进现有资产包处置而收购的共同债务人债权等。

2. 共同投资+服务模式

民营 AMC 同时作为劣后级投资人和服务商，与其他投资方共同投资不良资产包，获取劣后级分成和服务费收入；其他投资方为优先级或中间级，获取固定收益。该种模式出资占比较小，为民营 AMC 进行自有资金投资的主要模式。

3. 纯粹服务模式

民营 AMC 作为不良资产处置服务商，为高盛、LoneStar、鼎晖、黑石等国内外特殊机会投资人提供服务，获取服务费收益。

目前，民营 AMC 已成为我国不良资产市场中一股不可忽视的力量，在持牌 AMC 体系之外，为不良资产的真实处置提供了极其有力的补充。头部民营 AMC 在发展自身管理处置业务的基础上，也在积极探索业务创新，多渠道拓展资金来源，借力资本市场，以期进一步扩大公司规模，提升盈利水平及整体抗风险能力。

典型案例：上海文盛助力上市公司及其主要股东化解风险

上海文盛是国内民营 AMC 的代表，成立于 2006 年，主要经营模式为金融不良资产的自主投资及为特殊机会投资人提供不良资产投资管理服务。据《2018 年全国不良资产市场白皮书——活跃二级投资者篇》统计，上海文盛在活跃二级投资者中排名全国第一，具有较高的市场影响力。

上海文盛自 2017 年起开始从事化解上市公司及大股东债务违约风险和不良证券资产处置的相关业务。2018 年，A 股市场持续下跌，上市公司东方网络（现*ST 东网，股票代码：002175）前三大股东的股票质押达到平仓线且发生本金、利息违约，股票均被债权人向法院申请司法冻结。大股东资金出现较大的流动性风险，股票被强制拍卖会导致上市公司股份分散，主要股东面临失去对上市公司控股权的局面。在这种情况下，东方网络股东主

第五章 特殊资产的买入方

动与上海文盛沟通，寻求帮助。

上海文盛接受委托后，采取了以下一系列工作。一是对上市公司东方网络开展尽调，了解上市公司基本面，分析当前及潜在风险，掌握其基本情况和面临的主要问题。二是与东方网络前三大股东协商，拟定以股权转让和投票权委托等方式由新实控人一揽子承接其股权的方案，以解决前三大股东股票质押违约的问题。三是同步引入产业投资人为新的实控人，共同与三大股东股票质押的债权人进行沟通，确认违约质押债权解决方案。四是与产业投资人共同受让三大股东股权，同时上海文盛为产业投资人提供一定的资金支持。完成股份转让后，三大股东股票质押违约问题得到解决，东方网络控股权实现平稳转移。五是牵头组织会计师事务所和律师事务所对上市公司进行全面尽调，设计上市公司保壳方案。

上海文盛充分利用不良资产管理公司的专业优势，全程主导项目谈判、尽职调查、方案设计、项目交割等，凭借广泛的资源、专业的能力以及优质的服务，解决了上市公司大股东以及债权人的股票质押违约问题，引入新的实控人并协助上市公司基本完成保壳任务。该项目以不良证券纾困形式同时解决了债权人、债务人（股东）及上市公司的问题，提升了上市公司资产质量，保护了广大中小股民的利益。根据最新信息，上市公司有望在2020年第一季度披露2019年年报后，去除*ST，完成保壳任务，并有望在未来几年内实现收入和净利润的高速增长。

第六章
特殊资产的交易市场

特殊资产的交易市场是沟通特殊资产上游（特殊资产出让方和持牌收购方）和下游（特殊资产投资人，包括私募基金、保险公司、产业资本等）的枢纽，也是特殊资产处置和价值挖掘的核心机制。目前而言，我国有三类与特殊资产交易相关的市场：第一类是数量众多的地方金融资产交易所，围绕金融类特殊资产的处置和二级交易提供各类相关服务；第二类是全国性金融交易市场（银行间市场、证券交易所和银登中心等），主要从事标准化和准标准化特殊资产的交易（即不良资产证券化、不良贷款收益权转让等）；第三类是以阿里、京东为代表的互联网平台，以司法拍卖为切入点，提供特殊资产的在线交易撮合，以及围绕资产评估、交割等业务相关的各种线下服务。其中，第三类交易平台属于"互联网＋"特殊资产创新范畴，我们将在第七章中加以讨论。

一 地方金融资产交易所

随着近年来不良资产率猛增，相对应的对处置完成率要求的提高，加之公开、公平规范处置的要求，地方产权（金融资产）交易所参与和组织交易的市场需求越来越旺盛，它们成为特殊资产交易与处置领域重要的创新载体。

（一）地方金融资产交易所

地方金融资产交易所的建设工作起源于2009年，它不仅是自上而下的经济体制转变以及金融体系改革发展的产物，而且是由下而上的金融资产交易市场需求的体现。实践中，地方金融资产交易所的建立通常有两种途径：

一是地方政府主导，旨在为金融资产提供流动性、促进当地金融体系改革等；二是从既有产权交易所的金融资产交易业务衍生出来，成立专业金融资产交易机构。

目前，地方金融资产交易所业务范围涵盖金融企业国有资产交易、信贷资产交易、信托资产交易、债券产品交易、私募股权交易、黄金交易等。不良资产是其众多交易产品中的一类，近年来相关交易发展较快。除不良资产的交易外，地方金融资产交易所还以不良资产交易为基础，开发设计并进行标准化的金融产品和金融衍生产品的交易。此外，还有部分地方金融资产交易所结合区位优势，开展跨境业务的探索。

实践中，地方金融资产交易所在特殊资产领域的主要业务范围，涵盖金融股权、实物资产、金融不良资产、地方小贷公司资产收益权、担保资产增信、定向债权投资工具、票据收益权、资产权益流转、投融资顾问服务、类资产证券化产品、跨境人民币业务等，为各类金融资产提供从注册、登记、托管、交易到结算的全程服务。部分金融资产交易所还借助金融科技手段，通过完善平台交易系统、优化全面风险管控体系、丰富平台核心客户体系，为各方提供更加有效的信息耦合服务，在各类债权、私募债券、资产支持证券、定价、托管、挂牌等多个方面提高资产流转率、资产配置率。

自第一家地方金融资产交易所成立以来，全国各地陆续成立多家地方金融资产交易所。地方金融资产交易所一般由各地金融局或当地人民政府监管。目前，国内共有70余家地方金融资产交易所（中心），其中，规模较大的是由财政部授权的北京金融资产交易所、天津金融资产交易所和深圳前海金融资产交易所。主要地方金融交易所的基本情况如表6-1所示。

表6-1 主要地方金融资产交易所概况

名称	建立时间	注册资本	股东	主要产品	服务范围
天津金融资产交易所	2010年5月21日	1568万元	中国长城资产管理公司天津产权交易中心	不良金融资产、金融企业国有资产、信贷资产、金融衍生产品等	全国

续表

名称	建立时间	注册资本	股东	主要产品	服务范围
北京金融资产交易所	2010年5月30日	3亿元	北京产权交易所 信达投资有限公司 北京华融综合投资公司等	不良金融资产、金融企业国有资产、信托产品、债券产品、私募股权、黄金等	全国
安徽金融资产交易所	2010年7月27日	—	安徽产权交易所	各类金融资产政策咨询、项目策划全过程服务、信贷资产、金融衍生产品及创新产品等开发、设计、交易和服务	安徽
重庆金融资产交易所	2010年12月29日	3500万元	重庆股份转让中心等	信贷、信托资产登记转让、企业应收账款流转、小额信贷资产收益权产品等	重庆
深圳前海金融资产交易所	2011年4月7日	—	深圳联合产权交易所	不良金融资产、金融企业国有资产以及其他金融产权转让交易、金融投资品种、资产支持类产品、投资银行服务业务等	深圳
河北金融资产交易所	2011年6月30日	—	—	金融企业资产转让、债权转让、股权转让、地方金融机构改制服务、增资扩股服务	河北
陆家嘴国际金融资产交易市场	2011年9月	8.37亿元	中国平安集团	中小企业贸易融资交易、创新类的金融产品	上海
武汉金融资产交易所	2011年9月30日	1.2亿元	武汉经济发展投资（集团）有限公司等	不良金融资产、金融企业国有资产、信贷资产、金融衍生产品、中小企业集合票据等	湖北乃至中部
四川金融资产交易所	2011年10月19日	1亿元	成都投资控股集团有限公司 西南联合产权交易所有限公司	为债务融资提供融资信息挂牌披露服务；为非金融企业的票据、信用证融资提供信息披露；PE及控股	四川乃至西部

续表

名称	建立时间	注册资本	股东	主要产品	服务范围
海峡(漳州)金融产权交易中心有限公司	2011年11月16日	1.25亿元	福建漳龙事业有限公司 西安投资控股有限公司 北大PE投资联盟等	债权、股权融资转让,资产管理业务,投资银行业务等	两岸三地

资料来源:国家金融与发展实验室。

1. 北京金融资产交易所

北京金融资产交易所(简称"北金所")成立于2010年,是国内首家金融资产交易所。北金所是财政部指定的金融类国有资产交易平台,同时也是由国家发展改革委、中国人民银行、财政部、银保监会、证监会、国务院国资委共同认定的转股资产信息报送平台,实施机构依政策规定在报送平台上发布转股资产转让信息。此外,北金所还是中国人民银行批准的债券发行、交易平台,以及中国人民银行批准的中国银行间市场交易商协会指定交易平台。北金所作为由财政部授权的最主要金融资产交易场所和银行间市场重要基础设施,为市场成员提供债券发行与交易,金融类企业股权、债权和抵债资产交易,债权融资计划、委托债权投资计划等服务。

北金所采用"一个平台,多个业务板块"的基本业务架构,按照金融资产交易的不同功能属性和不同交易特征,分设金融企业国有资产交易服务平台、不良金融资产交易服务平台、地方商业银行股权交易服务平台、信贷资产交易服务平台、债券投资交易服务平台、信托产品交易服务平台、私募股权交易服务平台、保险资产交易服务平台、中国金融超市、中小企业信托贷款和受益权交易平台。采用会员交易服务制模式进行市场运营,通过协议转让、做市商机制、会员集合竞价以及混合型交易等机制为交易各方提供服务。

北金所当前业务范围涵盖债券发行与交易、金融企业国有资产交易、金融不良资产交易、金融企业股权交易、委托债权投资交易、债权资产交易、信托产品交易、保险资产交易、私募股权交易、黄金交易等，为各类金融资产提供从信息披露、登记、交易到结算的一站直通式服务。其中，PE二级市场和委托债权投资是比较具备北金所自身特点的产品（见表6-2）。

表6-2 北京金融资产交易所的主要产品

业务类型	产品名称
传统业务	信贷资产转让 金融企业国资业务交易 私募股权资产交易 信托资产交易
创新业务	委托债权投资产品 中小企业收益权转让 保险资产交易 黄金交易

资料来源：国家金融与发展实验室。

2. 天津金融资产交易所

天津金融资产交易所（简称"天金所"）是天津市政府与长城资产牵头成立的金融资产交易所，股东为长城资产和天津产权交易中心。2015年11月20日，蚂蚁金服与东方资产、中信信托一同入股天金所。天金所主营不良金融资产的处置交易，国家有关部门批准的金融资产和金融产品交易，以及其他金融创新产品的咨询、开发、设计服务和交易。2017年2月，财政部下属的政府和社会资本合作（PPP）中心正式授予天金所"政府和社会资本合作（PPP）资产交易和管理平台"称号。作为我国首家此类专业合作机构，天金所旨在为地方政府、产业机构、金融机构等提供PPP项目资源对接和资产交易服务。

天金所由长城资产和天津产权交易中心发起，直接汲取二者的市场开拓经验，充分发挥两家股东各自的优势。在金融不良资产的经营管理方面，依托长城资产的原有运行模式，并在此基础上发展创新；在交易平台建设和交易网络发展方面，引入天津产权交易中心的原有框架，在此基础上结合实际情况做出调整，并最大限度地实现长城资产和天津产权交易中心丰硕资源成果的有效共享，提高了自身运作效率，实现共同效益最大化。不良金融资产、金融企业国有资产等的交易业务自长城资产和天津产权交易中心处继承，并在现有产品的基础上，研究开发创新产品，全面展开市场建设。成立至今，天金所不仅是中国第一家公开的信贷资产（银团贷款、票据、信托资产、租赁资产）交易二级市场，还成为中国金融资产投资机构客户最集中的交易平台，更是天津市银行业协会指定的银团贷款转让信息发布平台，市场地位日益提升。

天金所的主要业务范围包括：不良金融资产的营销、公告、交易；金融企业国有资产的营销、公告、交易；信贷资产（含普通信贷及银团贷款、票据、信托产品、租赁产品等）的营销、公告、交易；信托资产的营销、公告、交易；租赁资产的营销、公告、交易；在基础资产上开发的标准化金融产品和金融衍生产品交易；以及其他标准化金融创新产品的咨询、开发、设计服务和交易等。

3. 深圳前海金融资产交易所

深圳前海金融资产交易所（简称"前交所"）成立于2011年3月，2015年9月正式被纳入中国平安旗下。前交所为各类债权、私募债券、资产支持证券、理财产品等金融产品、金融工具的发行、定价、登记、托管、挂牌、鉴（见）证、交易、转让、过户、结算等提供场所、设施和服务。2017年5月，国家外汇管理局批复《国家外汇管理局深圳市分局关于深圳前海金融资产交易所银行资产跨境转让试点业务审核授权的请示》，前交所由此成为国内首家提供跨境金融服务的金融资产交易所。前交所现有业务主要包括三个方面：金融资产公开交易业务、金融产品非公开交易业务、投资银行服务业务（如表6-3所示）。

表 6-3 深圳前海金融资产交易所的主要产品

业务名称	产品名称
金融资产公开交易业务	金融企业国有产权转让 不良金融资产转让 其他金融产品转让交易
金融产品非公开交易业务	信贷资产 银行理财产品 股权投资基金权益 信托产品的募集和凭证 资产权益份额转让
投资银行服务业务	并购服务 重组和并购顾问服务 投资管理和咨询服务

资料来源：国家金融与发展实验室。

（二）地方金融资产交易所的特殊资产交易模式

自东方资产于 2008 年在上海联合产权交易所进行挂牌交易以来，目前，能够提供特殊资产交易服务的交易所已扩展到地方产权交易中心、金融资产交易中心、公共资源交易中心、房地产交易市场等。其中，73 家交易所已与阿里拍卖展开合作，进一步拓宽了受众覆盖面。同时，部分金融机构也尝试建立了自己的交易所平台，作为对外端口进行招商展示、撮合交易及资金结算等，如招银前海金融资产交易中心（简称"招银前海金交中心"）、华融中关村不良资产交易中心等。随着不良资产市场的全面商业化和监管政策的不断放开，外资机构也进入了中国不良资产市场。为方便资金流转、减少交易审批，国家外管局相继批准深圳前海金融资产交易所、广东金融资产交易中心作为试点开展不良资产跨境交易，在资金跨境收付、交易结构安排、结购汇便利、税务统一代扣代缴方面均有全新的制度安排。

1. 资产转让模式

资产转让模式的业务流程包括以下四个阶段。

第一阶段为内部决策阶段。转让方在按照内部制度规定完成尽职调查、市场营销后，形成转让可行性研究报告或项目方案，履行相应决策程序并形成书面决议。其中，金融资产管理公司或地方资产管理公司收购不良资产需要按照《金融资产管理公司资产处置公告管理办法（修订）》的要求，在形成处置方案后发布处置公告。

第二阶段为公开征集受让方阶段。转让方向交易所提交转让申请相关文件，交易所对申请文件进行形式审查后出具受理通知书，对拟转让资产进行挂牌公示，公开征集受让方，挂牌公示日须符合相关监管政策及内部制度规定。挂牌期间，交易所通过其官网网站、电子显示屏、指定的各类媒体及合作商对外披露挂牌资产信息。转让信息披露期满未征集到意向受让方的，转让方可以选择延期，或在降低转让底价、变更受让条件后重新进行信息披露，或终止挂牌。意向受让方应向交易所提交受让申请相关文件，交易所按照转让方提出的受让条件和国家有关规定，对意向受让方进行资格审核并向转让方反馈。

第三阶段为竞价阶段。转让信息披露期满只产生一个符合条件的意向受让方的，若意向受让方符合协议转让条件的，可以协议转让；产生两个及以上符合条件的意向受让方的，交易所按照披露的竞价方式组织竞价。竞价可以采取拍卖、招投标、网络竞价以及其他竞价方式，且不得违反国家法律法规的规定。其中，以招投标方式处置的，至少有3家以上（含3家）投标人投标方为有效；以公开竞价方式处置的，至少要有两人以上参加竞价；只有一人竞价时，需按照公告程序补登公告，公告7个工作日后，如确定没有新的竞价者参加竞价才能成交。

第四阶段为交易阶段。受让方确定后，转让方与受让方签订交易合同，受让方按照披露的交易条件一次性付清交易价款或分期支付交易价款。交易合同生效后，交易所应当将交易结果通过交易机构网站对外公告，公告内容和时间应符合相关规定。

2. "不良资产结构化"交易模式

天金所联合产业链中的其他主体机构，创造出"不良资产结构化"交易模式。即银行或资产管理公司在天金所申请不良资产挂牌，合格投资者

（摘牌方）决定对已挂牌的不良资产进行交易时，由摘牌方前往天金所进行摘牌受让，交易款项由摘牌方划转至挂牌方（见图6-1）。

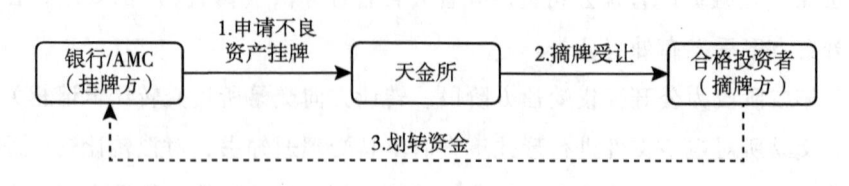

```
┌─────────┐  1.申请不良  ┌───────┐  2.摘牌受让  ┌──────────┐
│ 银行/AMC │   资产挂牌   │ 天金所 │             │ 合格投资者 │
│ （挂牌方）│ ──────────→ │        │ ──────────→ │ （摘牌方） │
└─────────┘              └───────┘             └──────────┘
     ↑                                                │
     └────────────── 3.划转资金 ────────────────────┘
```

图6-1　不良资产结构化交易模式

资料来源：作者整理。

"不良资产结构化"交易模式是天金所的重要模式，是天金所为解决资产管理公司恶性竞标困境，创新的一种针对传统金融机构，特别是银行的不良贷款处理方式，同时提供了一种对不良金融资产投资机构行之有效的融资方案。另外，通过把非标准化的不良资产转为标准化的金融资产，提高了不良资产的流动性，同时，通过资产交易，优化了不良金融资产的市场化定价，最终实现非标准化的不良资产到优质投资项目的转变。

3. 跨境转让模式

该模式由前交所独创，其业务流程涵盖前期的资产信息展示、交易需求匹配、资产尽调评估、投资策略咨询、交易结构设计、税务筹划建议；中期的组织竞价交易、外债登记备案、公证见证服务、资产登记流转、资金存管结算；以及资产处置后的税务代扣代缴、收益购汇出境、外债登记注销等内容。这一模式是由境内银行和资产管理公司将不良信贷资产转让给深圳辖内代理机构（挂牌方），再由挂牌方向国家外汇管理局进行初步事前备案，之后挂牌方在前交所申请挂牌。在挂牌交易的过程中，如果与境外投资者（摘牌方）达成交易协议，摘牌方前往前交所进行摘牌受让。摘牌方支付的款项，经摘牌方银行外债专户划拨至国家外汇管理局，再划拨给境内银行和资产管理公司（见图6-2）。

跨境转让模式是前交所的战略重点，虽然相较于其他模式来说起步较晚，但因依托政策支持而发展迅速。2016年，深圳市政府详细研究了本地

第六章 特殊资产的交易市场

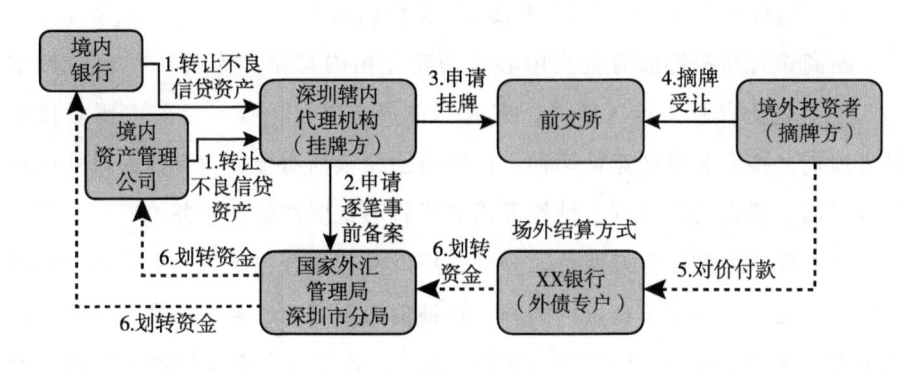

图 6-2 跨境转让模式

资料来源：作者整理。

经济发展现状，在国家外汇管理局的指导下，由深圳市分局完成了国内第一单以交易所平台为依托的银行不良资产跨境转让业务。这意味着，境内商业银行如需转让内部不良资产，可以向深圳辖内代理机构提出申请；深圳市内的商业银行如需转让内部不良资产，既可直接提出，也可以通过深圳辖内代理机构提出转让需求。2017 年，深圳市分局在国家外汇管理局的授权下开展商业银行不良资产跨境转让试点业务。这一试点业务从以下三方面体现出外汇管理部门对对外开放的高度重视：一是取消试点期限的限制；二是摒弃了以往逐笔审核的业务流程，将试点业务调整为深圳市分局逐笔事前备案；三是允许通过外债专户接收由境外投资者汇入的交易保证金。截至 2018 年 4 月末，经由深圳市分局办理的商业银行不良资产跨境转让业务中，商业银行的不良资产债权本息达到约 68 亿元。前交所是我国第一个开展银行不良资产跨境转让试点业务的机构，一直对跨境业务高度重视。前交所依托粤港澳大湾区，紧抓业务创新和金融科技，以全力发展跨境业务为重要战略，致力于打造全国最大的非标金融资产跨境流转平台。在商业银行不良资产跨境转让试点业务中，前交所主要提供的服务包括交易双方信息展示、交易沟通撮合、业务备案、外债登记、跨境资金收付、税务代扣代缴等各类金融服务，为交易双方提供一站式的平台服务，最大限度地提高金融交易的便利性和效率。

4. "银行+平台+淘宝网"不良资产交易模式

招商银行与招银前海金交中心合作建立国内首家"银行+平台+淘宝网"三点全流程系统传送模式,完成不良资产项目上挂。目前主要对接项目分为资产推介和资产竞价两种。日后将由招银前海金交中心作为对外端口进行展示、撮合交易及资金结算等招商银行不良资产处置业务。

这一模式的挂牌方有两个,分别是招商银行和合作银行。由挂牌方向招银前海金交中心申请不良资产挂牌。招银前海金交中心通过不良资产开放式营销管理平台系统对接淘宝网(阿里拍卖),合格投资者(摘牌方)若有交易意向,则通过淘宝网竞价完成摘牌受让。摘牌方支付款项给招银前海金交中心,再由招银前海金交中心划转资金至招商银行及合作银行(见表6-3)。

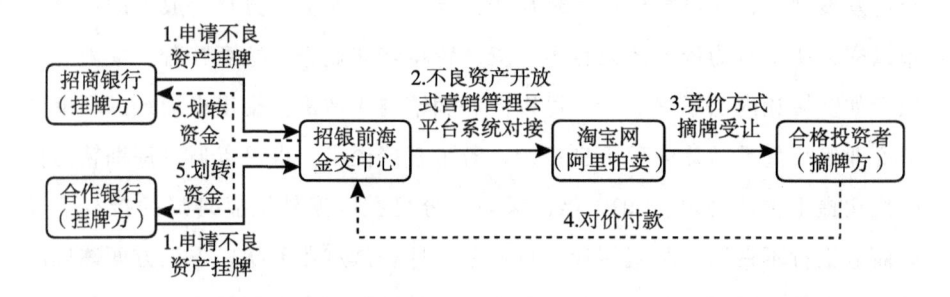

图6-3 "银行+平台+淘宝网"不良资产交易模式

资料来源:作者整理。

目前,招商银行所有分支行的不良资产统一通过招银前海金交中心进行转让,招银前海金交中心利用其市场化方式可以为不良资产提供更好的市场定价。通过招商银行总分行系统、平台效应、生态圈,集合社会各类资本,以及正在打通的各地交易所,将不良资产推送到淘宝网,从而确保不良资产获得公允价值和溢价效应。

通过招商银行及其合作银行,招银前海金交中心可以获取丰富的市场资源;面向全网发布信息的淘宝网有着巨大的流量优势,可以提高不良资产处置的公开性。全国范围内的买方均可获取到不良资产的信息,突破了地理位置的限制,扩大了不良资产处置的辐射范围,提升了银行处理不良资产的速度，提高了资金运用效率。信息分发能力提高，潜在的买方数量提高，从而使竞价买入时的定价也随之提高，即可提高不良资产价格，为银行和招银前海金交中心带来更为丰厚的利润。

5. 债转股交易模式

市场化债转股对于降低企业部门杠杆率、推动国有企业混合所有制改革、促进经济优胜劣汰、优化资源配置效率具有重要意义，是推动我国经济转型升级、跨越中等收入陷阱以及实现高质量发展的重要动力。市场化债转股过程中的一个关键问题，就是转股资产的交易流通问题。转股资产包括转股股权、未转股成功的非标准债权、转股其他权益类工具（如永续债、可转债等）等，其中转股股权是最主要的部分。转股资产（特别是转股股权）只有通过顺利交易，才能更好地发挥价值发现功能，并通过增强流动性来提升资源配置效率。然而，尽管转股资产可以通过主板、地方产权交易所等退出，但由于交易过于分散、深度严重不足、活跃度不够，因而，除转股资产本身是上市公司股票外，非上市股权（尤其是非上市非公众公司股票）、非标准化债权的流动性较低，不利于提高定价的公允性，也不利于吸引投资者购买转股资产，更不利于提高和规范转股对象企业治理，债转股的有效扩量提质受到严重制约。为此，亟须谋划建立适应债转股交易特点的转股资产交易平台，提高转股资产流动性。

建立转股资产交易平台，无论是从债转股工作推动的技术层面，还是从我国改革发展的战略层面乃至风险防控层面考虑，都具有重要意义。

从技术层面看，建立转股资产交易平台，有助于解决转股资产退出难题，促进债转股顺利推进。从最直接的工作推动角度看，建立转股资产交易平台具备多重有利之处。一是有助于完善市场化债转股生态系统。债转股所涉及资产不仅包括转股后形成的债转股资产，也包括已收购但未成功转股的债权资产，以及资金募集环节形成的基金份额和专项资管计划。转股资产交易平台建立后，可汇聚大量与债转股相关的信息、资金、主体等各类资源，从而吸引专业投资机构和中长期资金进入，拓宽转股资产流动通道，更加有效打通"资金募集—债转股实施—股权管理—转股资产转让交易—资金兑付—资金募集"的闭环，完善债转股资产的生态系统。二是有助于规范对象企业公司治理，更好实现转股资产价值发现。例如，通过信用评级、信息披露等措施增强转股资产信息透明性，对拟交易的转股对象企业公司治理施加硬性要求，推动公司治理结构优化；通过设计多种可交易标准化证券产品促进交易；通过设计做市商制度、拍卖、协议转让等多种交易定价机制，更充分挖掘转股资产公允价值。三是专门平台匹配专门的制度设计和支持政策，有助于形成政策聚焦，更明确地承载政策目标，提高政策响应度。

从改革发展战略层面看，建立转股资产交易平台，有助于以本轮转股资产交易为契机，深入推进相关事项改革和发展。一是可为国有企业股权转让提供更好通道，进一步促进国有企业混合所有制改革深化，推动国有资本优化布局，盘活产业存量资源，促进优化整合提升。二是可明显改善我国社会融资结构。经预测，本轮债转股规模超过10万亿元，此后将形成一个规模较大的交易市场，带动以银行为主的债权融资、间接融资向股权融资、直接融资转变，促进我国投融资结构优化。三是改善银企关系，促进企业经营管理水平提升。在商业银行的实施机构持有转股股权后，银行和企业之间的关系由原来的债权债务关系转换为"股东－企业"和"债权－债务"的综合性关系，银行通过参与企业公司治理，对企业经营形成更强约束，有助于促进商业银行综合经营，降低银行与企业间的信息不对称程度，形成更坚实的共同利益基础，此外还有助于优化我国企业（特别是国企）的治理结构，推动加快形成现代企业制度，提升其经营管理水平。四是完善多层次资本市场。专门的转股资产交易平台，将丰富完善非上市企业股权交易市场，与沪深交易所、新三板等形成互补，拓宽投融资渠道，完善金融市场功能。

从风险防控层面来看，建立转股资产交易平台，能更好地把控债转股市场风险。通过债转股，转股企业获得资金投入，降低了债务风险，短期内利好作用明显，但债转股将潜在风险从标的企业转移到了金融机构，从债权银行和标的企业转移到了实施机构，如果标的企业后续经营发展状况没有实质性的改善和改变，不仅标的企业，实施机构也会陷入困境。特别是商业银行设立的实施机构，其经营状况会合并进入商业银行财务报表，直接影响商业银行业绩。因此，通过专门的转股资产交易平台，引入具有丰富企业管理和重组经验、风险承受能力更高的产业类行权合格投资人（如产业基金），可以降低转股企业经营不确定性给金融市场带来的潜在风险。

基于上述原因，2019年12月，国家发改委相关部门批复了三家金融机构获得国家级债转股资产交易平台资质，其中包括上海股权托管交易中心、北京金融资产交易所和北京股权交易所，作为转股资产的交易场所，它们短期内将主要针对国有企业开展债转股资产交易服务。目前，三家平台已经正式展开相关的交易工作。

（三）地方金融资产交易所未来创新的重点

整体而言，地方金融资产交易所的发展主要依托其股东背景，在早期的发展过程中，股东提供的资源帮助了地方金融资产交易所迅速发展。但是，股东背景在某些情况下也会制约地方金融资产交易所的持续发展，通过股东获取的资源往往具备相似性，地方金融资产交易所的发展也偏向于为这一部分资源提供服务，从而制约了全面化发展。

此外，由于缺乏相关的监管规范，各种交易所的野蛮发展一度引发了金融乱象。有鉴于此，《国务院关于清理整顿各类交易场所切实防范金融风险的决定》（国发〔2011〕38号）提出建立由证监会牵头、有关部门参加的"清理整顿各类交易场所部际联席会议"（以下简称"联席会议"）制度。联席会议的主要任务是，统筹协调有关部门和省级人民政府清理整顿违法证券期货交易工作，督导建立对各类交易场所和交易产品的规范管理制度，以及完成国务院交办的其他事项。

2017年第五次全国金融工作会议之后，对交易场所的整顿力度显著加大。地方金融资产交易所一些所谓的创新模式，也遭遇了监管的清理整顿，特别是与P2P、众筹等结合的"互联网+"创新，以及为银行提供监管套利、粉饰报表的通道业务。从长远看，为更好地发挥金融资产交易所对特殊资产行业的促进作用，需要从监管和金融资产交易所两方面共同努力：监管层面，进一步降低金融资产交易的门槛，并建立和完善各类相关制度；在金融资产交易所层面，需回归服务实体经济、助力金融效率提升的本源，围绕特殊资产的特点完善交易制度，推动特殊资产行业生态圈建设。

从监管角度讲，提出以下建议。

一是提高授权范围，赋予交易所不良资产强制性信息披露执行主体资质。交易所进行信息搜寻识别的规模庞大，能够实现规模经济，消除投资者个体进行信息搜寻识别的外部性问题。此外，交易所可以借助强制信息披露制度向金融市场提供信息，对未及时、准确披露信息的转让方和中介机构进行惩罚，提高垄断信息的成本，迫使转让方加大信息披露力度；同时能够弥补中小投资者相对规模较大的投资者的信息劣势，打破信息垄断、保护中小投资者合法权益，提高金融市场效率。

二是扩大对外开放，积极引入境外合格投资者，提升市场活力。引进境外投资者有助于改变交易所同质竞争局面，发挥示范效应和鲶鱼效应，从而规范建设不良资产交易生态圈，但目前境外机构投资人在资金结售汇、税收、法律等方面仍存在较大的竞争弱势。因此，笔者建议监管机构要逐步扩大不良资产跨境转让范围，加快放宽境外机构投资人外汇资金进出条件，充分发挥境外投资人在处置不良资产过程中的积极作用。

三是逐步放开不良资产一级市场。受限于资产管理公司数量和所在地域，垄断定价的现象时有发生。监管部门在防范风险的同时，需逐步放开金融企业不良资产批量转让的政策限制，使金融企业的不良资产能够直接进入交易所市场进行批量处置，加快处置效率，打造公平竞争的市场。

基于金融资产交易所角度，则应进一步加强金融产品创新、交易模式创新、制度创新，完善经营范围，增强风控能力，助力特殊资产行业长期可持续发展。

一是金融产品创新。金融产品创新是地方金融资产交易所最常用的方式，各交易所都会结合当地优势设计出合适的金融产品。通过金融产品创新，提高交易所金融资产成交量，促进交易所业务增长，帮助交易所突破固有业务的瓶颈，创造新的利润增长点。现阶段，金融产品创新已经更加深入，部分交易所还可根据客户的需求设计出独特的资产流转方案和产品结构设计。

二是交易模式创新。交易模式创新同样是金融资产交易所创新的重要支柱，交易所根据自身的优势，创新出合适的交易模式。随着互联网的高速发展，结合互联网的网络竞价模式可以提高交易效率；通过线上模式对信息进行发布，撮合线下交易，突破了传统的信息传播方式，提高了金融产品宣发广度。交易模式创新还可以提高交易所的运营效率，降低信息发布成本，吸引更多投资者，从而促进业务增长。

三是制度创新。结合可利用的资源，通过对交易制度进行合理优化，达到保护投资者权益、提高投资者使用体验的目的。如招银前海金交中心建立的投资风险分级推荐制度，通过分析投资者信息以及金融产品信息，达到合理的推荐，从而保护了投资者的资金安全。

二 （银行间市场）标准化特殊资产交易

特殊资产属于比较典型的非标准化资产，其交易和转让更多地在非主板的场外市场（主要是地方金融资产交易所）发生。不过，近年来为扩大特殊资产处置规模，化解银行等金融机构的风险，以及提高银行资金流转效率，银行间市场的不良资产证券化、银登中心的不良贷款收益权转让[1]等（准）标准化工具也取得了一定的发展。

（一）不良资产证券化的概念

作为一种新兴的金融工具，资产证券化产生于20世纪的美国，是证券行业的专业技术与金融工程专业技术复合应用生成的一种产物。资产证券化是把流动性较差但未来具有可收回稳定现金流的资产整理打包，组建成资产池，重新分配资产组合的风险与收益，将其形成符合特定条件、流动性较强的证券资产组合。

---

[1] 截至目前，中国人民银行的《标准化债权类资产认定规则》还未正式落地（征求意见中），银登中心的贷款收益权转让是否属于标准化资产还存在不确定性。此外，由于公开信息数据有限，本书对银登中心的不良贷款收益权转让暂不做分析。

不良资产证券化是资产证券化的一种表现形式，主要是指运用资产证券化方式处理不良资产。不良资产的持有人（原始持有人或买入者）为资产证券化的发起人，将自身持有的部分不良资产（如应收账款和不良贷款）作为资产证券化的基础资产，通过特殊目的载体（SPV）的结构性安排，利用资产重组、信用增级和流动性增强等手段，将资产池转变为资产支持证券，通过向投资者出售证券回收现金流，进而提高不良资产的流动性。

在资产回收和盈利方面，不良资产自身具有不稳定性。但是，当分散的资产捆绑成一个整体时，这个资产组合实际上有了稳定的价值，因为组合可以降低风险。资产的重新组合使得原来分散的资产具有了较为稳定的收益率，这种情况是根据证券组合风险的基本原理来解释的。即使当时不良资产实际价值低于账面价值，但大体上看，资产的回收率趋于稳定。不良资产证券化的基础资产虽然都是不良资产，但是组建的资产池质量不是将所有单一的资产质量简单相加，而是需要在组建资产池过程中通过筛选资产，将不同种类的不良资产有机地结合。因为单一的不良资产从本质上来说是不满足资产证券化对未来现金流稳定性的要求的，但这并不影响不良资产成为资产证券化的基础资产，只要将单笔资产进行分析、检查和评估，分配单项资产的比例，计算出整体的预期收益率和现金流，就可以组建符合证券化要求的资产池。

与正常类资产证券化相比，不良资产的证券化的区别包括以下几个方面。

一是基础资产性质不同。按照商业银行现行的五级分类标准，商业银行的贷款被划分为正常、关注、次级、可疑与损失五个风险等级。目前所操作的正常资产证券化的资产构成主要为正常类贷款，有些项目中也包含少许关注类贷款。但是不良资产证券化的资产构成主要为五级分类的后三类贷款，其中以次级与可疑类贷款居多。根据不同性质的贷款可以看出，不良资产证券化中资产组合的未来现金流依靠的是抵押物、担保人和借款人财产，现金流的波动性比较大；而正常类资产证券化的资产池现金流依赖于正常经营的现金流，所以现金流比较稳定。

二是交易参与者不同。为有利于回收现金流，参与不良资产证券化的机构通常会更加专业，这是与正常资产证券化的不同之处。比如在部分不良资产证券化项目中，设置专业的评估公司对不良贷款设立时的抵押物提供估值技术，这也为资产支持证券的合理定价打下了基础。而在正常类资产证券化过程中，这一环节并非必要。

三是现金流测算与机制设置有差异。不良资产证券化的基础资产具有不良资产的特征，其本质已经是事实上的违约资产，所以在进行资产支持证券定价测算时主要考虑的不再是违约率，而是不良贷款的最终回收率。在关注回收过程的同时，相关机构会对成本、效率和效益予以考虑。而正常类资产证券化在进行估值计算时主要考虑的是债权人的信用情况，即违约可能性。

一般来说，正常类资产证券化以季度或月进行现金流测算，但不良资产证券化的现金流测算是以半年一次的频率进行的。此外，不良资产证券化一般会对资产处置方设置激励费用，不仅是为了防止道德风险，而且可以保护投资者的利益。

四是流动性支持不同。不良资产证券化过程中有两个重要环节：内部流动性设置和外部流动性支持。由于存在不良资产回收不畅的可能性，不能充分支持优先级投资者的收益支付，因此，不良资产证券化的流动性储备账户一般会以高于正常类资产证券化的水平提取资金准备。

（二）我国不良资产证券化发展

我国不良资产证券化试点始于 2006 年四大金融资产管理公司和建设银行发行的不良资产证券化产品。2012 年新一轮资产证券化试点以来，出于审慎发展的考虑，监管部门并未立即重启。然而，由于近年来商业银行不良资产率和不良贷款余额持续攀升，不良贷款的处置压力较大，因此，2016 年，不良资产证券化得以重启。四大国有商业银行、交通银行和招商银行获得首批试点资格，发行规模为 500 亿元。随后，中国银行和招商银行分别发行"中誉""和萃"两个不良资产证券化项目。2017 年，不良资产试点范围进一步扩大，国开行、中信银行、光大银行等 12 家银行入围第二批试点名单，总发行金额为500亿元。

2019年末，监管部门启动第三轮不良资产证券化试点，将试点发行机构扩大至40家。本轮不良资产证券化试点呈现以下新特点。第一，新增试点数量和发行规模创新高。共有22家发行机构被纳入试点名单，新增发行额度达1000亿元，为前两轮新增额度之和。第二，新增发行机构类型多样，涵盖资产管理公司、外资行、城商行和农商行等。前两轮试点机构主要为大型银行和部分城商行，本轮试点纳入资产管理公司、外资行和农商行，并且新增农商行数量占比较大。在经济下行压力增大的环境下，试点扩容将在一定程度上缓解中小银行的监管压力，刺激信贷投放，从而推动地方实体经济发展。第三，基础资产种类较丰富，信用卡不良贷款占比增大。不良资产证券化的基础资产包括对公不良贷款、信用卡不良贷款、小微企业不良贷款、住房按揭不良贷款。2018年以来，对公不良贷款占比逐渐减少，信用卡不良贷款规模攀升。第四，分级层次较少，次级占比较高。发达市场发行的不良资产支持证券划分的级别较多，每一级别证券的风险不同，分别对应不同的投资者。而国内目前已发行的不良资产支持证券都只分为优先级和次级两个档次，并且次级证券平均占比为24.2%，显示出国内不良资产证券化仍不成熟。第五，不良资产支持证券折扣率与不良资产包出售折扣率相近。据统计，2016年至2020年5月末发行的不良资产证券化产品的平均折扣率为27.62%，与批量转让给资产管理公司的不良资产包折扣率相近，但因流动性更强，更受市场青睐。第六，不良资产证券化的次级证券投资者数量有限。若商业银行拟开展不良资产证券化，需要找到合适的次级证券投资者。目前，国内不良资产证券化的次级证券投资者主要是四大金融资产管理公司与少量私募基金。

目前，不良资产证券化产品的发行与交易局限于银行间市场，尚未扩展到交易所市场。从发行规模来看，不良资产证券化产品在整个资产证券化市场中仍属于小众产品。2016年以来，我国不良资产证券化产品规模呈波动趋势，每年发行规模均处于100亿和200亿元之间（见图6-4），2019年发行规模仅占资产证券化产品发行总量的1.49%，相比试点政策规定的发行总额还有较大的增长空间。2020年，受新冠肺炎疫情影响，个人和小微企业贷款还款压力增大,信用类、抵押类不良资产存量不断增长,不良资产证券化发行规模仍有较大增长潜力。

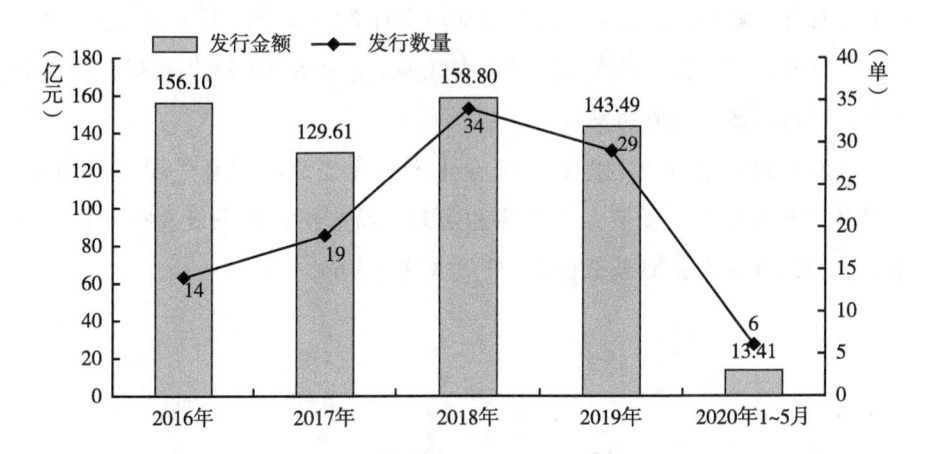

图 6-4　2016 年至 2020 年 5 月不良资产证券化产品发行数量和金额

资料来源：Wind。

从发行集中度来看,不良资产证券化产品主要发行机构仍集中于首批 6 家试点银行（见图 6-5）,目前 6 家银行发行数量占比达 76.5%,发行金额

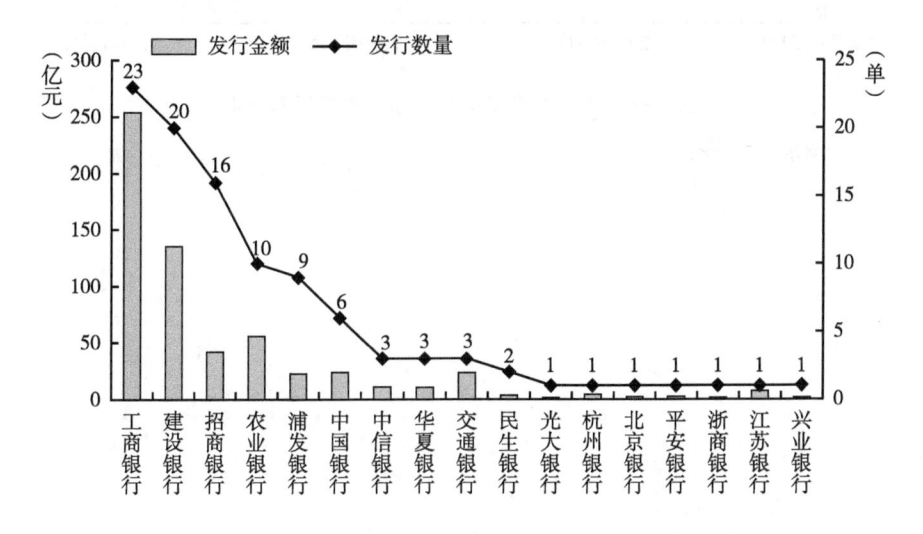

图 6-5　不良资产证券化产品发行主体分布

资料来源：Wind。

占比达88.8%，其中，工商银行以23单合计254亿元名列第一。自2017年以来，大部分第二批试点银行仅发行1单，其中，国开行暂未实施发行，浦发银行发行数量和金额最多，共发行9单合计22.6亿元。第三轮试点以来，尽管银行发行不良资产证券化产品需求旺盛，但各新增试点银行仍在探索尝试中，暂未有新机构成功发行。

从发行利率来看，不良资产证券化产品优先级利率呈先增后降趋势。2018年下半年以来，受资金面充裕和宏观经济影响，优先级发行利率不断走低，2020年5月达到新低位2.5%（见图6-6）。

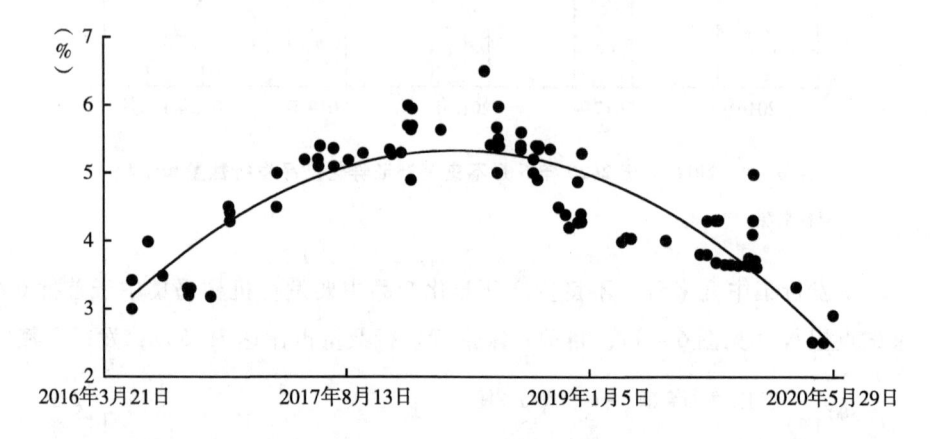

图6-6 不良资产证券化产品优先级利率变化

资料来源：Wind。

第七章
互联网、金融科技与特殊资产行业创新

在供给侧结构性改革不断深化、经济周期持续调整的背景下，不良资产的持续释放对特殊资产行业的交易模式提出新的要求。随着民营企业和互联网机构的大量参与，金融机构科技赋能战略不断深化，以及互联网金融业务不断发展，借助"互联网＋"平台和金融科技手段来提升特殊资产的交易效率和价值挖掘能力，已成为近年来特殊资产行业发展的一个重要趋势。

一 "互联网＋"对特殊资产行业的价值

传统资产管理公司处置不良资产的方式存在委单流程长、匹配不合理、处置效率低、投资门槛高、资产积压重等弊端，而"互联网＋"的介入与融合，能借助信息技术、数据分析、平台效应等创造不良资产处置的新模式，提高处置回收的效率和水平。

（一）传统不良资产处置模式的主要痛点

不良资产是特殊的金融资产，由于债务人违约而导致债权清偿价值低于账面价值。不良资产的运作过程，包括尽职调查、估值谈判、合同订立、支付交割、处置管理以及结项等关键环节，其效率都与信息质量和处理效率紧密相关。传统的不良资产处置模式具有信息不对称与估值定价困境两方面缺陷，导致委单流程长、匹配不合理、处置效率低、投资门槛高、资产积压重等诸多问题出现。

1. 信息有限性与不对称问题

按照我国相关法律，金融类不良资产必须卖给持牌资产管理公司（简称AMC)。在特殊资产行业生态中,这构成了两个层面的市场交易。在金融行业,AMC相当于特殊资产的批发商,可以进入金融类不良资产的一级市场进行交易。然后,AMC将从一级市场上买入的资产,除自行清收处置部分以外,再转卖给第三方(各类投资人),形成特殊资产的二级市场。由于各种原因,两层市场交易中均存在信息不对称问题。

一级市场的信息源缺乏根源于特殊资产本身的特性。不良资产剥离过程本身就是将有限私人信息让渡出来,换取流动性的过程。在银行将不良资产卖给AMC时,很多债权的基本信息(如担保人信息、抵质押信息、起诉书、裁决书、法院判决书、公告信息、拍卖信息等)都可能不充分。而且,在后期转让和处置过程中,原有价值的信息线索会随着时间推移逐渐改变、减弱甚至完全消失。线下处置面临时间、空间等多种局限,存在很多信息"真空"地带。难以搜集整理到全面、动态的信息,并且信息的展示及推介也难以广泛覆盖并有效递达潜在投资者。不良资产包中的很多贷款项目,可能在债务企业还处于正常状态时,其质量就已经开始下降。相对于资产出让方如银行等机构,传统资产管理公司处于信息劣势,又难以追踪和及时把握这些信息的变化。信息不对称更加严重,不利于其后的管理处置。

二级市场的信息不对称源于市场竞争的需要。特殊资产投资的经营过程具有特殊性和隐秘性,一些对不良资产回收处置至关重要的线索,不能也不必公开,比如债务人担保人的财产线索、影响处置的重大诉讼、潜在购买人的意愿和能力、收购处置决策信息、项目评估信息,影响项目处置的其他重要信息等,很多信息涉及商业机密。一旦某个资产包或项目进入可谈判询价阶段,围绕该项资产的所有信息就会自动转入收敛状态。

应该承认,上述两个层面的信息不对称与特殊资产市场本身的属性有关,不应该也不可能被完全消除。但是,基础信息的准确及共享,还是可以在很大程度上降低对中介服务的过度需求和浪费,同时能较大程度地提升资产交易的效率。将区块链技术应用到不良资产的估值、尽职调查、管理与转让的各个场景,不仅可以极大地提高基础数据的真实性和准确性,还可以基于这些数据,再次优化上述业务环节,进一步提升特殊资产交易的效率。

2. 估值定价问题

不良资产估值定价难点在于面临二次价值重估。不良资产处置要获得增值溢价,需要有成熟的信息预测、估值手段以及资产组合技术等。但目前,不良资产管理行业的交易主体较单一,还未形成完整的产业链条和生态圈,单一的信息来源又不能满足多维度交叉评估、估值定价的要求。信息搜集的成本较高,基础信息质量尚难保证,特殊信息更是难以获取。互联网可起到广告公示和公共平台的作用,并有专业机构提供竞价评估的基础服务,而掌握特殊信息的投资者通过分散决策形成价格,为提高估值定价的有效性创造了可能。

不良资产处置与"互联网"的融合,正是基于上述两个主要矛盾而找到的符合逻辑的商业模式和盈利模式。

(二)互联网参与不良资产处置的优势

互联网信息技术与不良资产处置融合,能够发挥数据挖掘与分析的技术优势,产生平台效应和集聚功能,发挥社会参与效应和分配功能,使产业链不同主体积极参与到不良资产投资中,提高不良资产市场交易的活跃度和专业化程度,提高不良资产处置回收的效率和水平。

1. 数据采集、分析与处理优势

数据采集、挖掘、分析与整合能力,是信息技术企业的专业优势。阿里巴巴(中国)网络技术有限公司(简称阿里)等互联网企业的数据采集,来源于大量交易行为记录。"互联网+"不良资产处置模式通过专业的数据采集、挖掘、分析技术,获取对不良资产清收处置有价值的信息,积极介入客户征信、资产评级、风险评估定价和清收环节,基于云计算技术、风控模型等,对不良资产相关资源进行有效整合匹配,全流程监督不良资产、坏账处置动态及催收方式,提高风险经营和处置回收的效率。

2. 平台效应和集聚功能

大数据的互联网平台可将不良资产管理产业链上下游交易主体、产业链相关的服务商集合在线上，实现专业化分工和实时信息交互。经过分析处理的信息推介，可广泛覆盖并有效递达潜在的投资者群体，使资产营销效率大大提高。律师事务所、会计师事务所等中介机构提供的法律、财务尽职调查信息、评估结果，可以作为一般性信息辅助有需要的投资者决策，掌握特殊信息的投资者则可发起有竞争力的定价。

3. 社会参与效应和分配功能

互联网的"社会化"效应能使被传统金融排斥在外的机构和个人有机会参与到不良资产投资、信息交互与信息采集中来，更好地实现不良资产与资金的对接、资产价值发现及信息价值和投资收益的分配，极大地突破了传统处置模式中区域和参与对象的局限。

二 "互联网+"特殊资产的主要模式

从2015年开始，多个互联网不良资产处置平台相继出现，一度形成互联网金融的一个细分"风口"。实践中，各平台的业务模式差异较大，也形成了目前不同的发展境遇，有的平台规模迅速扩张，有的平台则在金融乱象治理中被逐步清理、消亡。具体来看，"互联网+"特殊资产业务模式主要包括交易撮合类（互联网拍卖）、数据服务类、催收服务类和众筹投资类等四种模式（见表7-1）。

表7-1 "不良资产+互联网"平台主要模式

模式	类型	代表平台
模式一	交易撮合类	阿里拍卖、京东拍卖等
模式二	数据服务类	搜赖网、资产之家等
模式三	催收服务类	债全网、一诺银华等
模式四	众筹投资类	分金社

资料来源：作者整理。

第七章 互联网、金融科技与特殊资产行业创新

（一）交易撮合类：交易撮合等平台服务

该模式属于撮合买卖双方交易不良资产的平台类型，是发展相对成熟的"互联网＋"不良资产处置模式。一般由第三方建立平台，利用互联网技术为买卖双方提供交易媒介，网络拍卖平台是该模式最典型的应用方式。2016年8月，最高人民法院发布《最高人民法院关于人民法院网络司法拍卖若干问题的规定》，规定以拍卖方式处置财产的，应当采取网络拍卖的方式进行。此后，网络拍卖成为司法拍卖的主要渠道。

近年来，以淘宝、京东等拍卖平台为主体的网络拍卖市场在探索中逐渐成熟，法院及部分AMC都入驻网络拍卖平台开展司法拍卖及不良资产拍卖。网络拍卖具有信息传播速度快、信息相对透明等优势，能够在一定程度上提升拍卖效率，极大地促进了市场交易的发展，也推动了拍卖工作公平、公正、公开水平的提升。对网络拍卖交易情况进行研究分析，对不良资产投资及处置具有积极参考与借鉴意义，现在很多不良资产参与者在进行处置与投资时都以司法拍卖的数据为重要基准。目前，国内有五大政策性司法拍卖平台，从实际运行情况看，淘宝与京东的规模较大。以房产拍卖交易情况为例，2019年，淘宝和京东全国司法拍卖房产共计504942次，其中一拍房产共计291146次。

（二）数据服务类：基本的数据服务

该模式属于向金融机构提供不良资产大数据服务的平台类型，是发展较快且与金融科技结合最为密切的"互联网＋"不良资产处置模式。平台主要利用大数据、云计算等技术，查询客户财产线索、工商企业数据和司法诉讼信息（服务范围涵盖失信被执行人、裁判文书、开庭公告、法院公告、案件流程等），形成较为全面的债务关联人"风险画像"，为商业银行清收处置团队提供详尽、高效的尽职调查信息服务，以此提高不良资产的回收率。

这类模式代表性平台有搜赖网、资产之家等。搜赖网是一家全国性的

不良资产数据服务商，其盈利模式是通过整合中国不良资产的投资机构与处置团队的催收相关需求，运用智能筛选工具和线上数据平台，为客户提供数据查询服务。业务范围主要包括查询资产、债务、工商和涉诉信息，帮助用户进行收购前的尽职调查（信用记录搜索），提供估价、咨询服务等，找到债务人新增或隐匿的财产，提高不良资产的回收率。目前，搜赖网的业务已覆盖全国千万量级的企业或机构，以及数亿自然人。其中，不良资产项目信息超过200万条，涉及债务总金额高达数千亿元。同时，搜赖网还通过子公司与合作伙伴从事不良资产的投资与处置业务，来扩大其投资回报。

（三）催收服务类：收购后的清收服务等

该模式定位于作为连接不良资产处置委托方和催收方的媒介，主要解决清收效率低、异地催收难的问题，代表着未来"互联网+"不良资产处置模式的发展趋势。平台作为居间撮合和风控保障，发布催收需求，为每笔不良资产找到最合适的催收方。与第三方催收公司、委托方金融机构形成三方法律关系，保证回款的资金安全。这类平台利用机器学习、人工智能等技术手段，进行资产定价、处置决策、匹配管理，并结合遍布全国的资产处置机构（资产管理公司、律师事务所、清收外包服务公司等），为各类金融机构和企业提供全流程的不良资产催收、管理服务，解决信息不对称问题，实现不良资产的标准化精准处置。

这类服务商主要通过介入收购后期，从事收购后的清收处置获取投资收益。代表性平台有债全网、一诺银华等。债全网的盈利模式是收购或受托管理资产，通过平台加工，然后对接第三方机构或个人进行清收。前期不收取费用，债权实现后按一定比例收取佣金。上海一诺银华服务外包有限公司（简称"一诺银华"）主要从银行、小贷公司等金融机构承接业务，依靠内部团队或外包第三方完成催收，并向银行、小贷公司等机构收取佣金。近年来，国内不断深化金融体制改革及强化信用体系建设，为金融外包行业提供了厚积薄发的外部环境，加之互联网科技、大数据应用、人工智能技术等的发展，该公司所在行业迎来高速发展的契机，同时也带动了该公司业务的持续发展。该公司于2015年上半年实现营收1500万元，获新三板上市资格，2016年1月在全国中小型企业股权转让系统挂牌公开转让，截至挂牌公告时，在国内共有37家分公司。2016年至2018年，公司实现稳健发展，并叠创新高；2019年2月，公司中标广发银行信用卡、贵阳邮储银行、辽宁工商银行、中信银行总行个人贷款业务等多个委外催收项目；同年7月，中标吉林建设银行信用卡、新疆工商银行信用卡、贵州建设银行信用卡等项目；2019年底，中标启东华夏离场呼叫中心项目，更提升了公司在行业内的竞争力；2020年，一诺银华成立历经十一载，客户数量和案件承载量逐年稳步增长，公司也奠定了业内的口碑与地位，体现了强大的品牌效应，用其官网的宣传语来总结，即"十载砥砺行正道，众志共赢创佳绩"。

（四）众筹投资类

这类服务商通过网络众筹、不良资产证券化、基金化等创新方式，承担了一定的不良资产投资功能，与二级市场上资产管理公司的功能存在部分重叠。

这类平台的业务模式是通过把特殊资产放到平台上由投资人众筹认购，平台联合专业机构线下处置后，再把收益连同本金返还投资人。该类模式据称能解决特殊资产行业的两个难点：一是大宗不良资产流通或变现困难；二是互联网投资产品收益与安全难以两全的问题。即通过线上众筹、分红，线下购置、处置来运作不良资产，利用其丰富的从业经验和渠道资源，有效化解不良资产各类瑕疵，通过互联网渠道破解不良标的购买门槛，采用零售拆分等方式解决变现周期长的问题，从而实现普通投资者、资产处置人、资产买受人等多方共赢。

但实际上，仅仅通过平台对投资人和特殊资产（即特殊资产行业的两个难点）的连接，并不能自动解决上述两个难点。对资产方而言，特殊资产周期长、风险大的特征并没有因为连接众筹平台而发生改变，资产处置和变现仍然高度依赖线下的核心能力；而对投资者而言，众多投资人并未充分意识到特殊资产本身的风险，平台发布产品的风险和收益特征也并未与资产一一对应，这意味着投资者的风险偏好与所投资产的风险特征之间存在严重的风险错配和期限错配。凡此种种，都严重违反了 2018 年发布的"资管新规"的相关要求。此外，"资管新规"还明确规定，资产管理业务是持牌业务，只能由持有相应牌照的金融机构开展。而之前众多的"互联网＋"特殊资产投资平台，并不具备相应的资质。因此，脱离资产处置核心能力和资产管理业务牌照的"互联网＋"特殊资产投资模式没有持续存在的可能，必然会在金融乱象整治过程中被清理。

三 "互联网＋"模式的发展趋势

总体来看，"互联网＋"与不良资产处置的结合，是新信息技术发展和不良资产市场最新进展的自然融合，是新技术革命与经济"新常态"的时代产物，也是数字经济时代特殊资产行业发展的必然方向。放在金融市场化改革不断深化、技术创新不断涌现的背景下观察，"互联网＋"特殊资产代表了行业发展的一个重要方向。

对前文提到的几种"互联网＋"特殊资产模式而言，其发展障碍来自内外部两个方面。从内部看，"互联网＋"特殊资产模式既包含互联网普惠共享、大众参与的特点，又要实现不良资产经营处置的专业性，由专业性机构参与处置运营，实现线上线下 O2O、B2B 以及 B2C，即个人投资者、专业性机构等多方参与者多维度良好对接和深度融合，实现普通性信息和特殊性信息的分类流动，是"互联网＋"不良资产处置模式的关键课题。目前看来，这些问题的解决还有待时日。"互联网＋"特殊资产的结合程度尚不紧密，结合效果也还有待观察。从外部看，"互联网＋"特殊资产模式对社会信用体系、法律基础设施、监管功能的依赖度较高，现阶段在我国信用体系、法律制度保障不尽完善的情况下，互联网或不良资产运营机构更大程度上要依靠自身力量在有限范围内营造类似的环境。此外，我国金融投资者的保护也存在较大空白，在相关产品的设计和退出上，存在严重的监管缺失。随着 2017 年金融工作会议将"防风险、去杠杆"确定为金融改革重点，金

第七章　互联网、金融科技与特殊资产行业创新

融乱象治理、监管补短板等工作的力度显著加大，原有的制度短板被迅速补齐，违规、违法活动则受到了严厉的打击。在这种背景下，部分"互联网＋"特殊资产模式逐渐失去了发展基础。从未来看，预计随着法律体系、监管体系和社会诚信体系建设的进一步完善，"互联网＋"特殊资产模式有望打破之前的盲目性，真正形成可持续发展的模式。

具体到前文提到的四种模式，我们认为，围绕不良资产的交易撮合类平台模式（以阿里拍卖、京东拍卖为代表）将是"互联网＋"特殊资产未来最主要的发展方向。但该模式也存在一定的缺陷，需要进一步完善。

第一，精准匹配目标客户存在一定的难度。现有"互联网＋"不良资产处置平台的运作方式大部分是将互联网价值简单复制到不良资产处置上，没有精准匹配到目标客户。而不良资产处置又恰恰面对特定的投资人群，主要是专业人士或机构。这就造成一些平台的绝大多数浏览实际上是无效点击，并未转化为有效客户。在实践中，受到互联网开放性与特殊资产信息不对称性矛盾的冲击，即使是流量较大的平台（如阿里拍卖），通常也存在交易"围观"多而"成交"少的情况。换言之，通过互联网平台匹配资产投资人虽然能够提高接触的机会，但并不能保证成交，不良资产处置效率未必能够提高。

第二，信息不对称问题依然存在。对于平台运营方而言，与传统不良资产处置存在的"信息匮乏问题"不同，"互联网＋"不良资产处置面临着"信息泛滥问题"，这是另一种信息不对称的表现。互联网虽然具有低成本传播和快速获取信息的优势，但同时也需要面对如何在海量信息中甄选有价值的信息，如何迅速遴选出体现不良资产实际状况的资讯等一系列问题，大量的"信息噪声"掩盖了真实有用的信息，增加了平台运营方信息筛选的难度。而对于不良资产投资者来说，如何保证互联网平台展示的信息真实准确也是其关心的重点，由于难以判断标的不良资产的负面信息是否被隐匿，是否存在信息披露盲点，特别是不良资产的产权是否明晰等，投资者难以合情合理地做出投资决策。

第三，信息的非标准化问题。不同所有者的不良资产项目之间差异较

169

大，导致不良资产的处置业务很难做到标准化。一方面，不同项目的业务模式、操作流程、合同文本无法统一，难以简单复制；另一方面，不良资产的定价、收购、清收等各个环节涉及的业务复杂，各种类型的不良资产的风险程度和限期不同，影响收益的因素不同，需要经过线下的反复评估，以及专业人士的专业判断。催收环节也难以简单线上化，对人力高度依赖，因此最终的主战场依然在线下。而互联网思维实际上是运用一段时期内，不良资产处置链上各个环节的触网行为整合形成的大数据，依靠云计算手段建立数据分析模型，用于风险评估与定价等，从而整合信息、集合资源、提升效率，适合处理发生频率高的标准化事务，因此，互联网与不良资产之间的契合存在一定的难度。

从未来看，要进一步促进交易撮合类平台模式的完善，还需要做好以下几方面的工作。

从互联网交易平台角度看，需要进一步整合特殊资产生态，形成综合化、一站式服务能力。以开放、合作、共享的互联网思维理念广泛合作，充分利用互联网平台的科技能力和客户流量优势，深度融合互联网平台和专业金融服务团队的核心竞争力。积极引入评估公司、评级机构、资产管理公司、律师事务所、会计师事务所等第三方服务机构，为特殊资产出让方和买入者提供多样化的服务，涵盖标准化信息展示、交易撮合、资产估价、法律服务等不良资产处置的全流程。以专业化的不良资产交易金融服务为核心，不断建立与完善可提供综合服务的不良资产撮合买卖优质交易平台，发挥好互联网的"乘法效应"，使不良资产业务既能发挥化解和防范经济金融体系风险的作用，又能带来良好的经济效益。

从监管角度看，尽快适应行业生态变化趋势，将各类互联网不良资产处置平台纳入现有金融监管框架。出台相关办法，明确监管部门、行业准入依据、操作指引和信息披露标准，规范现有市场上不同种类的交易模式，通过监管和政策引导，规范"互联网+"特殊资产模式发展。鼓励银行、AMC等持牌机构在开展与"互联网+"特殊资产平台合作的同时，完善风险评价体系制度建设，对合作平台实施动态监测，合理评估合作效果。此外，在制定统一监管标准和操作指引基础上,充分发挥银行业协会市场监督与行业约束的作用。

四 金融科技在特殊资产行业中的应用

信息不对称是金融行业面临的一个核心问题,在特殊资产领域,由于资产属性较正常金融资产更为复杂,所面临的信息不对称问题更加严重。尽管基于金融科技的"互联网+"特殊资产模式创新,通过大数据、云计算等方式可以更加精准地进行交易撮合、客户画像和匹配工作,但在基础数据的真实性、标准化,以及各种信息的传递方面,仍存在较多痛点。从近期的发展看,区块链等金融技术的发展和应用,对于解决上述痛点、推动特殊资产行业的发展,有着巨大的想象空间。

"区块链"一词最早源自对"chain of blocks"的直译,现已成为一类综合多种技术的分布式账本实现的统称。根据中国信息通信研究院《区块链白皮书(2019)》中的定义,区块链(Blockchain)是一种由多方共同维护,使用密码学保证传输和访问安全,能够实现数据一致存储、难以篡改、防止抵赖的记账技术;在中国人民银行《金融分布式账本技术安全规范》中定义,分布式账本技术是密码算法、共识机制、点对点通信协议、分布式存储等多种核心技术体系高度融合形成的一种分布式基础架构与计算范式。

区块链是一种处理增量数据记录的分布式数据库技术,通过去中心化的方式集体维护分布式可靠数据库的技术方案。该技术方案主要是将数据区块(Block)通过密码学方法相互关联,每个数据区块记录一定时间内的系统交易信息,通过数字签名验证信息的有效性,并使用"指针"链接到下一数据区块,形成一条主链(Chain)。简单地说,区块链技术可以理解为一种网络记账系统,共享、加密、不可篡改的技术特点,使其能够提供加密的记账业务,使人们得到准确的资金、财产或其他资产的账目记录。

在区块链系统中,交易信息具有不可篡改性和不可抵赖性。该属性可充分应用于对权益所有者进行确权。对于需要永久性存储的交易记录，区块链技术是理想的解决方案，可适用于房产所有权、车辆所有权、股权交易等场景。其中，股权证明是目前区块链技术应用尝试最多的领域：股权所有者凭借私钥可证明对特定股权的所有权，股权转让时通过区块链系统转让给下家，产权明晰，记录明确，整个过程也无须第三方的参与。

目前，欧美各大金融机构和交易所纷纷开展区块链技术在证券交易方面的应用研究，探索利用区块链技术提升交易和结算的效率，以区块链为蓝本打造下一代金融资产交易平台。在所有交易所中，纳斯达克证券交易所表现得最为激进。目前该交易所已正式上线了 Linq 区块链私募证券交易平台，可以为使用者提供管理估值的仪表盘、权益变化时间轴示意图、投资者个人股权证明等功能，使发行公司和投资者能更好地跟踪和管理证券信息。此外，纽约证券交易所、澳洲证券交易所、韩国证券交易所也在积极推进区块链技术的探索与实践。

对特殊资产行业而言，在数字资产生成、交易平台建设，以及基于区块链的特殊资产生态圈构建方面，金融科技都有着广阔的应用空间。

1. 构建数字化特殊资产，缓解信息不对称问题

特殊资产存在流动性差、融资困难等问题，这些问题主要源于资产的物理存在形式，以及资产的流通、交易等特征（前文提及的一级市场信息不对称和二级市场信息不对称问题）。一级市场的特殊资产服务，如资产所有者证明、真实性证明以及价值评估及传递等，均需要相应的中介机构介入才可以完成，大量中心化信用和信息中介的存在，既降低了信息传输的效率，也提高了资产服务的成本。二级市场的资产流通过程至少需要资产发行方、资产接收方、流通平台三方参与才能完成，由于流通过程中信息不公开、不透明等原因，各参与方无法准确掌握资产的历史信息和实时表现，阻碍了特殊资产的定价和评级过程，进而导致市场投资信心不足，降低了特殊资产的流通性，进而影响其价值挖掘的空间。

利用区块链技术构建"去中心化"的数字化特殊资产网络，允许特殊资产发行方、资产交易方、交易所（金融交易所和在线拍卖平台等）、流通

第七章 互联网、金融科技与特殊资产行业创新

渠道在内的各机构多方参与并基于自身角色在链上开展业务，实现数字特殊资产的登记、发行、流转和清算、结算。利用区块链多方共享、难以篡改的特点，实现特殊资产登记及公示，并通过交易的形式在区块链网络上完成数字特殊资产的流转和清算、结算，有效减少资产纠纷问题，保证数字特殊资产的安全，提高数字特殊资产的流转效率，为数字特殊资产的增值，以及创造更丰富的金融产品及服务提供了更多可能。与此同时，利用区块链交易可追溯的特性，为资产监管方提供交易链条清晰的数据明细，强化资产监管方的审计职能和效率。

2. 丰富信息来源，助力特殊资产价值评估

基于区块链技术的数字特殊资产平台，很大程度上缓解了特殊资产交易中的信息不对称问题，有助于提升特殊资产的流通性。与此同时，更为全面、准确的数据信息，也突破了传统不良资产评估中信息来源的时效性、真实性、准确性和完善性的瓶颈，能为特殊资产价值评估带来更大的便利。

一是提升不良资产评估效率。在资产评估的整个过程中，资料的收集核实阶段占用了评估过程的大量时间，而且每次转卖不良资产均须重复这一过程。在评估实务操作中，不良资产收购和处置的估值时间往往是非常紧迫的。区块链的分布式数据库系统显著加快了这一进程，只要在其中一个节点录入信息，其他节点将自动记录该信息。通过区块链的方式共享数据，可减少评估对于资产信息的人工核对步骤，避免资源浪费，同时也可避免重复工作过程中可能出现的各种操作失误。

二是提高不良资产评估信息来源质量。不良资产评估信息来源直接影响资产评估价值的最终结果。对于虚假信息，在区块链技术中，不仅密码学技术本身具有防篡改性和防删除性，而且链上数据的各个节点都可以防范和监督信息的篡改与删除，除非将一半以上的节点信息同时篡改。这一技术特性为评估信息来源真实有效性提供了有力保障，可以减少数据再使用方在检验数据真伪上的重复操作。无论是有意还是无意提供的错误信息，在区块链数据库中都有迹可循且无法消除，从而防止错误信息可能对价值评估产生影响。

三是弥补不良资产信息来源的不完善性。不良资产信息来源的完善性体现在交易双方掌握信息的对称程度。区块链的"公开账簿"特点以及点对点的信息传播方式，可以使所有的信息变更都会保留在各节点数据库中并且不会丢失，使交易双方掌握的信息保持一致，消除了不良资产交易过程中随着交易次数增加，信息的完善程度逐渐衰减的情况，有助于特殊资产的潜在价值挖掘。

四是修正资产评估值异常的情况。在不良资产评估实务操作中，由于相关制度没有对不良资产评估方法做出详细规定，评估工作人员对资产判断的主观因素没有统一的衡量标准，容易导致同一区域内不同评估工作者评估相同或类似抵押物时选取的相关参数有所差异。区块链可以记录从收购至管理再至处置过程中各个时点评估值的变化以及参数的调整，而且可以使评估工作人员了解前述各环节评估人员的评估参数和结果，并结合最新环境影响做出合理的判断，修正主观判断偏差，得出更为客观的评估结果。

3. 技术融合，建设全新特殊资产行业生态

区块链技术发展与其他新一代信息技术相互关联、相互促进，区块链技术与应用的发展需要云计算、大数据、物联网、5G等新一代信息技术作为基础设施支撑，同时，区块链技术与应用的发展又对新一代信息技术产业的发展具有重要的促进作用。从长远看，区块链的应用方向将由单技术应用，转向与综合云计算、大数据、人工智能、物联网、5G等前沿信息技术协同共建、融合应用，从而形成"区块链+"的崭新行业生态。

对特殊资产行业而言，上述趋势意味着基于区块链技术的数字特殊资产平台上，根据特殊资产行业的各类参与者的需要，可充分利用各种金融科技手段，构建数字化特殊资产行业服务生态圈。在实现数字特殊资产登记、估值、流转的基础上，进一步引入各类投资人、中介服务（律师事务所、会计师事务所以及投资银行等）、催收处置机构等市场参与者，通过数据的可信共享、业务流程的无缝交汇，在全新的开放共享、多方共治的协同架构下，最终融合形成一体化的新型特殊资产行业生态系统，进而实现服务模式、服务品质、服务生态的多重升级。

第八章
特殊资产行业的投资者

我国特殊资产行业的产业链条，根据牌照而形成的业务区分，大致可分为收购市场（一级市场）和转让、处置市场（二级市场）两个层次的子市场。

一级市场即上游行业，主要是指收购市场，其中，卖方包括银行、非银金融机构、非金融机构，买方主要是四大金融 AMC、地方 AMC、非持牌资产处置机构等。其中，只有四大金融 AMC 和地方 AMC 有资格从银行获得批量转让（10 户以上）的不良资产包；非持牌资产处置机构在不良资产收购渠道上不具优势，因而目前市场份额较小。

二级市场即下游行业，主要是指转让、处置市场，其中，一级市场买方转化成转让、处置市场卖方。转让、处置市场买方包括债务人的关联企业、产业投资者（上、下游企业）或者财务投资者。此外，还有专业第三方服务机构，包括不良资产专业评估师、债务人评级机构、拍卖机构、律师事务所、信托公司、不良资产交易平台（证券交易所等）及其他服务机构。其中，律师事务所主要提供诉讼、清收、转让等交易服务；资产评估机构主要在一级市场中帮助各类 AMC 评估出让方的资产价值；证券交易所则为债权转让中的资产证券化业务提供交易平台。在二级市场中，产业投资者和财务投资者是重要的参与者，也是特殊资产处置的主力（见图 8-1）。

一 特殊资产市场的产业投资者

（一）定义及描述

产业投资者是指以谋求长期战略利益为目的，与被投资方存在业务关

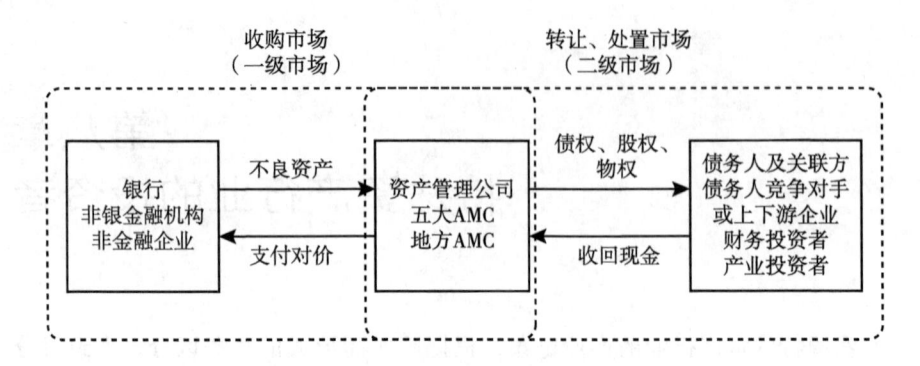

```
        收购市场                      转让、处置市场
       （一级市场）                    （二级市场）
   ┌─────────────┬──────────┬─────────────┬──────────┬─────────────┐
   │   银行       │          │             │ 债权、股权、│ 债务人及关联方 │
   │ 非银金融机构  │ 不良资产  │ 资产管理公司 │   物权    │ 债务人竞争对手 │
   │ 非金融企业    │─────────→│  五大AMC    │─────────→│ 或上下游企业  │
   │              │ 支付对价  │  地方AMC    │ 收回现金  │ 财务投资者    │
   │              │←─────────│             │←─────────│ 产业投资者    │
   └─────────────┴──────────┴─────────────┴──────────┴─────────────┘
```

图 8-1 特殊资产产业链条

资料来源：作者整理。

联、积极参与公司治理的投资者。产业投资者通常是行业内拥有技术、市场、资金、管理等优势的大型企业，与被投资方一般具有合作关系或竞争关系，往往处于同行业或相近行业或产业链上下游。与财务投资者相比，产业投资者并不追求短期投资收益，而是通过深度参与被投企业的运营管理促进企业发展，并与自身业务形成规模优势，或实现产品线、区域布局上的战略性拓展或上下游的延伸，从而获得长期的战略利益。因此，产业投资通常具有稳定性强、股权比例高（通常达到控股权）、长期持有、深度参与公司治理的特点。

在特殊机会市场中，产业投资者的介入方式如下。

一是参与破产企业重整。产业投资者作为重组方，在帮助企业解决债务问题后（通常与财务投资者共同提供资金），再通过为破产企业引入技术、资金、市场、管理等资源，使企业恢复经营和盈利。

二是低价收购困境企业证券。企业陷入困境后，其证券在二级市场上通常会发生较大程度的贬值，产业投资者通过低价收购困境企业的股票成为大股东，或者通过低价收购受压债券（交易价格被低估的债券）或违约债券成为大债权人，从而获得困境企业的控制权或主导权。

通过上述两种方式，产业投资者在被投企业中获取控股权或重大话语权，再通过更换管理层、重新制定业务方向、技术改造、资本结构改善等方式提升企业运营和财务状况，并与自身业务形成战略互补或延伸。

产业投资者在特殊机会市场上具有不可替代的作用，是将不良资产转化为正常资产的赋能者，有助于实现不良资产的真实去化。尤其在部分产能过剩，或已进入并购整合期的行业，优质龙头企业通过重组困境企业实现规模和区域上的扩张，是极其经济有效的方式。近两年，在重资产、周期性行业，如水泥、玻璃、钢铁、船舶、化工、房地产等行业，均涌现出产业投资者进行特殊机会投资的典型案例。

（二）主要行业及案例

1. 水泥行业

水泥行业是我国国民经济发展的重要基础产业。水泥行业与经济发展速度基本同步，在我国城乡建设、工矿企业、农田水利以及能源、交通、通信等工程建设中得到极为广泛的应用，已成为国民经济建设中不可缺少的重要建材产品。

水泥产业链上游成本中，煤炭和电力占比超过一半，煤炭价格市场波动较大，成为影响水泥生产成本的最大因素。水泥下游需求主要来自房地产、基建及农村市场，房地产端约占水泥需求的25%~35%，基建端约占水泥总需求的30%~40%。由于上下游产业均具有周期性，因此水泥产业也具有一定的周期性。

我国改革开放以来，水泥产业发展突飞猛进，自1985年开始，产量一直位居世界第一。1998年以来，随着基础设施建设和房地产开发投资的快速增长，水泥产销量均大幅提高，产能保持稳定的增长，一路攀升至2014年24.8亿吨的历史高位。但是，我国水泥产品质量不高、生产水平落后、污染严重的问题也客观存在，且在水泥产量持续高速增长后，出现产能过剩现象，整个行业进入产能调整阶段，水泥产量自2014年的历史高位跌至2018年的21.8亿吨（见图8-2），目前市场需求基本处于平台期。

除周期性外，水泥行业还具有区域性的特征。水泥存放时长通常不超过一个月，长期露天存放易受潮凝结，属于库存困难产品。运输半径上，公路

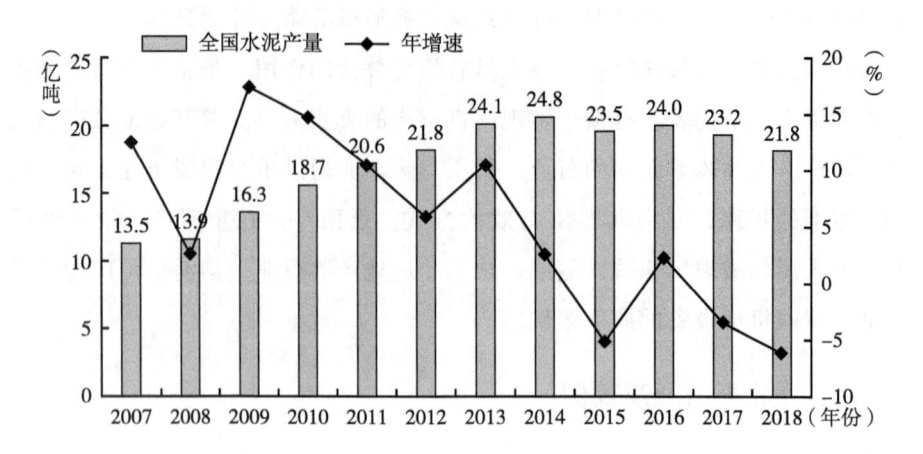

图 8-2 2007~2018年全国水泥产量及年增速

资料来源：Wind。

运输半径一般为100~200公里，铁路为300~500公里，水路为600~800公里，如果超出这些运输距离，水泥产品的利润会被运输成本侵蚀。正是由于水泥不易保存和运输成本高的特性，整个产业呈现很强的区域性，各区域的供需关系和水泥价格均有所差异。而又由于水泥产品的同质性特征，规模优势明显，各区域内龙头聚集效应明显，市场集中度高。

政策方面，由于淘汰过剩产能、治理环境污染等，监管层多次发布相关政策对水泥行业进行整治。国务院于2010年发布《国务院关于进一步加强淘汰落后产能工作的通知》，2013年发布《国务院关于化解产能严重过剩矛盾的指导意见》，进一步提出严禁建设新增水泥产能项目，淘汰落后产能。2015年1月1日，随着史上最严厉的《中华人民共和国环境保护法》开始实施，环保不达标的水泥企业无法正常开工，已开工的被停产。2016年，《国务院办公厅关于促进建材工业稳增长调结构增效益的指导意见》要求2020年底前严禁备案和新建扩大产能的水泥熟料建设项目。同年，工信部联合环保部发布《关于进一步做好水泥错峰生产的通知》，对2016~2020年水泥错峰生产做出部署。2017年，中国水泥协会发布《水泥行业去产能行动计划（2018~2020）》，对2018~2020年水泥去产能的目标和任务进行部署，要求三年内压减熟料产能 39270 万吨，关闭水泥粉磨站企业 540 家，将全国熟料产能平均利用率提升至 80%，水泥产能平均利用率提升至 70%，前 10 家大企业集团的全国熟料产能集中度达到 70% 以上，水泥产能集中度达到 60%。2018 年初，工信部发布《水泥玻璃行业产能置换实施办法》，提出严禁备案和新建扩大产能的水泥熟料、平板玻璃项目，确有必要新建的，必须实施减量或等量置换，通过优势企业补偿落后企业、帮助小企业退出等方式，加快提高行业集中度，改善行业整体盈利能力。

在供给侧改革和环保治理的双重推动下，我国水泥产量呈波动下降趋势，同时也倒逼企业转型升级，而对于技术实力强的龙头企业来说，并购整合成为其布局新区域、扩充产能规模的最佳途径。2016 年以来，水泥行业进入并购整合高潮，大企业深化兼并重组，水泥行业进入强强联合阶段，龙头企业竞争优势进一步凸显，水泥市场集中度加速提升。2018 年，我国前四大和前八大水泥企业产能占比分别达到 41.63% 和 53.61%，较 2010 年分别提高 20.65 个百分点和 20.56 个百分点，前 10 大水泥企业熟料产能集中度高达 64%，行业集中度已接近甚至超过美国水平。截至 2019 年末，我国前三大水泥企业分别为中国建材股份有限公司（简称"中国建材"）、安徽海螺水泥股份有限公司（简称"海螺水泥"）、唐山冀东水泥股份有限公司（简称"冀东水泥"）。

随着落后产能的淘汰、错峰生产、行业自律等措施的实施，水泥行业供需结构明显改善，2016 年以来，水泥行业整体效益得到大幅提升。2018 年，水泥行业利润达 1546 亿元（见图 8-3），同比增长 76.4%，创历史新高。

案例 1：天瑞集团入股山水水泥

中国山水水泥集团有限公司（简称"山水水泥"）于 2008 年 7 月 4 日在香港联交所主板上市，是中国首家在香港红筹股上市的水泥企业。山水水泥是全国 12 大水泥集团之一，水泥主业板块覆盖山东、辽宁、山西、内蒙古、新疆等省份，水泥产能约 1 亿吨。山东山水水泥集团有限公司（以下简称"山东山水"）是山水水泥的全资附属公司，也是山水水泥在内地的经营实体。

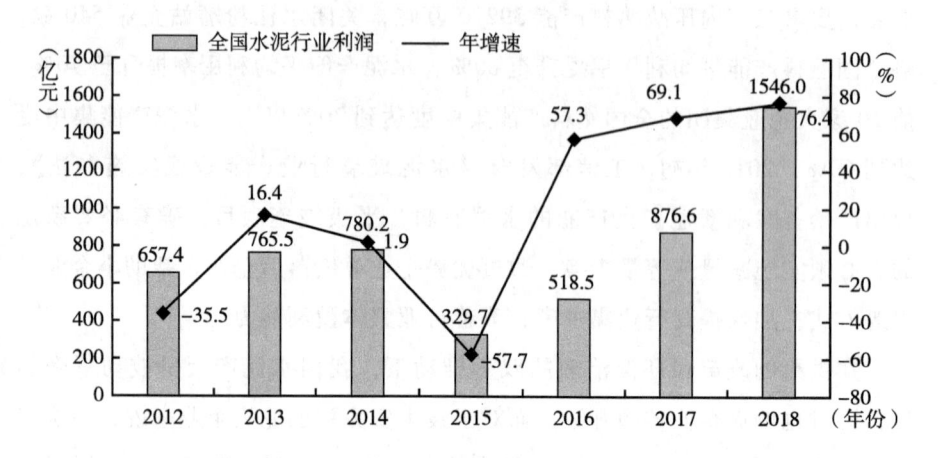

图 8-3　2012~2018 年水泥行业利润及年增速

资料来源：Wind。

2015 年 11 月 11 日，山水水泥发布公告称，集团董事会经讨论后得出，本集团无法于 2015 年 11 月 12 日或该日前取得足够资金以偿付境内债务，因此将确定构成"15 山水 SCP001"的违约。该只债券的违约也开启了国内超短融违约的先例。

山水水泥的债券违约事件主要是由其股权纷争引起的，随着股权纷争的升级以及不断发酵，其基本面也逐渐恶化，再加上随之而来的股票停牌以及触发国际债券提前赎回条款，本就已经出现融资困难的山水水泥资金链更加紧张，债券违约的序幕逐渐拉开。

2015 年之前，水泥行业整体表现低迷已导致公司的经营和财务状况出现一定程度的弱化，而股权纷争则使得公司的业务合作客户对公司未来前景的不确定性增加，公司的盈利和获现能力急剧下降，外部融资环境也受到不利影响。

在盈利能力方面，2012~2014 年公司净利润整体呈现下滑趋势，但相比行业内其他水泥企业，公司利润总额同比下降幅度较小；2015 年在股权纷争的影响下，公司盈利能力急剧恶化，并首次出现 66.94 亿元的巨亏。同时，由于公司第一大股东变动，原本于 2016 年、2017 年到期的 4 亿美元债券触发提前赎回条件，大量现金流用于偿付境外债务，公司财务状况加速恶化，资金链紧张。山东山水作为山水水泥的内地运营实体，其财务状况直接受到母公司股权纷争的影响。2015年11月12日，山东山水20亿元超短融"15山水SCP001"因无法按时取得足够资金来偿付而宣布违约，这只债券成为山东山水的首只违约债券。此后，山东山水又有一只超短期融资券和三只中期票据先后违约。

股权纷争是导致山水水泥违约的直接导火索，实际上公司本身资产质量良好，技术、规模和品牌优势均较为明显。前期融资渠道通畅，一般通过"借新还旧"实现债务滚存，但股权纷争导致其融资环境恶化，股票停牌，美元债提前赎回，也不能新发行债券，公司出现危机。从公司过往历史来看，2015年公司首次出现亏损，之前持续保持盈利，经营性净现金流也基本稳定在14亿~19亿元。截至2015年6月末，公司账面尚有货币资金35亿元，因提前偿还美元债才导致境内债偿还无力。因此，就公司整体财务状况来看，远未达到需要破产重组的艰难境地，若股权纷争缓解，与债权人达成和解，随着公司恢复正常经营，债券价值将得以回升。根据公司公告，截至2019年9月30日，公司已与所有债券持有人达成和解，涉及债券本金68亿元，公司根据和解协议已偿付45.51亿元，未兑付的债券本金22.49亿元。在债券和解后，根据双方达成的和解协议，公司按时完成了所有违约债券的兑付工作，未出现违约情况。

在该案例中，通过二级市场斥资买入山水水泥股票、意图争夺控制权的亚洲水泥（中国）控股公司和天瑞水泥集团股份有限公司（简称"天瑞集团"）均为市场化的产业投资者。在当时水泥行业新建受限、产能增长空间急剧缩小的背景下，行业内并购重组是实现战略布局最有效的手段；伴随国企混合所有制改革，国企证券化恰好催生出一批并购重组的浪潮。

2014年以来，天瑞集团不断并购水泥行业巨头，在资本市场上动作频频。2014年6月，天瑞集团发行了总额为10亿元的公司债券，为后续收购储备了充足的资金。2014年12月，在不到一个月的时间里，天瑞集团通过大宗交易和集中交易的方式三次举牌河南同力水泥股份有限公司（简称

"同力水泥"），最终持股7136.56万股，占同力水泥总股本的15.03%，成为其第二大股东，一时被媒体炒得沸沸扬扬。2014年，天瑞集团还在辽宁收购了4家水泥生产企业，包括1条100万吨熟料生产线和220万吨水泥生产线，合计用资4.4亿元。

从水泥行业市场版图来看，天瑞水泥65%的产能分布于河南，35%分布于辽宁；山水水泥是山东省水泥市场的龙头企业，其核心市场主要是山东和辽宁，同时涉足山西、内蒙古等地。可见，天瑞水泥与山水水泥在辽宁地区的产能有较高的重合度。据了解，当时两家公司在辽宁省的产能均为930万吨，是辽宁省水泥产业的前两名，合计产能占辽宁省的34%；再加上天瑞集团在辽宁收购的4家企业，如果天瑞集团能够实际控制山水水泥，那么在辽宁市场，将加速企业间协同效应的发挥，打破长期以来辽宁市场集中度不高、竞争混乱的局面。通过资本纽带结盟，天瑞集团将在河南、山东、辽宁三省主导水泥产业市场。

出于产业布局的诉求，天瑞集团将目标锚定山水水泥。彼时，由于中国建材的引入，山水水泥管理层的相对控股权已非常薄弱；同时由于山水水泥正处于管理层和职工股东的纷争中，再加上水泥行业持续调整，山水水泥股价从高点的10.2元暴跌至2.8元，出现了价格洼地。天瑞集团趁此机会进行公开市场收购，首先从高瓴资本手中购得山水水泥9.68%的股权，然后通过越秀证券成立投资基金，分批次买入公司股票，一举成为山水水泥的第一大股东。虽然之后对实际控制权的争夺并非一帆风顺，但天瑞集团在本案例中的收购行为仍堪称特殊机会投资中产业投资者进行产业链配置的经典案例。

2. 玻璃行业

从下游需求结构看，玻璃行业最主要的下游需求来自房地产，占比约为75%，其次是汽车制造和出口，各占比约为10%，剩余的需求主要来自光伏、电子、医学等。由于玻璃的主要下游是房地产行业，房地产行业与宏观经济的强关联导致玻璃行业的需求周期性波动明显。虽然长期来看，我国玻璃需求在城镇化发展的推动下保持着增长态势，然而，由于供给端的变化往往滞后于市场需求,上行周期内的产能高速扩张导致产能过剩,因此行业扩张是在周期中进行的。

2009年,在"四万亿"政策和房地产促进政策的推动下,我国房地产新开工面积累计增速迅速攀升,同时带动玻璃行业高速发展以及产能迅速扩张。2010年后,政府出台"国十条"政策,房地产行业景气度下降;与此同时,2010年前后,玻璃生产线的集中建成投产导致产能过剩,供给需求两端的压力导致玻璃价格大幅下跌,许多玻璃生产线微利生产,甚至亏损生产。2012年,政府开始出台政策鼓励玻璃行业去产能,但由于玻璃行业以民营企业为主,行业分散,去产能推进速度缓慢。2012~2014年,新增生产线数量仍然保持在两位数(见图8-4)。2015年,国内民营玻璃巨头张家港华尔润玻璃产业有限公司(简称"华尔润")的倒闭给行业敲响了警钟,企业进一步减少盲目投资。2016之后,受到供给侧结构性改革的影响,玻璃供给趋于稳定,产能年增速控制在5%以内;需求端,虽然房地产行业的增速整体下滑,但仍表现出较强的韧性,玻璃价格也迎来了长达四年的上涨周期。

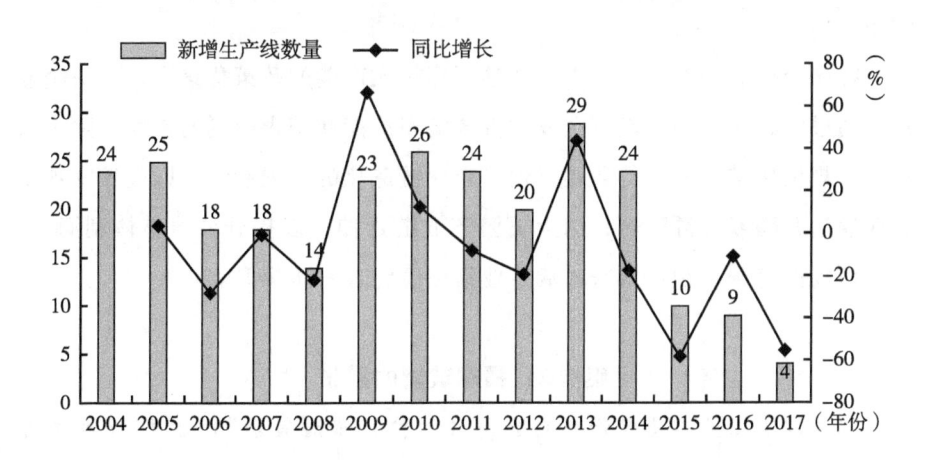

图8-4 2004~2017年玻璃行业新增生产线数量变化

资料来源:Wind。

除整体产能过剩问题外,我国玻璃产业面临着较严重的结构性问题,多数产品附加值低,仍处在价值链底端。例如,建筑用普通浮法玻璃技术门槛较低，企业为了抢占市场份额盲目投产，产能严重过剩；而优质浮法玻璃则保障能力不足，无法满足高档加工需要，部分高端深加工玻璃产品，如高端汽车玻璃、高速列车和飞机用超硬玻璃、硼硅酸盐防火玻璃、电子工业用超薄玻璃等仍需要进口。为解决这一问题，我国先后发布多项指导政策，淘汰低端生产工艺，鼓励企业向深加工领域拓展，这已成为玻璃行业供给侧结构性改革的重要方向。

从竞争格局看，我国玻璃行业企业较为分散，按日熔量统计，2018年全国前十大浮法玻璃生产企业市场占有率为40%，远低于同属于建材的水泥等行业，这也与2016年5月国务院办公厅出台的《国务院办公厅关于促进建材工业稳增长调结构增效益的指导意见》中提出的"到2020年，平板玻璃产量排名前10家企业的生产集中度达60%左右"仍存在一定差距。另外，与水泥行业以大型国企为主不同，玻璃行业多以小型民营企业为主，因此对玻璃价格变动和宏观经济环境的影响较为敏感，经济环境不佳时，民营企业生产经营成本大幅度上升，且融资能力有限，导致不少企业关停，甚至倒闭。

在玻璃行业的竞争格局以及严禁新建扩大产能的政策背景下，龙头企业往往通过收购兼并中小玻璃企业的方式实现产能和销售范围的扩大。除区域扩张、规模化扩张外，行业还体现出产业链深化的发展趋势，即玻璃深加工企业通过并购或资源整合，向上下游产业链延伸，以提升公司整体利润率。随着市场的整合，预计未来玻璃行业集中度将进一步提升。

案例2：福耀玻璃的扩张

福耀玻璃工业集团股份有限公司（简称"福耀集团"）于1987年成立于中国福州，是专注于汽车安全玻璃和工业技术玻璃领域的大型跨国集团，1993年和2015年分别在上海证券交易所主板和香港联合交易所挂牌上市。经过30多年的发展，福耀集团已在中国16个省份以及美国、俄罗斯、德国、日本、韩国等9个国家和地区建立了现代化生产基地和商务机构，并分别在中国、美国和德国设立了6个设计中心，全球雇员约2.7万人。目前，福耀集团已成为全球最具规模优势的汽车玻璃专业供应商，产品得到包括宾利、奔驰、宝马、奥迪、通用、丰田、大众、福特、克莱斯勒等全球顶级汽车制造企业及主要汽车厂商在内的认证和选用，并为其提供全球 OEM 配套服务和汽车玻璃全套解决方案，被各大汽车制造企业评为"全球优秀供应商"。2019 年，福耀集团在国内的汽车玻璃市场占有率超过 65%，全球市场占有率约为 25%，处于行业领先地位。

福耀集团在发展过程中多次低价并购陷入困境的玻璃生产企业或相关产业链企业，并通过其领先的技术水平和高超的管理手段"化腐朽为神奇"，成功实现产品线及区域布局的扩张。

收购双辽玻璃厂

2002 年，吉林省政府领导带队拜访福耀集团董事长曹德旺，希望福耀集团收购吉林省双辽市的一个国营浮法玻璃厂。该工厂建于 1948 年，是中国浮法玻璃最早的生产基地，但彼时已严重资不抵债，并濒临破产。经调查，该厂有员工 2300 余人，人员编制超标至少 7 倍以上，且玻璃制造质量较差，并不符合福耀集团的使用标准。起初，吉林政府希望以零对价将工厂整体划拨给福耀集团，然而账面高达 6 亿元的负债（含职工工资 3000 多万元，职工集资 5000 多万元）以及 2300 余名工人的遣散安置问题都使集团决策层不敢接手，零对价划拨意味着福耀集团获得重置成本仅需 2 亿～3 亿元的生产线却需要付出超过 6 亿元的代价。经双方协商，最终曹德旺同意接手双辽玻璃厂，前提条件是让该工厂执行破产清算程序，福耀集团以 1 亿元对价承接该生产线，优先用于清偿职工工资和职工集资，其他债权人平分重组剩余价值。也就是说，福耀集团以不到重置成本一半的价格便收购了该工厂全部资产，且工厂债务已彻底剥离，根据破产程序，相关损失由债权人承担。上述方案执行后，福耀集团正式接管双辽玻璃厂，将员工编制缩减到 200 人，派驻具有丰富经验的管理团队，并对生产线进行升级改造，很快，企业便出现了生机，双辽玻璃厂也成为福耀集团旗下第一条浮法玻璃生产线。

收购通辽玻璃厂

距离双辽玻璃厂仅 100 公里的内蒙古通辽市也有一个国营玻璃厂，建有两条浮法玻璃生产线，但由于较高负债以及人员编制严重超标，同样陷入濒临破产的境地。福耀集团董事长曹德旺带队实地考察后发现，通辽玻璃厂虽为新建生产线，但其管理状况极其糟糕，本身的资产价值也很低。然而，收购通辽玻璃厂对于福耀集团来说有着重要的战略意义：通辽玻璃厂和双辽玻璃厂距离较近，基本属于同一个市场，通辽玻璃厂此前的报价一直根据双辽玻璃厂的价格下浮，且该地区另有其他3家类似的国营玻璃厂，经营都非常困难，但为解决员工工资等短期问题，均在亏本销售，这一行为严重扰乱了当地的市场秩序，使得双辽玻璃厂在成本低于竞争对手的情况下仍难以盈利。为拥有更大的话语权，重整市场秩序，同时防止通辽玻璃厂被其他竞争对手收购后继续扰乱市场，福耀集团决定以3亿元的价格收购通辽玻璃厂（工厂建造成本8亿~9亿元），并通过与双辽玻璃厂完全一致的破产程序对通辽玻璃厂进行债务剥离和员工缩减。

收购完成后，福耀集团派驻管理层着手进行生产线升级，改善车间生产环境和工厂的生产经营管理方式，大大调动了员工的积极性，企业很快摆脱了困境。此后，曹德旺又采取多种市场手段与其他几家国营玻璃厂达成共识，约定在成本线以上进行销售；与地区玻璃经销商博弈，扼制其淡季低价囤货的行为，重整市场秩序。自此，福耀集团低价收购的双辽、通辽两个玻璃厂一举扭亏为盈，成为地区市场主导，也受到行业的高度评价。

3. 钢铁行业

钢铁行业是国家经济发展的重要支柱性产业。钢铁行业的上游是铁矿石、焦煤、电力等资源部门，下游是房地产、基建、机械制造、汽车等行业。其中，房地产和基建产生的下游需求占总需求的50%以上，因此，在需求端，钢铁行业的周期与固定资产的投资周期具有较强的关联性。2018年，我国钢铁产量为9.283亿吨，同比增长6.6%，占全球钢铁产量的51.33%。

自2011年起，我国钢铁行业的产能利用率开始进入下降通道，而与此相伴的是钢铁价格的持续下行。2015年，钢铁行业呈现全行业亏损态势，钢铁产能严重过剩，行业发展态势跌至谷底。2016年，国家开始推进供给侧结构性改革，化解产能过剩问题成为首要任务。同年11月，工信部发布《钢铁工业调整升级规划（2016~2020年）》，要求粗钢产能在2015年11.3亿吨的基础上压减1亿~1.5亿吨，控制在10亿吨以内，产能利用率由2015年的70%提高到80%，力争实现前10家钢铁企业产业集中度由2015年的34%提高至60%。2016~2018年，我国钢铁产能实际削减达到1.5亿吨以上，实现了过剩产能的快速出清，极大地改善了行业供需关系，也进一步推高了钢铁行业的盈利能力，使得行业一度进入发展的黄金期。

但是自2019年以来，随着"一刀切"式限产转变为差别化限产，限产执行力度减弱，在市场预期和行业利润的刺激下，部分钢铁企业自律缺失，生产运行普遍加快，出现"产能减、产量增"的现象，全国钢材市场供给压力明显加大；与此同时，在需求端，我国固定资产投资增速呈现明显的放缓趋势，由10%左右的高位降至5%左右的水平。供需关系再度失衡导致钢材价格持续低位震荡运行。此外，由于全球铁矿石市场面临供给冲击，铁矿石价格迅速拉涨，叠加焦炭、物流运输等成本上升，钢铁行业的利润出现明显收缩，进而导致行业盈利能力大幅下降。国家统计局数据显示，2019年1~9月，钢铁行业毛利率仅为7.8%，已降至2016年供给侧结构性改革初期水平，钢铁行业或将再次面临改革调整的巨大压力。

除产能过剩问题外，我国钢铁行业集中度较低、产品结构失衡等问题仍然存在。2016年国务院发布的《关于推进钢铁产业兼并重组处置僵尸企业的指导意见》中要求，到2025年，中国钢铁企业60%~70%的产能要集中在10家左右的大型钢铁集团中；但从2018年的数据来看（见图8-5），我国前10大钢铁企业的集中度仅为35.3%，远低于政策目标及发达国家水平。近年来，我国一直在推进钢铁企业的兼并重组，如宝钢集团有限公司（简称"宝钢"）和武汉钢铁集团公司（简称"武钢"）联合重组为中国宝武钢铁集团有限公司（简称"宝武集团"），后又重组马钢（集团）控股有限公司（简称"马钢"）；沙钢集团重组东北特殊钢集团股份有限公司（简称"东北特钢"）；北京建龙重工集团有限公司（简称"建龙集团"）重组北满特殊钢有限责任公司（简称"北满特钢"）、西林钢铁有限公司（简称"西林钢铁"）；中信泰富有限公司重组青岛钢铁控股集团有限责任公司（简称"青岛特钢"）等。

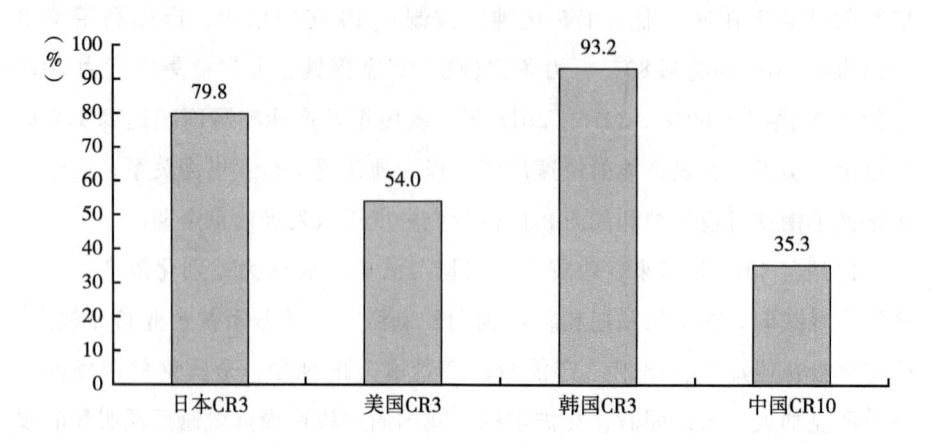

图8-5　2018年主要国家钢铁行业集中度

注：CR3、CR10分别指行业内市场份额最大的3家、10家企业占全部市场份额之比。
资料来源：前瞻产业研究院。

产品结构方面，制造业转型升级拉动了特钢的需求增长，供给侧结构性改革以及钢铁行业"十三五"规划也都明确指出特钢行业的重要性。目前我国钢铁行业产能仍以普钢为主，特钢产品占比仍较低，且主要集中于中低端产品，高端产品仍主要依赖进口。综合考虑下游市场需求和政策推动，预计我国特钢行业将逐渐进入快速发展期。集中度提高、特钢占比提升将成为我国钢铁产业结构转型的重要方向。

案例3：重庆钢铁司法重整

重庆钢铁股份有限公司（简称"重钢"）于1997年8月注册成立，1997年、2007年分别在香港联合交易所和上海证券交易所挂牌上市。重钢的前身曾为我国抗战期间最重要的钢铁企业，也是全国"十大钢铁集团"之一；但从20世纪90年代末起，因受资源、环境、结构等因素的综合制约，重钢产能偏低，工艺、设备落后，发展速度放缓，在全国钢铁行业中的重要性日趋下降。

2006年底，重钢启动环保搬迁，从重庆主城搬迁至远郊，除环保考虑外，也希望借此机会以先进的技术和工艺进行改造；但由于搬迁前期论证不充分，投资成本远高于预期，公司不得已短贷长投，造成搬迁之后每吨钢财务成本达500元左右，远远高于行业平均水平。除财务成本问题外，重钢的产品结构与目标市场、生产工艺流程和区位资源条件等严重错配，生产成本高，产品在市场上缺乏竞争力。再加上钢铁行业的整体衰退（2011年搬迁完成时，吨钢市场价格从高峰时的8000多元降到1700多元）、公司效率低下、管理层腐败等问题，重钢陷入经营困境，2011~2016年，重钢累计亏损238亿元。截至2016年12月31日，重钢账面资产总额为364亿元，负债总额为365亿元，已资不抵债；且公司现金流完全枯竭，诉讼缠身。2017年初，已有135家债权人提起219起诉讼，通过法院查封冻结重钢几乎全部银行账户，导致企业难以正常生产经营。2017年4月5日，重钢被上交所处以退市风险警示。

根据资产评估报告，以2017年7月3日为评估基准日，剔除融资租赁物后，重钢的账面资产清算价值仅186亿元，实际负债总额为417亿元，如进行破产清算，则普通债权受偿率仅有16.64%，还需要解决重钢8000多名职工的补偿安置问题，且A+H股的众多中小投资者权益归零，将产生严重的负面影响。因此，采用破产重整方式解决重钢债务问题，通过引入产业投资者使公司恢复持续经营能力和盈利能力，成为当时局面下的最优选择。2017年7月3日，重庆市第一中级人民法院做出民事裁定，至此，重钢正式进入司法重整阶段。

重钢的重整涉及400多亿元债务、8000余名职工、17万余户中小股东、2700余名债权人，是当时国内涉及资产及债务规模最大的国有控股上市公司重整、首例"A+H"股公司重整、首家钢铁行业上市公司重整，因此受到行业的广泛关注。2017年11月17日，重钢重整计划公布，确定由四源合（上海）钢铁产业股权投资基金中心（有限合伙）（简称"四源合基金"）与重庆战略性新兴产业股权投资基金合伙企业（有限合伙）（简称

"战新基金")共同组建的重庆长寿钢铁有限公司作为重钢重组方,参与对重钢的重整。

重钢的控股股东重钢集团将其持有的全部近21亿股A股股票让渡给重组方,重组方有条件受让后成为重钢的第一大股东,受让条件包括:重组方向上市公司提供1亿元流动资金,作为受让重钢集团股票的现金条件;承诺以不低于39亿元资金购买管理人通过公开程序拍卖处置的重钢下属资产;提出经营方案,对重钢实施生产技术改造升级,提升其管理水平及产品价值,确保重钢恢复持续盈利能力。此外,为实施上述经营方案,保障公司恢复可持续健康发展能力,增强各方对公司未来发展的信心,重组方承诺:自重整计划执行完毕之日起5年内,不向除中国宝武钢铁集团有限公司或其控股子公司之外的第三方转让其所持有的上市公司控股权;在重整计划执行期间,由重组方向重钢提供年利率不超过6%的借款,以供其执行重整计划。

债权清偿方面,有财产担保债权就担保财产的变现价款优先受偿,未受偿的部分转为普通债权;职工债权全额现金清偿;对于普通债权,每家债权人50万元以下(含50万元)的债权部分将获得全额现金清偿,超过50万元的债权部分,每100元普通债权将分得约15.99股重钢集团A股股票,股票的抵债价格按3.68元/股计算,使得该部分普通债权的清偿比例达到约58.84%,远高于破产清算的清偿率。

对于偿债资金来源,除资产处置所得外,还包括重组方及上市公司向国家开发银行融资35亿元资金(其中重组方申请并购贷款24亿元,重钢集团申请流动资金贷款11亿元);另外,重钢集团将以现有A股总股本为基数,按每10股转增11.50股的比例实施资本公积金转增股票,共计转增约44.93亿股A股股票,上述转增股票不向股东分配,全部由管理人根据重整计划规定进行分配并支付相关费用(如支付前述普通债权人)。

通过上述重整方案,债权人、原控股股东和重组方共同分担了公司的重整成本。重钢重整完成后,其资产负债结构得到彻底优化,同时,重钢也将继续经营其原有业务,并通过与重组方的协同逐渐恢复盈利能力,重钢集团广大中小投资者的合法权益也得到了最大限度的保护,实现了各方共赢的结果。

2017年12月29日，重庆市第一中级人民法院裁定重钢重整计划执行完毕。

本案例中的重组方四源合基金是由中国宝武钢铁集团有限公司主导，并联合美国W.L.罗斯公司（美国私募公司）、中美绿色基金（纯市场化的绿色引导基金）、招商局金融集团有限公司共同组建的中国第一支钢铁产业结构调整基金，该基金于2017年4月发起，基金总规模800亿元。四源合基金的牵头方宝武集团由原宝钢集团、武钢集团联合重组而成，于2016年12月1日成立，注册资本为527.9亿元，是国有资本投资公司试点企业，截至2019年末，资产规模超过8600亿元。宝武集团产能规模约9000万吨，位居中国第一、全球第二。2018年，宝武集团营业收入为4386.2亿元，利润总额为338.37亿元，列《财富》世界500强第149位。

四源合基金接手重钢后，在宝武集团的主导下，引入市场化的经营决策机制和经验丰富的管理团队，精简人员并重新设置激励方案，实现了重钢与宝武集团在生产、技术、管理、供销等方面的协同，从根本上激发了企业活力。重整两年来，重钢已扭亏为盈。2019年12月29日，重钢公告称，四源合基金管理人已与宝武集团签署意向书，宝武集团有意成为重钢的实际控制人。与此同时，宝武集团已于2019年9月对马钢集团实施联合重组，成为马钢集团的控股股东。随着重钢的加入，国内钢铁行业集中度将再次上升，宝武集团也将向成为全球钢铁行业领导者的目标迈进一步。

（三）总结：什么样的行业存在特殊机会产业投资者

从我国不良资产的行业分布来看，制造业和批发零售业的不良资产余额和不良资产率均显著高于其他行业。根据上市银行公布的2018年半年报，制造业、批发零售业的不良贷款余额在总体不良贷款中的占比均超过30%，合计达到60%~70%。尤其是制造业中的部分中低端制造业，因受供给侧结构性改革、国内外有效需求下降、出口风险增加、行业竞争加剧、原材料价格上涨、融资能力下降等多因素影响，成为商业银行近两年新增不良贷款的主要行业。批发零售业不良率较高，主要是由于行业进入门槛较低，参与者以民营、中小企业为主，抗风险能力较弱，而业务本身又对资金周转的要求较高，因此在宏观经济下行时容易发生资金链断裂的情形。除制造业和批发零售业外，自2018年开始，在房市调控政策持续收紧以及去通道等金融监管趋严的背景下，我国房地产行业的不良贷款规模也显著增加，尤其是三四线城市、依赖于加杠杆快速发展的中小型房地产企业，在外部环境下行的经济形势下融资成本提高，资金压力凸显。而房地产的上游行业，如水泥、钢铁、玻璃等，因其景气程度与房地产行业直接相关，也面临着较大风险。根据东方资产发布的《中国金融不良资产市场调查报告（2019）》，40.45%的受访银行和AMC预计2019年不良资产规模增加最显著的行业是建筑业和房地产业，34.24%的受访者预计是制造业（其中又以水泥建材行业和钢铁冶金行业为主）。

从产业投资者（重整方）的角度看，愿意向陷入困境的企业（被重整方）投入资金，通常需要满足以下几点要求。

一是被重整方仍拥有核心资产价值，只是因为管理不善、资金周转不到位、市场周期影响等暂时性原因导致债务危机，经过生产线改造、管理提升、资金盘活等赋能手段可恢复生产和盈利。

二是重整方本身在行业内具有一定的资源禀赋，包括但不限于技术、资金、供销资源、政府资源等，可向被重整方输出其业务和管理能力，避免其二次破产。

三是重整方和被重整方能够产生协同效应，如发挥规模优势，或通过上下游延伸提高盈利能力，或实现重整方在产品线、区域布局上的战略性拓展。

在本章的几个案例中，一方面，产业投资者均为行业中的佼佼者，拥有先进的生产能力和管理经验，有较强的重组能力，善于通过收购兼并拓展自身业务规模；另一方面，被重整方陷入困境除了行业整体下行的影响外，内部则均是由于各种非核心资产因素导致暂时性危机（山水水泥由于股权纷争，双辽、通辽玻璃厂由于人员冗余、过度负债、管理不善，重钢则是由于短贷长投、业务策略错误等）。重整方和被重整方均符合上述条件。而对于是否能够产生协同效应，则与行业本身的特点有关。不难发现，水泥、玻璃、钢铁行业均体现出以下特点。

一是周期性行业。水泥、玻璃、钢铁的下游需求均主要来自房地产和基建行业，而房地产和基建行业受经济环境和调控政策的影响较大，呈现较强的周期性。

二是产能过剩，政策推动供给侧结构性改革。水泥、玻璃、钢铁均属于我国产能过剩行业，产业结构不合理，供需关系失衡。政策均要求其严格限制增量，淘汰落后产能，提高产业集中度。

三是规模优势明显。水泥、玻璃、钢铁均为重资产行业，固定资产投入大，产品同质化程度较高，规模化可带来固定成本摊薄、上下游议价能力增强等优势，可大大提升盈利能力。

四是区域性较强。水泥和玻璃均有不易存储或运输的特点，产品的销售半径有限，使得市场竞争格局体现出区域内集中度较高的特点，龙头企业通过收购兼并可快速实现多区域布局。

周期性、产能过剩的特点使得行业容易出现核心资产价值尚存、但因市场原因陷入困境的企业；规模优势明显和区域性较强的特点则使得产业投资者对困境企业进行重整后可实现较强的协同效应和战略意图，这也是产业投资者参与特殊机会市场的根本动机。

综上所述，我们认为特殊机会产业投资者活跃的行业通常具有周期性强、规模优势明显、区域性较强的特点，政策推动行业内收购兼并则成为进一步的助推因素。本章案例企业上下游涉及的建材行业，以及房地产、能源、化工、船舶、工程机械等行业均符合此类特征。

二　特殊资产市场的财务投资者

（一）定义及描述

财务投资者的主要投资目的是获取直接的财务回报，通常在买入时就有相对明确的退出时间和退出路径,而不是以获得持续经营的资产为目的。与产业投资者相比,财务投资者的投资持有期间通常较短。

财务投资者在不良资产产业链上发挥了重要的作用。主要表现如下。

其一,由于金融不良资产的风险往往集中爆发,财务投资者为不良资产在时间上和空间上的转移提供了"蓄水池"和"缓冲器"功能。

其二,二级市场的财务投资者具有价格发现功能,为市场提供了流动性,促进风险资产向其真实价格回归。

其三,财务投资者的投资标的范围更广,风险容忍度更高,可与产业投资者形成互补与合作。即使是有持续经营价值的资产,当其处于债务违约或困境状态时,往往并不适合产业投资者直接参与;此时需要财务投资者在前期买入与修复之后,才能转变为产业投资者适合参与的状态。

特殊资产的财务投资价值在于其市场价格因流动性、经济周期、资管能力缺陷等因素而被低估,但其内在价值仍真实存在,投资者投前通过基本面分析进行价值发现和风险定价,投后通过跨周期持有和主动管理进行价值修复和价值实现,进而获取特殊资产的投资收益。

财务投资者投资特殊资产的收益来源主要包括以下五方面。

1. 折价买入

以大幅折让的价格买入底层资产,是特殊资产独有且重要的收益来源。

2. 持有收入

持有资产带来的当期收入(如租金、利息等),可为投资者提供较稳定的现金流。

3. 运营增值

通过主动运营管理、资产重整等提升资产价值。

4. 跨周期升值

通过跨周期持有,标的资产随宏观经济或行业的整体向好而实现升值。

5. 退出收益

在资产真实价值的基础上,通过转售、资产证券化等方式将持有资产出售,或通过资本市场退出,实现超额收益。

随着我国宏观经济进入结构调整期，以及政策层面加速风险真实披露，我国不良资产的供给规模达到历史高位。金融机构具有强烈的出表需求，持牌 AMC 自身处置能力不足，库存高企，这些刚性需求均为市场上的财务投资者提供了体量巨大且回报率较高的投资机会。本轮不良资产周期开启以来，各类财务投资者进入特殊资产行业的投资热情高涨，甚至推动市场走向泡沫化。2018 年开始，随着前期盲目进入市场的非专业化投资机构陷入自身流动性差或处置不力的问题，特殊资产投资市场从 2015~2017 年的过度繁荣逐渐回归理性，这也为留存下来的专业财务投资者提供了更好的投资环境和投资机会。

（二）主要财务投资者

1. 银行系投资平台

（1）直接投资业务平台。

商业银行通过其直接投资业务平台开展对不良资产的投资业务。以中国银行全资附属子公司中银集团投资有限公司（简称"中银投资集团"）为例，中银投资集团由中国银行于 1984 年 12 月在香港注册成立，是中国银行从事直接投资业务的主要载体和平台。作为中国银行的专业投资管理公司，中银投资集团曾在境内外进行多种形式的投资活动，业务范围涵盖企业股权投资、基金投资与管理、不动产投资与管理和不良资产投资等。

据中银投资集团披露，其不良资产投资方式为对金融机构持有的不良债权、不良股权和不良实物资产进行收购、管理和处置，主要通过打包批发收购后分拆零售处置，赚取批零差价。对其中个别有较大增值潜力的重点项目则通过实施追加投资、资产置换、债务重组和债转股等运作手段，挖掘和提升项目价值后进行转让退出，获取增值收益。其投资标的以中银投资集团内部不良资产为主，兼顾集团外不良资产。

中银投资集团于 1993 年 3 月在北京成立全资附属机构——中银投资有限公司（简称"中银投资"），作为中银投资集团在中国内地进行股权投资、不良资产投资以及不动产投资的业务平台与投资管理的总部公司，注册资本为3.55亿美元。据其官网披露，其不良资产投资业务累计投资和管理资产超过50亿元，包括银行不良债权资产包、银行抵债资产包、四大金融AMC结构交易资产包、单体项目等。项目来源包括中国银行系统内总行与各分行的公司业务、个金业务和授信部门各条线，其他商业银行的AMC、信托公司、保险公司、基金公司、地方政府、国资管理公司，以及大型企业集团等。投资区域以珠江三角洲、长江三角洲、环渤海等沿海区域为重点。

（2）金融资产投资有限公司（AIC）。

2016年10月，国务院发布《关于市场化银行债权转股权的指导意见》，标志着市场化、法治化的银行债权转股权正式启动。文件中明确了市场化债转股的实施方式，即银行应通过向实施机构转让债权、由实施机构将债权转为对象企业股权的方式实现；同时支持银行充分利用现有符合条件的所属机构，或允许申请设立符合规定的新机构开展市场化债转股。2017年8月，中国银监会发布《商业银行新设债转股实施机构管理办法（试行）》（征求意见稿），文件中指出，商业银行可新设金融资产投资公司，以债转股为目的，收购银行对企业的债权；可将债权转为股权，并对股权进行管理；对于未能转股的债权进行重组、转让、处置等管理。在此背景下，中国五大国有商业银行先后设立金融资产投资公司，作为商业银行旗下从事债转股相关业务的专业实施机构（见表8-1）。

表8-1 国有商业银行下设的金融资产投资公司概况

名称	股东	注册资本	成立日期	注册地
建信金融资产投资有限公司	中国建设银行	120亿元	2017年7月26日	北京
农银金融资产投资有限公司	中国农业银行	100亿元	2017年8月1日	北京
工银金融资产投资有限公司	中国工商银行	120亿元	2017年9月26日	南京
中银金融资产投资有限公司	中国银行	100亿元	2017年11月16日	北京
交银金融资产投资有限公司	交通银行	100亿元	2017年12月29日	上海

资料来源：作者整理。

作为商业银行旗下专业从事债转股及配套业务的实施机构，金融资产投资有限公司得到来自政策、资金、总行及其股东客户资源等多方面的支持，拥有独特优势。以最早成立的建信金融资产投资有限公司（简称"建信投资"）为例，在资产端，建信投资针对正常类企业和风险及不良类企业分别采用不同的模式开展债转股业务。

第一，正常类企业。主要通过发股还债模式（以现金对价受让老股或直接增资，股权转让款或增资款专项用于标的企业偿还存量债务）或收债转股模式（向金融机构收购企业债权，后续将债权转换为对标企业的股权）开展业务。

第二，风险及不良类企业。主要通过收债转股模式（向金融机构收购企业债权后转股，推动企业有序重组，减少破产重整的冲击）或以股抵债模式（企业在严重资不抵债的情况下通过向债权人发行股份以抵销债务）开展业务。

资金端，除公司自有资金外，建信投资也通过发行市场化债转股投资计划、市场化债转股私募股权投资基金等产品募集社会资金，自身作为管理人进行投资管理。

截至2019年3月31日，建信投资累计签署市场化债转股合作意向框架协议项目共77个，签约金额总计约7257亿元，落地金额约1600亿元，处于同业领先地位。公司目前市场化债转股业务实施对象以央企及地方国企为主，截至2018年12月31日，公司与央企及地方国企签署的框架协议金额及实际落地金额占比分别为96.4%和90.6%。

银行成立专门开展债转股业务的全资子公司可在表内不良资产真实转出的同时实现不良资产处置收益的最大程度内化；同时，由于银行自身对于转股项目的情况具有深入了解，有利于其有效定价，以及后续债转股及重组工作的开展，从而缩短处置时间，争取更大的处置收益。预计未来还将有更多银行探索设立独资或合资的资产管理子公司专司债转股业务，主动剥离自身的不良资产。

2. 私募投资基金

自2014年开始，我国新一轮不良资产投资周期开始显现，国内部分私募投资机构也开始进军不良资产管理领域。发展初期，私募投资机构通常采用与持牌 AMC 合作的方式参与不良资产一级市场，例如，地方 AMC 海南海德实业股份有限公司（简称"海德股份"）与上海瑞威资产管理股份有限公司（简称"瑞威资本"）合作设立私募基金，就不动产领域的不良资产管理项目开展合作；地方 AMC 上海睿银盛嘉资产管理有限公司（简称"睿银盛嘉"）与硅谷天堂资产集团股份有限公司（简称"硅谷天堂"）共同发起设立不良资产投资基金和债务重组基金等。在该种模式下主要依赖绑定的持牌 AMC 进行项目获取和处置。

随着不良资产投资市场的发展，国内涌现出一些更加独立、专业的私募股权投资机构，参与不良资产的二级市场和真实处置业务。这些机构具有高效的市场化机制，并具有不良资产投资管理经验的专业团队，通常采用多样化的投资和处置策略，综合配置债权、股权、实物资产等投资标的，并通过自有团队或外部服务商实现资产的价值恢复和价值提升，从而获取退出收益。

在私募投资基金的融资端，出于对抵御风险和均衡配置的考虑，经济下行周期中的机构投资者也倾向于加大对不良资产投资基金，尤其是保险公司、国有背景基金、产业投资者、大学教育基金会等的配置比例，将不良资产投资基金作为资产配置中不可或缺的组成部分。而这些长线资金的进入有助于不良资产投资基金对标的资产进行跨周期持有及改造升值，而并不像传统不良资产投资机构那样，迫于短期资金压力仅赚取买卖差价，而非进行真实处置。

目前，国内市场上在不良资产投资领域具有较高专业度的私募基金管理人包括鼎晖投资（简称"鼎晖"）、鼎一投资、海岸投资等。以鼎晖为例，鼎晖旗下的夹层与信用投资部门于 2016 年开始发展特殊机会投资策略。截至 2019 年 12 月，该策略下已投资项目 20 个，累计收购不良资产 110 亿元；项目类型包括困境不动产重整、不良资产包、违约债券重组、不良资产证券化等；投资回收情况良好，已退出项目平均收益率达到 20% 以上。

鼎晖将其已投项目分为三类，具体如下。

一是基于流动性折价的投资。标的资产由于特殊原因导致价格被低估，但内在价值仍存在。例如，鼎晖已投的某笔违约债券项目，由于企业股东之间出现纠纷，其债券在二级市场上被恐慌性抛售。鼎晖通过对该企业的长期跟踪判断，认为其基本面良好，因此折价收购了该企业的部分债券，并最终以较高的收益率实现了完全退出。

二是基于资产跨周期升值的投资。例如，鼎晖2017年投资的某银行按揭不良贷款资产证券化项目。通过尽职调查，鼎晖判断其底层资产具有明显的升值趋势，故以高于竞争对手的出价竞得该资产劣后级份额。回收过程中，很多底层债权的回收率达到了110%（含利息），从而验证了鼎晖的投资判断，以时间换回报，最终获得了较高的退出收益。

三是基于主动管理创造价值的投资。对于困境不动产重整、公司重组以及部分不良资产包的投资，主动管理实现资产升值是基金退出的重要保障。鼎晖曾投资于上海市的某商业物业，经过烦琐的债务清理、政府沟通、更换租户、寻找运营服务商等工作，最终实现了物业平均租金提升50%。鼎晖拥有超过17年的投资经验以及跨平台的产业资源，将其运用到不良资产的主动管理过程中，从而实现了高于行业的投资回报。

近年来，除传统不良资产以外，违约债券的投资机会也吸引着私募基金投资人的关注。截至2020年5月末，我国银行间市场和交易所信用债市场累计约有4261.85亿元债券违约，涉及违约主体163个。如果将尚未违约的高收益债券也包括在内，截至2020年5月末，到期收益率高于10%的高收益债券规模达到4350亿元以上，评级以AA-以下居多，即已经违约或已处于违约边缘。

二级市场上，已违约或濒临违约的债券大幅贬值，折价率可达到50%甚至70%，不少私募债券基金都瞄准了违约债券市场的投资机会，以超低价格买入问题债券，以期高价卖出，或者等待企业恢复正常运营，或通过债务重组实现大比例兑付，从而获取超额收益。也有部分私募股权投资基金将违约债券和债务人的其他不良债权、股权收购等结合起来，通过对相关公司进行重整，获得长周期回报。2014~2020年债券市场新增债券违约主体数量及债券违约规模见图8-6。

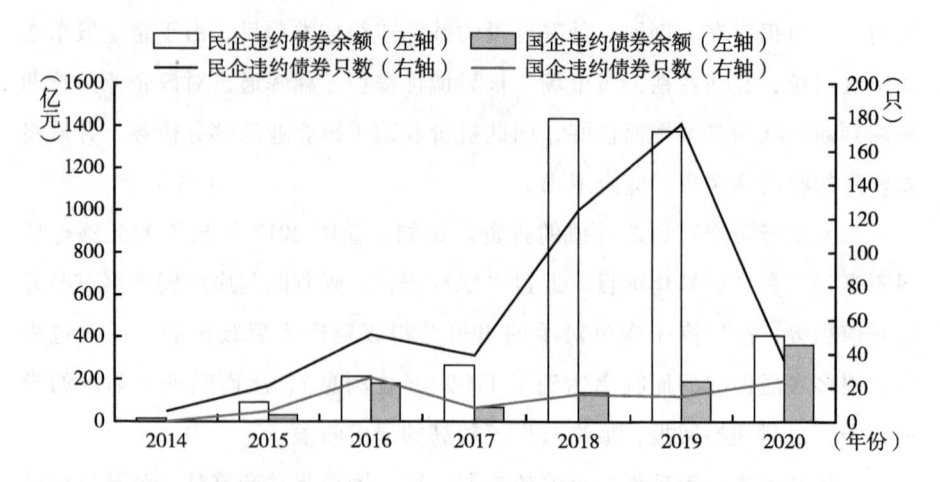

图 8-6　2014~2020 年债券市场新增违约主体数量及债券违约规模

注：2020 年数据截至 5 月末。
资料来源：Wind。

事实上，在二级市场较为发达的北美和欧洲市场，违约债券或高收益债券是特殊机会投资机构的重要投资标的。全球最大的特殊机会投资机构美国橡树资本管理有限公司（简称"橡树资本"）即以高收益债券业务起家，高收益债券业务在其管理资产规模（AUM）中占较大比重。然而，由于国内债券市场的流动性较低，相关金融工具匮乏，我国困境债券投资策略尚处于摸索期。

为提高违约债券市场的流动性，强化市场的风险定价功能，交易所和银行间市场均开始设立特定债券转让安排。2019 年 5 月 24 日，上海证券交易所和中国证券登记结算有限责任公司（以下简称"中国结算"）联合发布了《关于为上市期间特定债券提供转让结算服务有关事项的通知》（上证发〔2019〕59 号）、《关于为挂牌期间特定非公开发行债券提供转让结算服务有关事项的通知》（上证发〔2019〕60 号），深圳证券交易所和中国结算联合发布了《关于为上市期间特定债券提供转让结算服务有关事项的通知》（深证上〔2019〕303 号）、《关于为挂牌期间特定债券提供转让结算服务有关事项的通知》（深证上〔2019〕304 号），搭建起违约债券专门的处置交易平台。中国人民银行也于 2019 年底发布银行间市场针对违约债券的特定债券转让政策，并于 2020 年 2 月 1 日起开始实施。不过从目前的实施情况看，实际进入特定债券转让安排的债券规模较少，整体流动性也偏弱。截至 2020 年 5 月末，违约债券交易规定出台已逾一年，但仅有 41 只债券在通过特定债券转让安排进行转让，债券余额合计 249.27 亿元，仅占交易所违约债券总规模的 13.9%。

除流动性问题外，我国违约债券整体兑付率较低。从整体上看，自 2014 年发生首次债券违约至今，所有违约债券累计兑付本金金额占违约债券总金额的比例约为 7.5%。分年度看，当年违约债券兑付金额占当年违约金额的比例从 2014 年的 84.7% 大幅下降至 2019 年的 8.3%，若进一步剔除以前年度违约债券在本年的兑付额，则 2019 年当年违约回收率不到 3.5%。从我国违约债券的兑付情况来看，最终能否偿还仍取决于较多外部因素，如是否获得地方政府支持、是否遇到再融资的窗口期，等等，不确定性较强；通过债务重组、破产重整获得兑付的违约债券仍相对较少。

由于目前我国违约债券市场流动性较弱，市场充分定价机制尚未形成，且违约主体基本面整体偏弱，对于投资者来说，既是机遇也是挑战。能否对违约主体的基本面以及外部环境的走向形成准确判断，是财务投资者能否获得超额回报的关键所在。例如，鼎晖曾经投资山水水泥违约债券，考虑到山水水泥的违约主要是由于股权纷争，公司本身资产质量良好，且随着水泥行业去产能的持续推进，市场环境向好，公司可依赖日常经营现金流分期偿还债券。鼎晖在该笔投资上已获得本金的全额偿付，并实现了高达 30% 的年化收益率。

未来，风险定价、主动管理和精细化管理的能力将成为私募投资基金在不良资产投资领域形成长期竞争力的重要方面。私募投资基金更加深入和广泛地参与到不良资产行业中，有助于进一步推动我国不良资产投资的市场化交易，有效调动社会资本，加速不良资产的处置进程。

3. 保险公司

我国保险公司主要采用设立保险资产管理机构和自主投资两种方式运用保险资金。截至 2018 年末，我国保险资金运用余额达 16.41 万亿元，已有正在营业的综合性保险资产管理公司 25 家，对应的资金管理规模占比高达 73%。

保险资金具有体量大、投资期限长、追求稳健收益和资产安全的特点，其配置方向仍以固定收益率类资产为主（约占50%）。不过近5年来，随着固收类资产的收益率下降，以及保险投资渠道的多样化，保险资金投资固收类资产的占比不断下降，另类投资比例显著增加，2014~2018年，另类投资占比由23.7%增长至39.1%。

无论从资产久期还是风险特性来看，不良资产投资与保险资金均具有一定的契合性，尤其在经济下行周期中，作为逆周期的投资品种，不良资产投资在风险可控的同时，所具备的高收益性也受到保险资金的关注。保险资金参与不良资产投资，有利于缓解资金配置压力；此外，通过不良资产投资，保险资金还可以以较低的成本获取医疗、养老、汽车等保险公司配置产业链上的相关资源，实现协同效应。

2016年10月，国务院发布《关于市场化银行债权转股权的指导意见》，鼓励包括保险资产管理机构在内的多种类型实施机构参与开展市场化债转股。2017年5月，中国保监会发布《关于保险业支持实体经济发展的指导意见》，支持保险资金发起设立债转股实施机构，开展市场化债转股业务；支持保险资产管理机构开展不良资产处置等特殊机会投资业务、发起设立专项债转股基金等，进一步明确了保险资金投资不良资产的合规性，为其布局不良资产投资业务提供了政策支撑。

保险公司参与不良资产投资业务，主要包括直接参与和间接参与两种方式。

（1）直接参与。包括发行以不良贷款、非银行金融机构不良资产以及企业应收账款坏账等为基础资产的资产支持计划，设立债转股实施机构或债转股基金，直接收购不良资产包等。

目前，保险公司在不良资产的渠道来源、风险定价、运营管理和处置等方面能力有限，因此其直接投资比例较小，仍以相对熟悉的债权类产品为主，风险收益均相对较低。

（2）间接参与。包括投资资管、信托等金融机构发行的不良资产证券化产品，以有限合伙人（LP）的形式投资不良资产私募股权基金，设立或入股地方资产管理公司等。间接参与是目前保险公司参与不良资产投资的主要方式。

截至目前，多家保险机构已入股地方 AMC。例如，中国平安保险集团股份有限公司（简称"中国平安保险"）入股深圳市招商平安资产管理有限责任公司和重庆富城资产管理有限公司，幸福人寿保险股份有限公司（简称"幸福人寿"）入股山东省金融资产管理股份有限公司，东吴人寿保险股份有限公司（简称"东吴人寿"）入股苏州资产管理有限公司，国寿财富管理有限公司（简称"国寿财富"）入股广西金控资产管理有限公司等。

2016 年 10 月，中国人寿保险（集团）公司（简称"中国人寿集团"）及其旗下中国人寿财产保险股份有限公司（简称"国寿财险"）分别出资认缴广州鑫汇产业投资基金，募集资金专项用于收购招商银行不良资产包。此外，鼎晖于 2020 年新设的特殊机会投资基金也受到众多保险机构的关注。通过投资专业的私募股权投资基金，间接地综合配置债权、股权、实物资产等不良资产的投资模式，保险公司可在实质风险可控的基础上获得更高的超额收益。

近几年来，越来越多的保险公司已明确表示对不良资产的投资意向，保险资金的入局将为不良资产行业带来更大体量的资金和更多的市场机会。对于保险公司来说，在自身投资管理团队专业度有限的情况下，通过与 AMC 或专注于不良资产投资的资产管理人展开合作，保险公司可充分利用外部专业力量获取不良资产投资收益，同时也可以以产业链整合为目标，寻找上下游产业链上的特定投资机会，更好地服务实体经济。

三 特殊资产市场的外资投资者

外资投资机构参与中国内地不良资产市场发端于 21 世纪初，与四大金融 AMC 的成立和业务开展相伴。2001 年 10 月，财政部、中国人民银行和对外贸易经济合作部联合发布《金融资产管理公司吸收外资参与资产重组与处置的暂行规定》，为境外投资者参与中国不良资产的处置提供了制度依据。同期，华融资产、东方资产分别以不良资产包公开招标、不良资产包权益对外投资等方式引入境外投资者参与不良资产市场。当时，国际众多的投资银行、商业银行和专注特殊机会的基金参与踊跃，并分别以合资、独资、合作等方式在国内配套成立了清收服务商。

2004～2005年,中国银行、中国建设银行、中国工商银行在上市前通过市场化的方式再次剥离约3万亿元的不良资产,进一步增加了特殊资产的市场供给。

自2006年开始,出于控制宏观风险、控制投机性境外资金大量流入从而冲击资产价格等考虑,监管层将外商投资房地产由允许类调整为限制类,并在实践操作中严格限制境外资金投资境内房地产;同时,伴随着金融不良资产一级市场特殊资产存量的急剧下降,外资机构参与不良资产市场的活跃度也开始下降。

自2014年开始,国内金融体系不良资产逐渐暴露,新一轮不良资产投资周期开始显现。2016年,监管层转而鼓励外资进入中国市场化解不良资产问题,并将外商投资房地产由限制类调回允许类,支持外资设立投资企业(WOFE)进行投资。在此背景下,外资投资机构重新开始组建本地团队,以日益高涨的热情参与到中国不良资产投资的热潮中来。

目前,直接参与中国特殊资产行业的外资投资机构主要是包括专注于特殊机会的资产管理机构、特殊机会投资基金(如Blackstone、Oaktree、Lonestar、BainCapital、Carval、PAG等),也有一些大型商业银行、主权投资基金通过投资于专门基金、为投资基金配资等方式,间接参与中国的不良资产投资。

关于外资参与境内不良资产,目前还缺乏权威的统计数据。部分市场机构根据不完全信息做出了自己的统计和估算。综合深圳前海金融资产交易所、普华永道会计师事务所近三年来通过国家发改委、国家外汇管理局(简称"国家外管局")、中国人民银行跨境办(中国人民银行宏观审慎管理局下设跨境人民币业务处,该业务处在人民银行各城市中心支行下设"跨境贸易人民币结算试点工作办公室")等各个渠道获取的批准或备案的跨境不良资产交易数据,2016～2019年我国跨境不良资产转让成交金额分别约为15亿元、31亿元、66亿元和60亿元人民币(见图8-7)。可以看出,近几年来,与我国不良资产整体市场规模相比,境外资金进行不良资产投资的绝对金额仍然很小,但2015～2018年近似逐年翻倍,2019年又有所放缓。

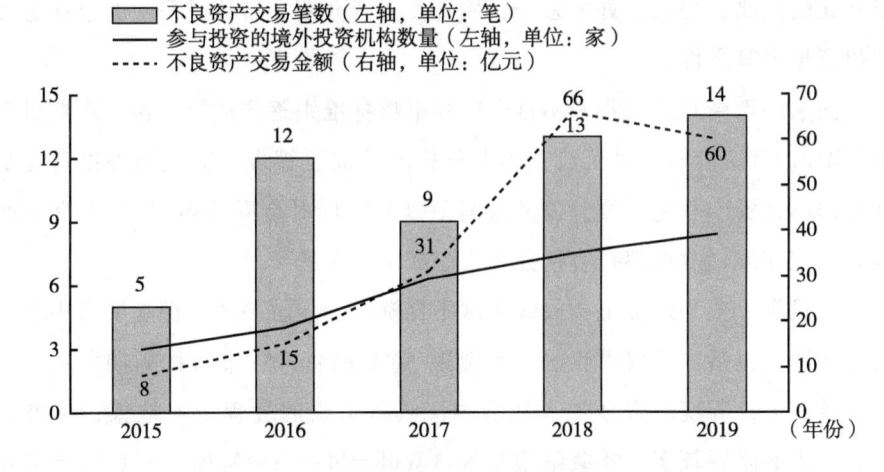

图 8-7 2015~2019 年境外投资人收购不良资产交易笔数和金额、
参与投资的境外投资机构数量

资料来源：前海金融交易所、CDH、PWC。

目前，境外投资机构投资中国境内不良资产属于跨境资本流动，符合政策要求的参与模式主要包括以下几种。

（一）直接从 AMC 收购不良资产

这是自上一轮周期中外资机构最多采用的投资方式。主要适用的政策是《国家发展改革委关于做好对外转让债权外债管理改革有关工作的通知》（发改外资〔2016〕1712 号）（简称"国家发改委《通知》"）、《国家外汇管理局关于金融资产管理公司对外处置不良资产外汇管理有关问题的通知》（汇发〔2015〕3 号）、《国家外汇管理局关于进一步改进和调整资本项目外汇管理政策的通知》（汇发〔2014〕2 号）等。

其中，国家发改委《通知》指出"境内金融机构向境外投资者转让不良债权，形成境内企业对外负债，适用《国家发展改革委关于推进企业发行外债备案登记制管理改革的通知》（发改外资〔2015〕2044 号）有关规定，统一纳入企业外债登记制管理"。国家发改委《通知》还要求，境内金融机构对外转让不良债权，应向国家发改委提出登记申请，申请中应包括债权转让的概况、协议、处置公告、境外投资者介绍、转让过程中的公证书及法律意见书等文件。

国家外管局对跨境投资不良资产的审核标准则逐步放松，包括取消对金融 AMC 涉及跨境转让外汇收支和汇兑核准的前置管理、简化境外投资者受让境内不良资产登记手续，以及取消国家外管局对金融 AMC 处置不良资产收入结汇核准，改由银行直接办理入账或结汇手续。

该投资方式为外资机构收购中国不良资产的传统模式，但在实操中存在各种问题，包括：①仅可收购四大金融 AMC 的资产；②审批周期较长，不确定性较大；③境外资金汇入和境内清收款汇出的过程中各地银行标准不一，受到的阻碍较多；④缴纳预提税（Withholding Tax）时，不良资产清收过程中发生的投资成本之外的处置费用不得抵税，且可能被要求逐户而非整包计税，造成额外的税收成本。

（二）通过特定自贸区交易所购买不良资产

自 2016 年起，为落实自贸区金融创新政策，进一步推动资本项目简政放权，提高行政效率，国家外管局在深圳开展试点，进一步简化外资跨境投资不良资产的限制。2017 年 5 月，国家外管局正式批复深圳外管分局试点辖内银行开展不良资产跨境转让，期限为一年，由此，深圳成为全国首个获得授权自行审核管理辖内机构不良资产跨境转让业务申请的试点地区。

2018 年 5 月 8 日，国家外汇管理局批复同意深圳分局继续在辖内开展银行不良资产跨境转让试点，转让类型为境内银行不良资产的对外出让。国家外管局同意深圳分局在以下三个方面对银行不良资产跨境转让试点进行升级：一是取消试点期限限制；二是将试点业务由深圳分局逐笔审核改为逐笔事前备案；三是允许通过外债账户接收境外投资者汇入的交易保证金。同年，《国家外汇管理局广东省分局关于进一步促进跨境贸易投资便利化的指导意见》将这一试点进一步放开至广东省内的资产交易平台，并同意因试点业务形成的外债不纳入资产交易平台的跨境融资风险加权余额计算。

需要说明的是，国家外管局在广东不良资产跨境转让试点的转让方并不仅局限于辖内的金融机构，实际上，全国的金融机构均可在广东辖内的金融资产交易平台进行跨境转让。前述金融资产交易平台为吸引客户来平台挂牌交易或进行跨境手续，也着力培育完善相关的配套服务，并在资金跨境收付、交易结构安排、结购汇便利、税务统一代扣代缴方面均有全新的制度安排，使原来长达数月的政府备案流程缩短到两周，交易确定性大大提高，外资基金更有竞争力。

自贸区交易所模式的主要优势在于：①通过试点的金融资产交易平台的外债专户可实现T+0资金汇出，渠道畅通；②审批和办理流程短，通常7个工作日内即可完成审核、外汇输入输出和外债登记工作；③前交所作为税务代扣代缴义务人，帮助投资人完成税务申报，且计税时可抵扣境内发生的处置费用，整包计税，降低税收成本。

（三）设立境内外商独资企业（WOFE）

目前已有数家外资机构在境内成功设立外商独资企业。其中，高盛集团于2018年1月在上海自贸区成功设立了第一家外商独资企业。之后，龙星基金（Lone Star Funds）先后在上海自贸区和北京分别注册了外商独资企业。此外，佳沃（CarVal）也于2019年5月与其他资管机构集中签约，入驻上海陆家嘴金融城，同时还在境内参股了国内领先的不良资产处置服务机构。

通过独资/合资模式在境内设立公司主体，其优势在于：①投资模式更为灵活。作为境内法人实体，除四大金融AMC之外，也可收购地方AMC、其他非持牌AMC或金融机构非批量转让的不良资产；②投资范围更广，除了投资不良债权外，也可投资实物资产、股权资产，并参与单体重整项目。

由于以物抵债、债转股等操作往往需要境内主体参与，独资/合资模式的主要劣势在于需要多承担一层公司所得税；不过公司可在一定比例内使用股东借款以降低所得税，部分外资机构也可以通过与税务局的沟通获得一定的税收优惠。

（四）其他非传统不良债权的跨境投资方式

例如，通过申请银行间债市的交易资格投资不良资产证券化份额，国际金融公司（IFC）作为银行间交易商协会成员已投资若干资产支持证券（ABS）产品；通过人民银行跨境办公室审批通道投资非金融机构不良资产（如委贷、股东借款等，但需要持牌 AMC 扮演通道角色）等。

与此同时，中国的金融资产管理（不良债务）服务也成为中美经贸协议谈判中的重要内容之一。2020 年 1 月，中美签署第一阶段经贸协议。据财政部官网披露的信息，在中美经贸协议的金融资产管理（不良债务）服务中，双方承认在不良债务服务领域存在互利互惠的机会，并愿在该领域共同促成更多机会。具体而言，美国将继续允许中国金融服务提供者在美参与不良贷款的收购和处置；中国应允许美国金融服务提供者从省辖范围牌照开始申请资产管理公司牌照，使其可直接从中资银行收购不良贷款；中国在授予新增的全国范围牌照时，应对中美金融服务提供者一视同仁，包括相关牌照的申请与审批等。

国际投资者参与中国不良资产市场具有一定的优势，也对促进国内特殊资产市场的发展起到了积极作用。主要体现在以下几方面。

一是引进国际资本和管理经验。国际投资者的资金来源通常包括主权财富基金、养老基金、捐赠基金等机构投资者。此类基金拥有可投资资金体量较大、期限较长、境外融资工具灵活等优点，在投资较大规模资产包及地产重整类项目上具有较强的竞争力。

由于境外的金融市场周期与国内并不同步，境外资本往往可以在不同的市场跨周期、跨地域进行投资套利。例如，2001~2005 年，国内金融机构风险积聚较高，银行的贷款、抵押品以及自身的股权价格都处在低位，大量境外资本涌入境内，以较低的价格取得资产，获取了丰厚的回报。2008 年，境外资本通过投资退出，反哺金融危机中遭受重创的境外母体机构。2015 年，当国内金融市场流动性充裕时，美国橡树资本管理有限公司（Oaktree Capital）（简称"橡树资本"）也与国内财富管理机构合作，募集了一只特殊机会基金参与橡树资本美国的特殊机会基金,这是国际资本反向跨境套利的一个例子。2014年以来,越来越多在欧债危机中投资获利颇丰的特殊机会投资者,开始将注意力转向中国市场,积极开拓业务机会。

同时,国际投资者进入特殊资产领域的时间较长,在投资风险管理体系等方面积累了较为丰富的经验,培养了细分领域的专业人才。这些经验和人才伴随着外资机构业务的开展,也向境内的从业机构进行扩散,包括招募本土金融从业人员进行专业化培训、成立本地化的资产服务公司等。

二是提升了市场活跃度。知名外资投资机构的一举一动往往备受市场关注。例如,2020年2月,北京地方金融监管局公告称,全球知名投资管理公司橡树资本的全资子公司——Oaktree(北京)投资管理有限公司已于2月17日在北京完成工商注册,注册资本542万美元。橡树资本是全球知名的特殊机构投资机构之一,结合前期中美贸易谈判第一阶段协议中放开金融资产管理(不良债务)牌照申请的北京,很多媒体和市场从业人员将这条新闻解读为橡树资本获得了中国首张地方AMC牌照。

实际上,一般意义所指的地方AMC牌照是指银监会公布的,可以在省内或区域内直接从金融机构批量收购不良资产的投资管理机构。通常要求实缴注册资本不低于10亿元人民币。显然,橡树资本本次成立的机构并不是一般意义上的地方持牌AMC。

外资投资机构跨境投资也存在一些明显的挑战,主要包括:一是对我国市场环境、司法与监管体系的熟悉度较低,决策者距离终端市场较远,无法对投前投后发生的市场变化做出快速适当的响应;二是运营成本较高,资金汇入汇出时面临审批不确定性和汇率损失,从而降低最终收益率;三是短期内难以形成强有力的处置服务体系,而与之合作的本土服务商能力又参差不齐。

四 总结与展望

随着我国宏观经济增速放缓,以及"去杠杆""去产能"等供给侧结构性改革的深入，不良资产供给规模持续增长，而金融机构体系的处置能力不足；政策层面逐步放开行业准入，鼓励社会资本参与不良资产的去化。在行业供需变化和政策支持的双重推动下，不同类型的财务投资者纷纷涌入特殊机会投资市场。财务投资者虽然主要参与我国不良资产行业的二级市场，处于产业链的远端，但其活跃度较高，专业能力较强，在促进我国不良资产行业的市场化发展以及不良资产的真实处置过程中发挥着重要的作用。

虽然我国特殊机会投资者整体发展较快，但结构性分化较大，各类投资者在资源禀赋、资产选择、投资模式、处置能力方面存在较大差别。尽管私募投资基金和民营资产管理公司差异较大，但头部参与者对不良资产的风险定价和运营处置具有较高的专业度，也是目前市场上最为活跃的投资者，尤其是二者合作可实现资金和专业上的优势互补；银行系投资平台具有渠道来源的天然优势，但其投资行为仍以消化银行体系内部不良资产、降低银行损失为主要目标，纯粹出于盈利目的进行对外投资的行为仍相对较少；保险公司作为较晚入场的投资者，在不良资产方面尚未建立起专业的投资和管理团队，主要依赖AMC或其他机构投资者进行间接投资；外资投资机构在本轮周期内卷土重来，拥有较强的专业度和资金优势，但在本土经验上仍有所欠缺，且投资体量仍相对较小，随着我国金融体系逐渐对外放开，未来外资机构有望在市场中发挥更大的作用。

根据东方资产发布的《中国金融不良资产市场调查报告（2019）》，74.25%的资产管理公司受访者认为四大金融AMC在2018年公开出售不良资产最主要的买家是民营企业，包括民营资产管理公司、私募投资基金、上市公司等，而认为主要买家是地方资产管理公司和外资的受访者则分别占10.4%和4.95%。近两年来，地方AMC不断收缩买包规模，以开展通道和受托类业务为主，民营投资者已经成为不良资产二级市场的重要参与者；而外资投资机构在国内不良资产市场的地位仍然相对较弱。但从参与的积极性来看，调研结果显示，部分外资投资机构持续看好中国不良资产投资市场，叠加政府陆续出台的宽松政策，较国内投资者更加积极。

从财务投资者的投资回报来看，2017年，我国不良资产市场出现了非理性抢包的过度繁荣，不良资产包价格虚高，使得投资者利润空间受到极大的侵蚀。从2018年下半年开始，随着供给规模持续增长以及处置难度不断加大，市场逐步回归理性。据长城资产统计，2018年，特殊资产一级市场不良资产包价格回落5%~10%，为财务投资者带来了更好的市场机会。根据东方资产调研结果，2018年，64%的受访者认为投资者购买不良资产的预期收益率高于15%，其中超过一半受访者认为预期收益率高于20%，较2017年调研的投资者预期收益率有明显回升。

与此同时，随着特殊资产市场的逐步成熟，以及投资者对市场认知和自身谨慎度提高，投资者不再盲目哄抢资产包，而是更注重通过深入尽调实现对资产的真实价值进行判断，估值报价也更加谨慎。调查显示，投资者开展业务除盈利空间以外的主要考虑因素，已从前几年的市场占有率转变为风险控制，避免形成二次不良；影响成功收购的主要障碍，也由买方竞争激烈转变为价格分歧较大和处置难度较大。

随着市场回归理性，不良资产的运营管理和真实处置能力对各类投资者来说越发重要，也逐渐成为投资者形成长期竞争优势的关键所在。由于参与者增多带来更为激烈的市场竞争，叠加经济下行周期中处置难度增加，不良资产的投资收益率面临被压缩的风险。只有具备精准定价、价值提升和终极处置能力的投资者才能不断挖掘具有真正价值空间的投资机会并最终获利。

第九章
特殊资产的处置模式

如前文所述，我国特殊资产市场已经形成由一级市场、二级市场和外部服务机构组成的全方位、多层次的生态体系。其中，在第五家全国性AMC——银河资产成立和第一家外资AMC——橡树（北京）投资管理有限公司获批之后，一级市场的格局由原本的"4+2+N"，变为"5+2+N+AIC+外资AMC"的多元化竞争局面。二级市场则以非持牌AMC为主，它们更多出于对利润的追求，从各家持牌AMC手中受让意向债权或就特定债权与债权人达成协议转让，通过后期精心运作来获取超额收益。第三类市场参与者主要是服务商机构，包括但不限于律师事务所、评估机构等，它们通过各自的渠道为相关项目方提供各类专业服务。日益丰富的参与者为特殊资产市场提供了充足的流动性，同时也为特殊资产的市场价值发掘提供了良好的环境。

随着参与者数量的增加和类型的多元化，以及特殊资产市场规模的不断增大，为获取超额收益，特殊资产处置手段也越来越多样化，从最早的诉讼追偿、资产重组，逐步扩展到市场化债转股、资产置换、不良资产证券化等，大大提高了特殊资产的处置效率。长远来看，多样化的处置方式带来多样化的市场格局，多元化的市场结构也将大大促进特殊资产市场的发展。

根据图 9-1 所示的特殊资产处置流程，我们把特殊资产处置模式大致分为诉讼清收、破产重整及破产清算、不良资产收购、债务重组、资产投资、不良资产证券化等几种类型。

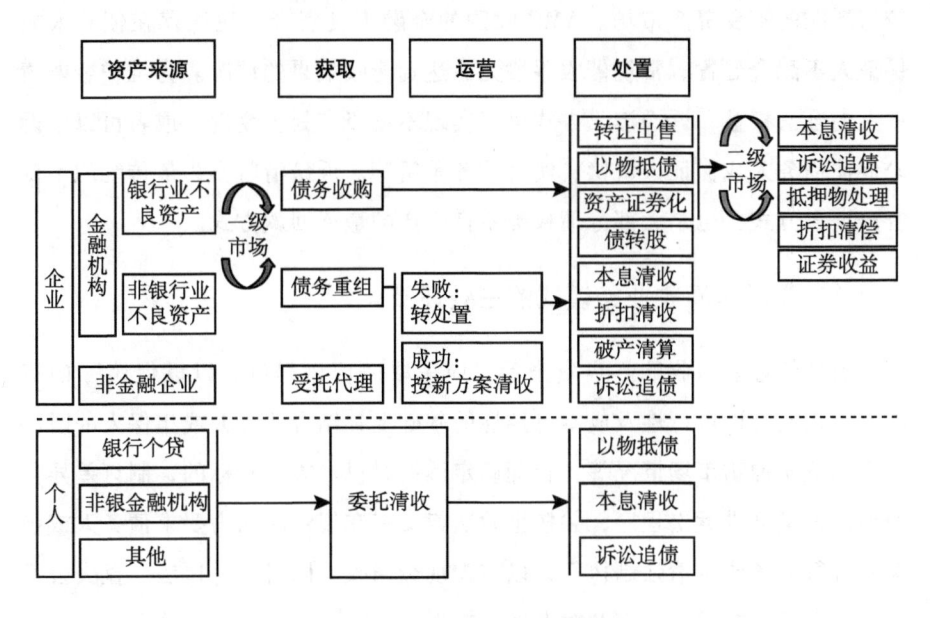

图 9-1　特殊资产处置流程

资料来源：微信公众号"特殊资产交易与研究"。

一　诉讼清收

（一）业务模式背景

金融机构与金融消费者之间形成的信贷关系，是根据国家法律法规规定，遵循平等、自愿、公平和诚实守信的原则，以订立以借款合同为代表的经济合同形成的民事法律关系。当金融消费者不履行合同义务或者履行合同义务不符合约定时，符合金融机构贷款分类相关规定的信贷资产即被划分为不良资产进行管理，金融机构应积极采取催收、调解、和解、起诉等各种措施进行不良资产清收。自1999年四大金融AMC接受国有商业银行剥离的大量不良资产以来，金融企业通过转让不良资产的方式盘活存量资产、增强抵御风险能力已成为常态。金融AMC、地方AMC、社会投资者等共同组成了较为活跃的不良资产市场。AMC收购的金融不良资产,往往存在债务人或保证人不配合处置、常规催收手段无法达到清收效果的情况。为维护金融债权人的合法权益,诉讼清收方式可以实现不良资产处置变现,或者可以以诉讼促使债务人或保证人清偿、实现债务重组等。诉讼清收作为最传统的不良资产处置方式,也是大部分债权类不良资产的最终回款方式。

(二)诉讼清收业务模式的主要环节

资产管理公司收购不良资产后,应采取"应诉尽诉、以诉促谈"的策略,在论证诉讼可行性及成本可控性的基础上,结合债务人或担保人的财产情况和抵质押物市场情况等,合理确定诉讼时机、方式和标的,制订差异化的诉讼方案推进诉讼程序,并按生效法律文书在规定时间内要求债务人或担保人履行义务或申请强制执行,以实现现金回收。同时,对违法、显失公平的判决、裁决或裁定,应及时上诉、申诉。

不良资产的法律纠纷适用《民事诉讼法》,诉讼程序主要包括四大环节,即起诉和受理、审理前的准备、开庭审理、判决和裁定。从图9-2中可以看出,资产管理公司介入诉讼程序会面临一系列法律事务和日常管理事务。其中,法律事务主要包括:起诉(或仲裁)主张债权并申请财产保全,提起债权转让确认诉讼,申请变更诉讼主体,申请(恢复)执行及采取查控措施,参与案件诉讼,应对执行异议、复议等。日常管理事务主要包括:建档、信息录入、时效管理、发函催收、参与和解谈判、寻找债务人新信息、个案选聘代理律师、处理紧急事务等。在此过程中,需重点关注以下内容。

1. 诉讼代理方式选择

资产管理公司购买不良资产后,受限于人力、精力以及专业性要求,可以考虑聘请律师事务所代为处理不良资产诉讼清收相关法律事务,并综合资产情况、回现预期、受托方处置能力、处置周期、处置难度、代理事项等因素,酌情选择普通代理、半风险代理或风险代理方式。

在普通代理中,受托人按件收费或按标的额的固定费率收费,受托人权

第九章　特殊资产的处置模式

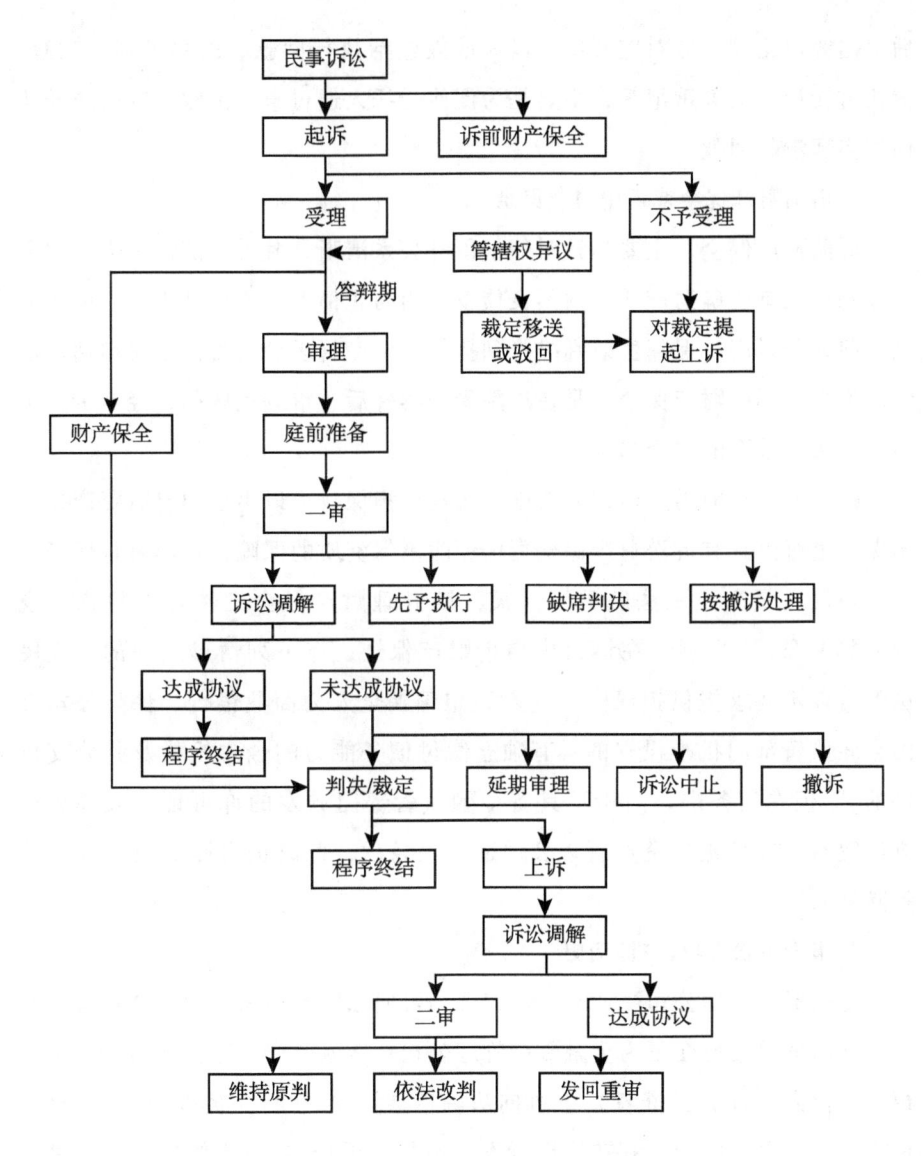

图9-2　不良资产民事诉讼示例

资料来源：作者整理。

限仅限于资产管理公司授予的一般性权限，如代为出庭、代为陈述和辩解等；在半风险代理中，受托人在接受委托之时收取部分费用，案件执行完毕后再按约定比例收取剩余费用；在风险代理中，受托人在案件取得一定成效

215

后根据约定比例收取对应费用，具体成效包括执行回款、以物抵债、和解、债权再转让、债务重组等，主要是为促使受托人通过直接清收、执行或转让债权实现清收回款。

2. 诉前财产保全或诉中财产保全

诉前财产保全，主要是针对债权债务关系清晰、胜诉可能性极大、债务人或保证人有明确财产线索的不良债权。为防止债务人或保证人在法院作出判决前处分财产，保障生效判决得到执行，资产管理公司可向法院申请诉前财产保全。诉中财产保全，是在法院受理案件后、审理完毕前，经申请人申请，由法院采取的保全措施。

财产保全一般需要申请人或第三人提供担保，可以由公司自有资产提供担保，也可由具有诉讼财产保全责任保险承保资质的保险公司出具担保函。

根据《最高人民法院关于人民法院办理财产保全案件若干问题的规定》第9条，"当事人在诉讼中申请财产保全，有下列情形之一的，人民法院可以不要求提供担保……（六）申请保全人为商业银行、保险公司等由金融监管部门批准设立的具有独立偿付债务能力的金融机构及其分支机构的。"但在实务中，由于不具备金融监管部门颁发的许可证，大部分地方法院暂不支持地方资产管理公司适用该条款，此时仍需提供担保（江苏省除外）。

3. 申请诉讼/执行主体变更

金融资产管理公司受让银行债权后，可向法院申请将诉讼主体或者执行主体从原债权银行变更为金融资产管理公司；金融资产管理公司转让不良债权，受让人（社会投资者）也可向法院申请诉讼/执行主体变更。实践中，地方资产管理公司受让和转让银行不良债权的诉讼/执行主体的变更程序与金融资产管理公司相同。但是，上述规定仅解决了社会主体从资产管理公司受让不良债权的诉讼或申请执行主体的变更问题，对于社会主体再转让后能否变更的问题，各地法院做法不一。

4. 以诉促谈

不良资产处置的最终目的是尽可能实现处置净回收值最大化，并以现金回收为主。资产管理公司采取诉讼清收业务模式可以争取谈判的主动地位，提升债务人或担保人偿债主动性，在其仍具备偿债意愿、偿债能力和可能性的情况下，通过诉讼达成调解，并对债务进行重组，包括修改债务条件、以资产清偿债务、债务转为资本以及混合方式等。

案例1：粤财资产20年诉讼大限债权认定

1994年8月，A公司与某银行签订了《抵押借款合同》，合同约定：（1）A公司申请贷款人民币700万元，贷款期限自1994年8月至1994年11月；（2）抵押人言某提供名下房产（建筑面积250平方米）为贷款本息承担抵押担保责任，银行在抵押物价值范围内享有优先受偿权；上述抵押土地及房产办理了登记手续，并领取了《房屋他项权证》。合同签订后，银行依约发放贷款700万元，但借款人除偿还部分利息外，仍拖欠贷款本金及利息人民币700万元。2006年10月，原债权人银行与粤财资产签订《债权转让协议》，将上述债权转让给粤财资产。该银行及粤财资产在管理期间，对债权进行了连续有效的催收，但未提起诉讼。

2017年7月，粤财资产向广州市越秀区人民法院提起诉讼，要求借款人A公司偿还贷款本金和利息，抵押人言某以其名下的广州市房产对贷款本息承担抵押担保责任，粤财资产在抵押物价值范围内享有优先受偿权。在庭审中，借款人A公司和抵押人言某共同辩称，1994年8月，A公司向原债权人银行贷款，贷款期限已于1994年11月届满；粤财资产承接债权后怠于行使权利，起诉时案件已超过法律最长保护债权期限20年。

该案件的焦点在于诉讼是否届满，即对20年大限的认定，粤财资产经过一审、二审近两年的诉讼，利用债务人签署的其他文件作为债权诉讼时效的起算点，最终艰难地获得法院胜诉判决。抵押人言某在败诉后，向粤财资产申请仅偿还债权本金，免除利息。经过双方多轮谈判，债务人最终以债务重组方式，向粤财资产偿还债权本金及部分利息；按处置时点的债权本息测算，项目处置回收率近60%。该案例中，粤财资产巧妙利用诉讼技巧，有效维护了国有资产权益，成功深挖了损失类不良资产的潜在价值，体现了深耕不良资产主业的工作成效。

（三）小结

自1999年四大金融资产管理公司成立以来，不良资产行业的法律法规建设不断完善，最高人民法院陆续出台了一批针对金融资产管理公司不良资产处置问题的司法解释。随着《民事诉讼法》《物权法》《公司法》《合同法》《破产法》等一批重要民商事法律的司法解释先后出台，司法实践标准也在发生改变，诉讼清收作为资产管理公司最传统和最常用的不良资产处置方式，也需要与时俱进。

二 破产重整及破产清算

（一）业务模式背景

在坚定不移深化供给侧结构性改革、以改革开放和结构调整的新进展巩固经济社会稳定大局、推动中国经济持续向高质量发展转变的背景下，最高人民法院及各级法院多次强调要充分发挥破产审判工作在化解企业危机、优化资源配置、促进产业升级方面的积极作用，依法服务和保障经济新常态与供给侧结构性改革大局。

我国《破产法》规定，当一家企业不能清偿到期债务并且资产不足以清偿全部债务或者明显缺乏清偿能力时，可以申请破产清算或破产重整的处置方式。破产清算是指企业宣告破产后，由清算组接管公司，对破产财产进行清算、评估、处置与分配，为满足债权人的清偿要求而集中变卖破产财产、清偿债权的程序。破产重整则是指对已具破产原因而又有再生希望的债务人，为挽救困境企业，通过法定程序使其实现业务重组和债务调整，以帮助债务人摆脱财务困境、恢复营业能力的法律程序。

在业务实践中，资产管理公司通常综合运用债务重组、资产重组和企业重组等"组合拳"，发挥专业优势，梳理债权债务关系，发挥协同优势提供整体解决方案，发挥资源优势整合重组所需资源，助力企业脱困与发展。

（二）破产重整及破产清算的核心流程

《破产法》对于破产重整/清算的流程有明确的规定，破产重整和破产清算也可以相互转换。大体而言，可以归纳为重整申请、重整裁定、债权申报及确定、重整计划制订和提交、重整计划的表决和批准、重整计划执行等核心环节。其中重整计划是重整程序中最重要的法律文件，其合理性和可行性对重整程序的有效推进至关重要，决定了 AMC 的参与方式、实施路径、风险防范和收益情况。若出现重整计划未按时提交、未表决通过或未有效执行等情况，则可能导致破产重整失败，而进入破产清算程序。

危困企业破产重整/清算业务是资产管理公司不良资产主营业务的重要组成部分，充分发挥 AMC 的专业优势、协同优势、资源优势和整合优势，是 AMC 核心竞争力的集中体现。AMC 可以以债权人身份或投资人身份参与破产重整/清算。AMC 参与破产重整/清算的过程见图 9-3。

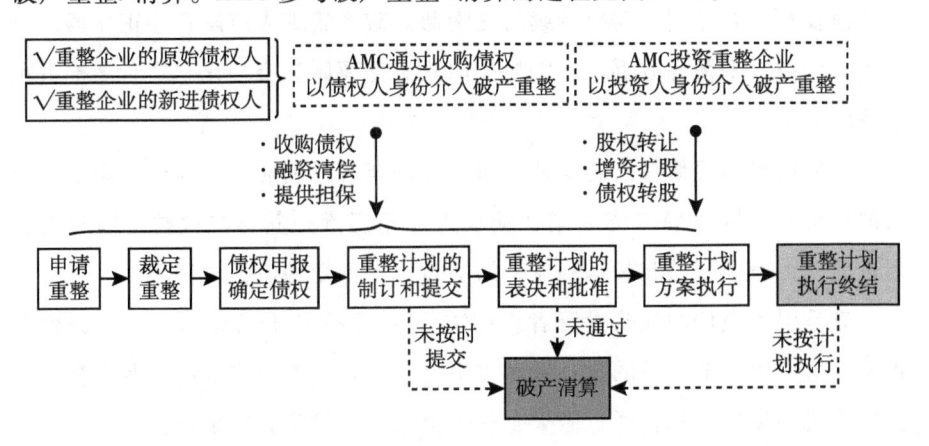

图 9-3 AMC 参与企业破产重整/清算示例

资料来源：作者整理。

AMC作为债权人参与破产重整，具体可分为两种情况：一是作为重整企业的原始债权人；二是收购债权后成为重整企业的新进债权人。业务实践中主要有三种模式：一是收购债权，AMC在重整前或重整中均可实施债权收购，包括重整企业的金融债和非金融债；二是融资清偿，AMC向重整企业提供新增融资用于清偿旧债，新增融资作为共益债权，确保优先受偿；三是提供担保，AMC对外仅承担补充责任，满足债权人的预期回收，有效提升重整计划的表决通过率。

AMC作为投资人参与破产重整，主要是通过获得股权进而控制重整企业。业务实践中主要有三种模式：一是股权转让，重整企业原股东通过协议转让、司法拍卖、资本公积金转增股本等方式，将股权直接转让给AMC；二是增资入股，AMC采取增资入股的方式进入重整企业，常规操作是在重整程序中通过定向增发引入新的投资人；三是债权转股，AMC作为重整企业的债权人，可以债权出资通过债转股成为重整企业的新股东。近年来，国家层面也出台了一系列市场化债转股政策，鼓励通过债转股方式助力企业改革、脱困与发展。

AMC开展破产重整及破产清算业务时，需注意以下关键环节。

一是做好与破产管理人的沟通。破产管理人在整体协调推进破产重整计划方面发挥重要作用，需要持续与之沟通。破产管理人应站在公正立场，维护各方利益，平衡各方诉求，坚持按照法制化原则和市场化方式有序推进重整程序。

二是取得相关债权人的支持。重整计划能否顺利通过与执行，需要债权人的理解与支持，AMC需要站在债权人的角度维护其合法权益，同时也要促进债权人兼顾眼前和长远利益，增加对重整计划的信任和信心。

三是引入最佳的战略投资者。AMC需要发挥专业优势，充分挖掘企业重整价值，引入最合适的投资者和重组方，整合各方资源推动企业顺利重整并完成脱困发展目标，通过做大企业价值来化解风险和实现回报。

四是争取外部有利条件。除了企业自身的努力经营之外，破产重整的顺利推进，还需要AMC争取政府相关政策支持、金融机构增量资金支持、税费减免支持等方面的外部有利条件。

案例2："江西金资"主导光伏企业破产重整，化解地方金融风险

S公司是江西省第一家在美国上市的企业，也是亚洲规模最大的太阳能多晶硅片生产企业。受欧美"反补贴、反倾销"政策影响及本身战略决策失误，公司资金链断裂、不能偿还到期债务，且明显缺乏清偿能力，因此于2015年11月被地方人民法院裁定进行债务重整。

作为江西省专业的资产管理与处置平台，受地方政府委托介入后，江西省金融资产管理有限公司（以下简称"江西金资"）充分调研了S公司的企业情况以及金融机构等债权人的诉求，积极发挥自身专业优势，与地方政府及重整投资人一起，共同设计了重整方案，并成立专门的项目公司介入处置。经多方沟通谈判，S公司的债务重整方案成功通过。

确定重整资产及剥离资产后，项目公司协同管理人及其他债权人共同研究，依照法律规定，优先偿还了职工债权、税款债权及100万元以下的小额债权，并将剩余债权依照有无担保分为担保债权组及普通债权组，由此确定了远期现金清偿、债转普通股、债转优先股等不同受偿方式及最终退出机制。在表决过程中，项目公司积极行使表决权，带头同意重整计划，起到良好的示范效应，在其影响下，其他债权人也投票同意了重整计划，确保破产重整计划最终顺利通过。

此案例中，破产重组的顺利实施，释放了S公司被冻结的资产，并优化了其债务结构，大幅降低了利息支出和经营成本。通过投资方共同努力，S公司从之前的生产停滞、濒临倒闭，到后来重整轻装上阵、迅速恢复生产经营，再到及时确立新的发展方向，以市场需求为导向，生产适销对路的新产品，提高了产品的科技含量，最终实现经营效益的逐步改善。

此前多年，S公司债务金额大，债权人众多，企业职工再就业困难等一系列问题始终困扰着地方政府。此次，经江西金资主导、其他主体全面参与，顺利完成了对S公司的破产重整，在此基础上，S公司迅速恢复生产，持续经营能力得以提升，在一定程度上大大降低了当地金融机构的不良资产率，稳定了地方金融体系；同时，也使地方经济金融发展环境持续优化，有效稳定了地方的就业水平，保障了社会秩序和谐稳定，实现了良好的经济效益和社会效益。

（三）小结

在供给侧结构性改革不断深化的背景下，破产重整在化解企业危机、优化资源配置、促进产业升级等方面起到了积极作用，同时也为AMC带来新的业务机会。无论是以债权人身份还是以投资人身份参与破产重整，AMC均可以发挥其核心竞争力，整合各方资源助力重整企业脱困改革和转型发展，进而实现化解金融风险和社会风险的目的。在参与破产重整的过程中，AMC通过优化社会资源配置、激活企业发展动力、盘活低效无效资产，提升了资产和企业价值，从而实现了合理投资回报，并实现了参与各方合作共赢。

三 不良资产收购

不良资产收购是特殊资产处置的传统模式，以不良资产包的转让为主。随着金融创新，近年来以信托为载体的收益权转让也开始出现。

（一）不良资产包批量转让

商业银行批量转让的不良资产包，一般为债权金额较大的不良贷款、已核销的不良贷款或存在司法处置障碍的不良贷款。国务院2000年颁布的《金融资产管理公司管理条例》首次规定国有商业银行的不良贷款可以转让给AMC处理。2012年1月，财政部、银监会发布《金融企业不良资产批量转让管理办法》（财金〔2012〕6号），规定银行业金融机构可将10户以上的不良资产打包，批量转让给四大金融AMC或者地方AMC。2016年10月，银监会下发了《关于适当调整地方资产管理公司有关政策的函》，将不良资产批量转让组包门槛由10户降低至3户，拓展了金融资产管理公司不良资产包收购业务的空间。

在拓宽银行不良资产批量转让空间的同时，监管部门也在不断培育和扩大批量不良资产买入者群体。2012年，中央再次放开对地方AMC的审批限制，一大批地方AMC（原则上每个省份允许设立两家地方AMC）相继成立，并成为不良资产批量转让市场的重要参与者。2020年，第五家全国性AMC银河资产成立和第一家外资AMC（橡树（北京）投资管理有限公司）获批之后，批量不良资产转让的买入者，从原来的"4+2"（"2"指的是每省份两家地方AMC），变为"5+2+外资AMC"，格局更为多元化，预计将对批量转让市场交易规模和活跃度的提升起到进一步的推动作用。

2019年，商业银行面向持牌机构（即"4+2"）不良资产招标累计规模为1893亿元。从银行类型结构来看，股份制商业银行占比45.8%，农商行占比26.9%，五大行占比15.1%，城商行占比11.5%，其他银行占比0.7%。

从批量不良资产成交的情况来看，2019年银行批量转出不良资产约为4208亿元。从不良资产购入方市场结构来看，四大金融AMC仍然占据了市场主要份额，虽然地方AMC与其他非持牌机构市场份额有所增加，但占比仍然较低，延续了以往的市场结构特征。具体而言，四大金融AMC购入的不良资产规模约2791亿元，占比为66.3%。其中，东方资产市场占比有所提高，其他三家占比则不同幅度下降，华融市场占比的同比降幅最大。尽管四大金融AMC中三家市场占比有所降低，但其收购规模仍然较大，处于市场头部位置。

随着地方AMC数量及规模的增加，以及各地方AMC的业务模式趋于成熟，2019年地方AMC从银行处购得的债权规模占比也有所增加，从2018年的18%增加到25%，同时，非持牌机构从银行处购入债权包的占比也从7%上升到9%。地方AMC与非持牌机构的收购规模占比增加，表明不良资产市场的市场化程度有所提升。多元化收购方格局的出现，对不良资产行业可持续发展具有一定的积极作用。

（二）不良资产收益权转让

2016 年，银监会办公厅印发了《关于规范银行业金融机构信贷资产收益权转让业务的通知》（以下简称"82 号文"），要求银行业信贷资产登记流转中心（以下简称"银登中心"）制定并发布信贷资产收益权转让业务规则和操作流程，以促进银行信贷资产收益权转转让业务的规范化，进一步强化对银行各类非标业务的管理。"82 号文"的发布，为银行处置不良资产、减轻非标监管压力提供了一种新思路，即不良信贷资产收益权转让。

不良信贷资产收益权转让试点，是监管层继不良资产转让、不良资产证券化以后，对加快不良资产处置方式的又一次探索。在业务实践中，银行进行信贷资产收益权转让的基础信贷资产可以涵盖"次级、可疑、损失"等多种类别的不良贷款，为商业银行处置不良资产提供了一种新的方式。

1. 收益权转让的交易结构

不良信贷资产收益权转让一般模式为，原始权益人将收益权基础资产转让给特殊目的载体（SPV），SPV 再将收益权进行资产组合后，向投资者公开发行，募集资金用于支付购买基础资产的对价，原始权益人通过资产换资金方式获得融资。

通常而言，商业银行作为信托计划委托人提供基础资产，并将基础资产收益权转让至信托公司，信托公司受让收益权后，以此作为基础资产发行信托产品，并在市场寻找合格投资者作为认购人，同时信托公司委托银行进行资产托管。实际操作中，大致上可以分为三个核心阶段，具体转让业务模式见图 9-4。

第一阶段为组包阶段。商业银行针对本次拟转让的不良资产收益权的底层资产开展卖方尽职调查工作，形成卖方尽职调查数据，完成组包工作。

第二阶段为磋商阶段。商业银行与包括资产管理公司在内的合格投资者进行接触，并在此期间开放买方尽职调查。

第三阶段为交易阶段。相关各方就合作细节进一步磋商，签署相关协议，完成银登挂牌转让。

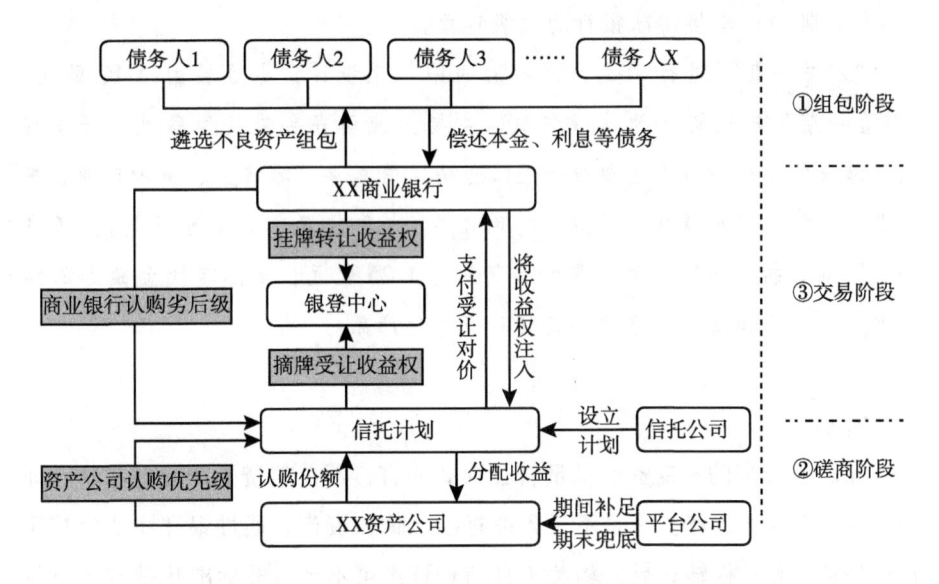

图 9-4 不良信贷资产收益权转让业务模式示例

资料来源：作者整理。

AMC 开展收益权收购业务时，需注意以下关键环节。

一是坚持合规性。在监管指标、业务流程、业务通道、受让方资质等方面须满足该业务的合规性要求，遵循"洁净转让"原则。

二是坚持专业性。AMC 需要发挥专业优势助力银行处置清收，设计合理的清收目标和计划，建议银行组建专业团队负责实施执行，保障清收进度。

三是坚持市场性。AMC 参与不良资产收益权收购的积极性的高低，受到预期收益的影响。需要在设计整体交易结构和核心要素时，兼顾 AMC 的收益要求。另外，AMC 须针对收益权收购业务普遍面临的资金规模较大的问题提前拓展资金渠道，降低资金成本。

案例 3：华能信托-江苏银行"苏誉一期"信托产品

2016 年 6 月，江苏银行与华能贵诚信托通过银行业信贷资产登记流转中心（以下简称"银登中心"）开展信贷资产收益权转让。由华能贵诚信托设立"苏誉 2016 年第一期不良资产收益权转让集合资金信托"（以下简称

"苏誉一期"），承接江苏银行的次级贷款。

"苏誉一期"进行了优先、劣后的结构化设计，劣后层由 AMC 购买。"苏誉一期"转让资产为次级贷款，主要为流动资金贷款和房地产开发贷款。涉及的 9 户债务人主要分布在江苏省。贷款涉及零售业、房地产业、批发业、电气机械和器材制造业、有色金属冶炼和压延加工业等行业。"苏誉一期"转让折扣较高，资产原始金额约为 4.25 亿元，实际转让金额为 2.54 亿元，转让折扣高于同期的不良资产证券化产品。

2. 小结

相较于传统的不良资产批量转让模式而言，不良信贷资产收益权转让业务模式具有以下优势。一是不计入非标准化债权资产。通过银登中心完成不良信贷资产收益权转让后，相关不良信贷资产可不计入非标准化债权资产统计，在全国银行业理财信息登记系统中单独列示。基于此，银行既可以不突破非标资产限额要求，又可以优化资产配置，获得非标资产投资相对较高的盈利以维持和提升收益水平，因此越来越多的银行选择该模式。二是可充分吸引社会资本。不良信贷资产收益权转让对接的是社会资本，对基础信贷资产的组包没有批量和非批量的区分限制，实践中对基础信贷资产进行组包时涉及的债务人户数均呈现多笔、批量打包的特点，这意味着社会投资者可以更深度地参与到银行体系信贷市场中，有助于金融体系不良资产的处置和风险化解。

理论上，信贷资产收益权转让可以分为买断型和回购型两种方式。买断型是将风险完全转移，一切有关风险均由受让人承担，转让后商业银行不再承担风险；回购型则是按照约定的时间对资产进行回购，即商业银行于约定期限购回原始信贷资产。两种模式各有利弊，但回购模式并不能真正优化银行的资产结构，买断模式才能实现真正化解不良资产的目的。在以往的实践中，出于粉饰报表、监管套利的目的，商业银行一度更热衷于回购型不良资产收益权转让。随着监管环境的变化，回购型转让成为治理金融乱象的重点，对此，规范信贷资产收益转让业务的"82 号文"明确要求，出让方银行不得以任何方式承担显性或者隐性的回购义务，不良资产收益权不得直接或间接地引入个人投资者等，为不良资产信贷收益转让回归本源、发挥其应有的风险处置功能夯实了制度基础。

四 债务重组

在经济结构转型和供给侧改革的大背景下，经济增速放缓，企业大多采取债务加杠杆的方式来寻求扩张，这导致了企业的盈利能力下降和资金回笼困难，并导致高杠杆风险凸显，甚至出现资金链断裂，形成大量不良资产。面对这一态势，采用债务重组（优化债务结构，降低杠杆水平）的方式进行不良资产的化解成为行之有效的重要措施。正因如此，银监会《关于地方资产管理公司开展金融企业不良资产批量收购处置业务资质认可条件等有关问题的通知》（银监发〔2013〕45号）和《关于适当调整地方资产管理公司有关政策的函》（银监办便函〔2016〕1738号）着重强调了债务重组业务的重要地位。

（一）债务重组业务框架

债务重组是在债务人发生财务困难的情况下，债权人按照其与债务人达成的书面协议或者法院裁定书，就债务人的债务做出让步，通过重组以优化债务企业资产质量，从而实现资产价值的提升并获得收益的行为［《关于企业重组业务企业所得税处理若干问题的通知》（财税〔2009〕59号）］。此类业务的有效落地，需要统筹考虑债务人的履约意愿、担保方的资信能力、重组方的资源整合能力以及当地政府的支持力度，因此，业务的具体模式不尽相同，但整体的业务流程和框架基本类似（见图9-5）。

根据《企业会计准则第12号——债务重组》（第三条）相关规定，债务重组主要包括"以资产清偿债务、将债务转为资本、修改其他债务条件（包括但不限于延长债务偿还期限、延长债务偿还期限并加收利息、延长债务偿还期限并减少债务本金或债务利息）或以上手段的综合使用"。其与AMC的债务重组业务可做如下对应（见表9-1）。

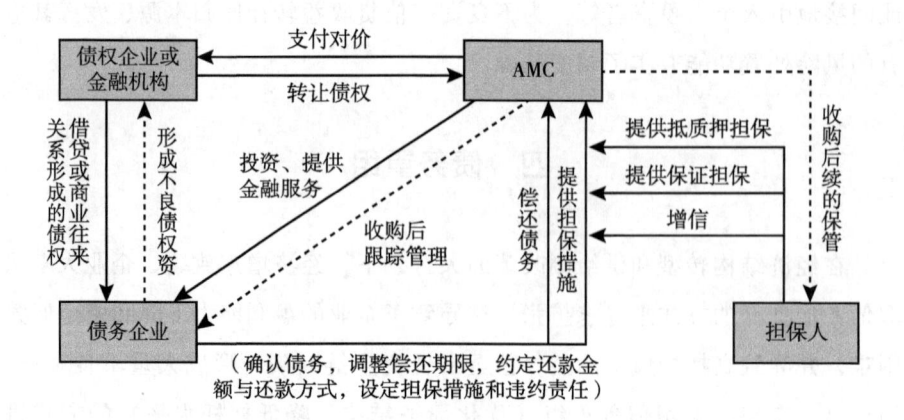

图 9-5 债务重组的基本框架

资料来源：作者整理。

表 9-1 实践中 AMC 债务重组的模式

债务重组模式	对应类型	具体内容	具体展业手段
收购+委托清收	以资产清偿债务	1. 以低于债务账面价值的现金（库存现金）清偿债务 2. 以非现金资产（存货、交易性金融资产、持有至到期投资、长期股权投资、固定资产、无形资产等）清偿债务	以现金清偿债务 以存货清偿债务 以固定资产、无形资产清偿债务 以长期股权投资清偿债务
收购+自行重组	以资产清偿债务		
	修改债务条件	包括但不限于延长债务期限、减少债务本金、减少债务利息等	对利息、还款期限等进行重新设置 增加担保措施 减少债务本金等
	将债务转为资本	公司通过发行新股等方式进行债务清偿	债转股
收购+重组+资产整合		综合运用不良资产管理手段，实现 AMC 自身金融救助性企业的功能和价值。公司通过债务重组解决项目资金流动性困难，再帮助企业理顺产权关系、招商引资、设计资产运营策略、进行并购和投资发展战略咨询，从而实现项目资产的全面盘活和价值提升	

资料来源：作者整理。

第九章 特殊资产的处置模式

案例 4：重庆渝康公司助力重庆钢铁集团司法重整

受管理粗放、产能和市场需求错配、折旧和财务成本高企以及钢铁市场持续低迷等多重因素影响，重庆钢铁连年亏损。2017 年 4 月，公司资产评估值为 185 亿元，总债务为 417 亿元，严重资不抵债，生产经营难以为继，面临一系列重大风险。虽然重庆钢铁集团积极采取"内部自救＋外部拯救"等多种手段，但均未能有效化解危机。

重庆渝康公司作为服务供给侧结构性改革和国资国企改革的市场化专业平台，通过充分发挥专业技术和资源整合优势，综合运用债务重组、资产重组和企业重组的"组合拳"，通过自身和子公司千信国际累计向重庆钢铁集团及重庆钢铁提供近 90 亿元资金支持。基于"四量调整"，保信用、降成本、促生产、增效益，为重庆钢铁化解危机、恢复历史最高生产水平、顺利进入后续司法重整奠定了坚实基础。具体措施见图 9-6。

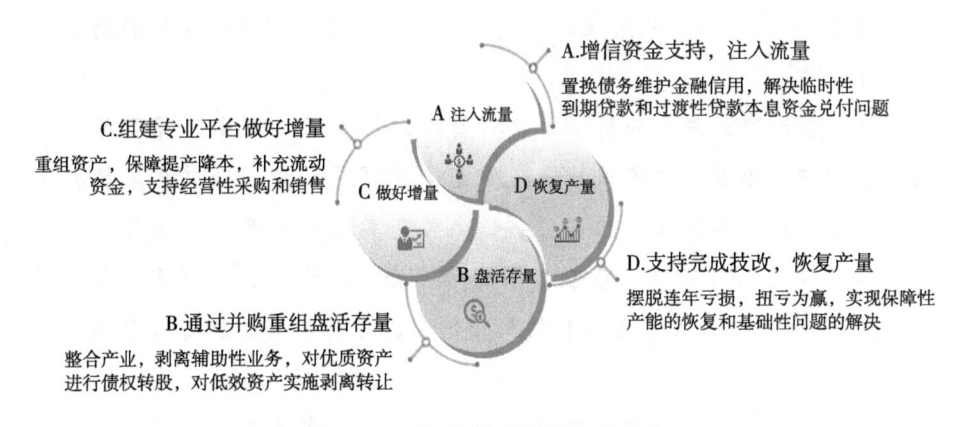

A.增信资金支持，注入流量
置换债务维护金融信用，解决临时性到期贷款和过渡性贷款本息资金兑付问题

C.组建专业平台做好增量
重组资产，保障提产降本，补充流动资金，支持经营性采购和销售

D.支持完成技改，恢复产量
摆脱连年亏损，扭亏为盈，实现保障性产能的恢复和基础性问题的解决

B.通过并购重组盘活存量
整合产业，剥离辅助性业务，对优质资产进行债权转股，对低效资产实施剥离转让

图 9-6 "四量"调整的具体措施

资料来源：重庆渝康。

重庆钢铁集团司法重整顺利完成后，2018 年第一季度实现营业收入 51.52 亿元，同比增长 211%，实现净利润 3.51 亿元，与上年同期 5.94 亿元的巨额亏损相比，实现了大幅改善。这也是其 2011 年以来首次实现扭亏为盈。可见，重庆钢铁集团司法重整取得了脱胎换骨式的效果，这也标志着重庆地区乃至长江上游钢铁产业供给侧结构性改革的重大进展，并成为中国

第一支钢铁产业基金以现代金融手段重组大型钢铁企业的首创范本，为全国钢铁产业深化供给侧结构性改革提供了有益借鉴。

案例5：粤财资产服务实体经济，助力企业发展

2017年12月，广东粤财资产管理有限公司（以下简称"粤财资产"）收购了某商业银行对A公司和B公司的债权。其中，对A公司债权本息约3000万元，对B公司债权本息约2000万元。此前，作为当地照明行业龙头企业，与A、B公司实际控制人相同的C公司由于投资失误、扩张过快，公司资金链断裂，被3家银行、20余家企业、400多名员工告上法院。C公司负债高达5亿多元，拖欠400多名工人工资数百万元，并长期处于半停产状态。中国执行信息公开网显示，C公司有多条失信被执行人记录，执行案件多达200余宗。C公司及其实际控制人虽拥有中山市20亩工业土地使用权及多处房产，却因债务纠纷被多轮查封，严重资不抵债。

粤财资产通过深入分析了解项目情况，认为C公司属于需要帮扶的困难民营中小企业，决定采取债务重组方式开展处置，助其化解债务纠纷、盘活资产。具体重组方案是，C公司变卖部分资产用于支付工人工资，转让公司90%股权以获取2家战略投资者注资共计3亿元，粤财资产为其减免3600万元债务以外的剩余债务，并助其解除抵押及查封，盘活资产。

粤财资产坚守"化解地方系统性金融风险，服务实体经济，助力地方经济发展"的初心与使命，通过采取回收部分债权、减免部分债务的方式实现处置，既保证了自身的合理效益，又为困境企业减轻了债务负担，使其核心资产得以保全与盘活，从而利于其寻找战略投资人，迅速恢复生产，并最终走出困境。C公司引入战略投资、盘活并恢复生产后3个月，公司债务便基本得到清偿。目前，公司生产运行良好，年产值超3000万元。

（二）市场化债转股

1. 市场化债转股的背景

在国际经济环境日趋复杂、国内经济下行压力加大的背景下，我国部分企业呈现典型的"高、快、重、升"特征，即杠杆率高企，债务规模增长过快，债务负担不断加重，一些企业经营困难加剧，一定程度上导致债务风险上升，并存在沿债务链、担保链和产业链蔓延的隐患。为此，国家从战略高度将"去杠杆"列为供给侧结构性改革的五大任务之一，对降低企业杠杆率作出专项决策部署，并于2016年印发实施《关于积极稳妥降低企业杠杆率的意见》（国发〔2016〕54号），鼓励面向发展前景良好但遇到暂时困难的优质企业开展市场化债转股。市场化债转股是特殊资产行业中债务重组的基本模式之一，实质是债务转为资本，即实施机构通过收债转股、增资偿债等多种方式，实现在对象企业债务规模下降的同时持有对象企业股权。与1999年设立四大金融AMC接收四大银行13939亿元不良资产实施的债转股不同，本轮债转股强调市场化、法治化原则，并将建立和完善现代企业制度作为债转股的前提条件。2018年6月，银保监会印发《金融资产投资公司管理办法（试行）》，新设金融AIC，专司市场化债转股。2019年5月，银保监会发布《关于金融资产投资公司开展资产管理业务有关事项的通知》，从资金募集、投资运作等方面明确开展资产管理业务的有关事项，提升了AIC创新发展及参与市场化债转股的能力。2020年4月，银保监会发布实施《关于金融资产投资公司开展资产管理业务有关事项的通知》，明确金融AIC可通过发行债转股投资计划开展资管业务，在"资管新规"框架下进一步规范了金融AIC的业务，为继续深入推进市场化、法治化债转股提供了重要政策保障。

截至2019年底，市场化债转股签约总金额约为2.9万亿元，落地总金额为1.5万亿元。从地域分布来看，实施市场化债转股的区域已覆盖30个省、自治区、直辖市及新疆生产建设兵团。在业务模式上，发股还债、收债转股、以股抵债（司法重整）是债转股最主要的业务模式，三种业务模式的落地金额均占签约总金额的 90% 以上。其中，发股还债和收债转股适用于正常经营企业，以股抵债（司法重整）适用于困境企业。截至 2019 年末，正常经营企业市场化债换股落地总金额约为 9000 亿元。

转股标的企业呈现"995"的特点，即转股企业超 90% 为非上市公众公司（以下简称"双非公司"），90% 为采矿业、制造业、电热燃气业、建筑业等重资产行业，单个企业平均转股金额超过 50 亿元。

从主要参与机构看，五大国有银行及其下属的 AIC 是市场化债转股的主力军，签约金额占比 75%，落地金额占比约为 55%。

2. 市场化债转股的主要模式

多年实践和政策引导，使得市场化债转股的内涵发生了变化：债转股不单单是商业银行的市场化债转股，也包括非银行机构的市场化债转股；不仅包括不良债权债转股，也包括非不良债权债转股，当期没有债务压力的企业也可以通过债转股的方式增加股权性融资，优化资产负债表结构和业务结构。市场化债转股的业务模式也不仅限于收债转股，还包括以股抵债、发股还债等。在具体操作中，债转股的业务模式已经由单一性向综合性发展，转股由一次性向阶段性发展，综合起来主要有四种模式。

（1）收债转股模式，即实施机构通过收购对象企业在银行的债权，再将所收购债权转为对象企业股权的方式。在这一模式中，需要实施机构、对象企业和债权银行三方自主协商确定市场化债转股价格、条件和股权退出的方式、路径。重钢西昌矿业公司债转股项目采用的就是该业务模式。

（2）增资还债模式，即实施机构通过参与对象企业的增资，增加对象企业的股权性融资、降低企业债务的方式（见图 9-7）。在这一模式中，实施机构与对象企业自主协商后实施，完成增资后，对象企业可以偿还一部分银行债务。中国中铁债转股项目采用的就是该模式。

（3）以股抵债模式，即通过对象企业减持公司股权、所减持部分冲抵实施机构或其他企业债权人债务，来实现降债减负目的。这一模式主要运用于一些经营困难但仍有重组空间的上市公司，核心是协商确定抵债股权的价值和公司治理的安排。重庆钢铁的司法重整就是采用该模式。

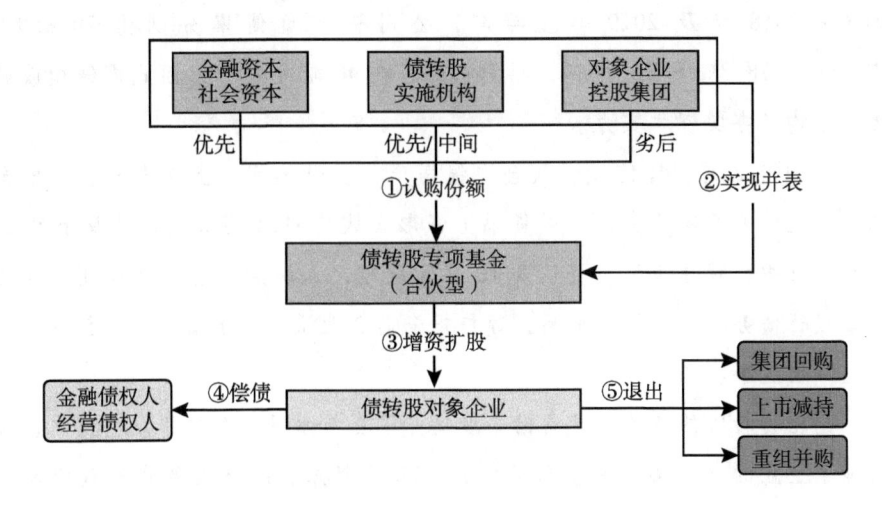

图9-7 债转股"增资还债模式"示例

资料来源：作者整理。

（4）发股还债模式，即国家发改委等七部委在《关于市场化银行债权转股权实施中有关具体政策问题的通知》（发改财金〔2018〕152号）中明确提出的"允许上市公司、非上市公众公司发行权益类融资工具实施市场化债转股"的方式。在这一模式中，发行对象必须是实施机构，发行目的一定是筹集资金后专项用于偿还企业债务，该债务是市场化债转股方案中已明确规定的债务。发股还债相对于债务融资，对企业来说是更高形式的约束，也是防止企业增加杠杆率的有效手段。

案例6：建信投资（AIC）牵头制定H集团债转股方案

H集团的主导业务为煤炭采选和火力发电，是国家批准的14个亿吨级煤炭生产基地和6个煤电基地之一。长期以来，H集团担负着为安徽和整个华东地区经济发展提供能源保障的重任。

H集团历史社会负担重，在行业下行期曾面临巨大风险。2013~2015年，企业分别亏损5.25亿元、57.9亿元和20.61亿元。尽管2016~2018年因煤价回暖，企业盈利情况有所改善，但企业杠杆率偏高，财务负担沉重，

2016～2018年及2019年上半年，公司资产负债率分别为79.85%、77.58%、78.8%和75.16%，年利息费用在40亿元左右，因此需继续改善负债结构，夯实资本实力。

2019年8月，建信投资联合中银资产、冀凯集团、上海电力、中电国瑞、淮北矿业5家投资人，以货币出资形式认购H集团股权，涉及金额25亿元。其中，建信投资出资认购10亿元股权，入股后资金用于偿还企业的存量银行债务。债转股完成后，建信投资向企业派驻一名董事，中银资产也派驻一名监事。

此轮债转股的实施，既帮助企业提升了资信水平、降低了融资成本，也增强了企业的资本实力和抗风险能力。2019年末，H集团的资产负债率下降到74.27%，较上年末降低4.53个百分点。利息费用从上年的39.2亿元降低至37.2亿元。此外，债转股还推动了企业混合所有制改革。在建信投资的带动下，共有6家新股东入股H集团，包括两家银行系AIC、A股上市公司上海电力、民营企业冀凯集团、央企上市公司子公司中电国瑞以及国企淮北矿业。通过此次增资扩股、实施混合所有制改革，充分实现了对象企业的股权多元化，使其公司治理得以完善，为其后续高质量发展奠定了坚实的基础。

案例7：兴业资管创新实施特殊资产市场化债转股项目

台商投资的T企业地处"全国七大石化基地之一"的漳州古雷经济开发区，主营石化产品业务。2015年T企业因安全事故导致停产停工，出现债务危机，债权银行共计14家，债务本息超300亿元，经营难以为继，影响了古雷国家级石化基地建设，长期来看，不利于闽台经贸交流的持续推进。

为尽快扭转上述局面，2018年初，福建省政府牵头着手T企业的债务重组，并指定由F公司承接其银行债务。2019年又确定依托"债转股"项目对F公司进行二次重组，以此做大做强石化产业链，助推银企多方协同共赢。

兴业资产管理有限公司（以下简称"兴业资管"）积极响应福建省政府部署，通过设立私募股权基金"兴睿掘鑫"作为债转股实施主体，成功受让债权银行兴业银行持有F公司的32.84亿元可转债，高效服务金融机构风险资产处置，促成兴业银行在项目涉及的14家债权银行中率先完成债转股交割；同时，转股形成F公司57650万股非上市公司股权，并委派专人担任其公司董事，参与F公司的重大经营表决，助力企业完善风险防范与内控机制，提高公司治理水平。

该案例中，作为专业化的地方AMC，兴业资管一方面突破了中基协"私募股权基金仅能进行非上市公司股权投资"的监管限制，实现将私募股权基金运用至特殊资产风险化解方案的有益尝试，以专业技能有效支持了金融机构风险资产处置，兼具合规性与创新性。另一方面，高度遵循市场化、法治化原则，实现"债务重组——可转债转股——股权重组上市——提升股权价值——市场化退出"全流程市场化运作模式，充分发挥自身特殊资产整合能力，从而促进了福建石化产业升级，带动了相关产业链延伸，激活了当地经济，多角度践行了地方AMC的责任与使命，成为我国资管行业的典范。

3. 小结

市场化债转股通过增权益降负债的方式，改善了金融服务，有效支持了实体经济的发展，具体来看有以下成效。

一是降低企业负债水平，节省财务费用。截至2019年末，债转股落地总金额约1.5万亿元，2019年当年债转股落地金额约9000亿元，按中国人民银行授权全国银行间同业拆借中心公布的贷款市场报价利率（LPR）（5年期以上LPR为4.8%）测算，为企业节约财务费用达434亿元。与实施债转股之前相比，标的企业资产负债率普遍下降5~15个百分点。

二是参与企业公司治理，提升经营管理水平。经初步统计，截至2019年末，五大银行债转股项目中，约60%的项目实施机构向转股企业派驻了"董监高"人员，共派驻240名；派驻后，"董监高"人员参加董事会、监事会、股东会700余次；审议董事会、监事会、股东会提交议案约2400个。部分项目实施机构还在提名转股企业投资委员会委员人选、提名审计机构、参与薪酬考核机制设计等多个方面探索参与及完善转股企业的公司治理。

三是助力区域性重大风险企业处置，打好防范化解重大风险攻坚战。通过开展市场化债转股支持企业进行债务风险处置，降低了引入战略投资者兼并重组的成本，帮助部分大型困难企业实现了脱困重生，从而促进了当地经济健康、平稳发展。

实践证明，市场化债转股已成为处置特殊资产、降低企业杠杆率、补充企业资本的重要利器，成为推动企业混合所有制改革、剥离无效资产、盘活低效资产、聚焦做强主业的重要手段。但市场化债转股的实施还存在一定的不均衡现象。例如，实施债转股的企业主要以央企为主，地方国企及民营企业较少；具备较大规模、较低成本、较长期限、较优条件等特征，因此专项用于债转股的资金较难筹集，在一定程度上影响了实施机构的积极性；部分企业转股后的公司治理、负债约束等配套改革未能同步推进，企业发展质效没有明显提升；缺乏市场化债转股股权退出的专业平台，市场化退出机制有待健全等。

此外，市场化债转股的核心在于治本。通过转股，对象企业能够有效建立债务约束长效机制，进一步做强做优主业，切实提高应对外部环境变化的能力，增强发展的质效和韧劲。因此，转股对象为国有企业的，建议列为国企改革的试点企业，用好国企改革工具箱，建立职业经理人等制度，建立激励与约束相结合的市场化考核分配机制；转股对象为民营企业的，建议列为扶持重点，加强金融服务和支持力度，畅通银行信贷和市场发债渠道，通过输血恢复企业造血功能。最终，结合企业改革多管齐下、共同发力，通过债转股标本兼治、综合治理，使企业真正建立起实体经济、科技创新、现代金融、人力资源"四位一体"协同发展的产业体系。

五　资产投资

资产投资模式的核心特点在于"产业+金融"，即AMC通过与产业资本（基金）的合作，发挥产业资本在企业价值挖掘方面特有的能力。资产投资不同于普通的财务投资，更多属于战略投资的范畴，该模式不追求短期投机，而是通过深度参与被投企业的运营管理，促进企业发展，从而实现长期的战略目标。

（一）业务模式背景

随着全球经济增速放缓和经济下行压力持续加大，中国经济结构正经历深度调整，经济发展正在从主要依靠增量投资拉动转变为增量投资与存量重组并行驱动。特殊资产行业作为一个产业链条较长的生态体系，针对存量进行重组的投资越来越成为投资领域和资本市场的热点，特别是产业资本的介入，有效解决了供需两端的配置效率问题。一方面，对资产管理公司而言，产业资本的介入有效拓展了资产需求和处置的渠道，即从传统的主要围绕债务人、担保人及各类中介机构等，过渡到围绕各类产业投资人来开展工作，更有利于直接找到特殊资产的最终使用方。另一方面，对产业投资人而言，通过与资产管理公司合作共同投资于特殊资产，更有利于找到完善自身产业链、价值链所需的廉价资产。当前，产业资本与 AMC 的合作逐步成为常态，特别是部分产业集团通过参与地方 AMC 的设立或增资扩股，实现了围绕核心产业构建的资本投资运营及资产经营管理的协同模式。

（二）资产投资模式的主要模式

1. AMC 与产业投资人合作模式

这种模式主要是基于以产业为纽带或目的的重组模式，产业合作方的动力来自"差扩改转"四个特征，其中，"差"表现为产业链条上有缺环，"扩"表现为需要扩大规模或扩充市场，"改"表现为需要进行产能改造，"转"表现为需要进行转型升级，于是，特殊资产成为产业集团补短板、强弱项、增实力的重要资产供给渠道。在具体实践中，特殊资产行业的产业合作模式主要有三种。

第一种是 AMC 基于"以处定收"业务模式，或基于待处置资产池中特定资产所处区域、行业、属性、经营阶段等特征,在众多特殊资产投资人中寻找产业投资人,通过与产业投资人的合作提升资产处置的质量和效率。与以打包、打折、打官司"三打"为主要手段的司法诉讼处置不同,引入产业投资是创新重组、重构、重整"三重"资产处置模式的重要手段。引入产业投资人的合作模式,更适合于需要叠加资产重组、企业重组、资本重组等复合手段的债务重组,例如在成功的市场化债转股实践中,一般离不开产业投资人的引入。

第二种是产业集团基于投资和完善产业链、价值链的需要,围绕主业投资特殊资产的模式。在具体操作中,产业集团首先通过与资产管理公司合作寻找特殊资产投资标的,然后对标的资产实施重组,重点是导入产业集团自身的业务及管理资源,帮助标的资产提升价值、改善经营,最终实现将标的资产纳入自身产业板块重要组成部分的目的。

第三种产业合作模式是 AMC 帮助产业集团处置低效、无效资产的模式(见图9-8)。在具体操作中,AMC 基于产业集团在升级改造过程中淘汰落后产能的需要。第一步是帮助产业集团将闲置的低效、无效资产打包,同步寻找社会投资人;第二步是引入社会投资者成立专项基金,收购打包资产,实现低效、无效资产的产权转移和出表;第三步引入外部资源合作开发盘活资产,实现低效、无效资产的提效和出清。

在特殊资产的"收、经、管、处"产业链中,最难的一个环节在于处置端。特殊资产处置质量和效率直接影响 AMC 功能发挥和整个行业的可持续发展。产业合作模式有利于发挥 AMC 的资源整合、资产管理及产业集团的价值发现、价值提升的协同优势。部分产业集团通过对特殊资产的投资实现了低成本扩张和产业链的集聚完善,特别是部分上市公司通过对特殊资产的运作实现对市值的有效管理;AMC 通过与产业集团的合作,极大提升了资产处置的效率和效益,实现了盘活社会资产与服务实体经济的有机结合。

案例8:长城资产四川省分公司不良债权处置

2015年,长城资产四川省分公司收购了某银行11户债权。其中,债务

第九章 特殊资产的处置模式

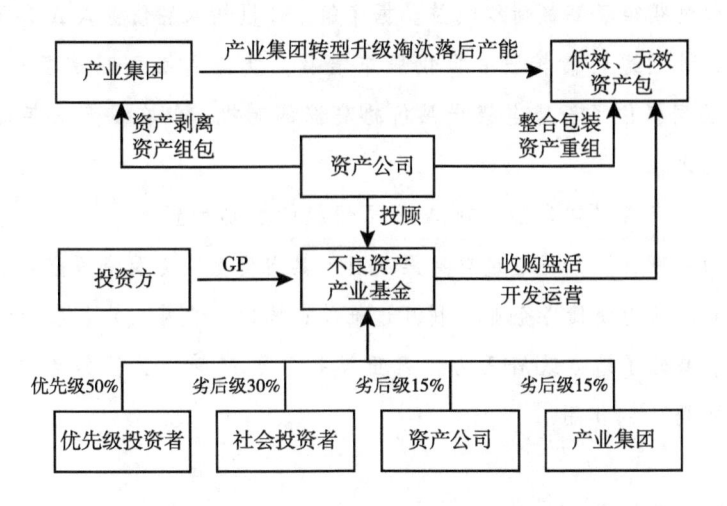

图 9-8 产业合作盘活低效、无效资产模式的示例

资料来源：作者整理。

人 A 公司债权本金 3 亿元，利息 3220 万元，垫付的诉讼费等其他债权 203 万元。

原债权人某银行与债务人 A 公司签订的固定资产借款合同约定，由某银行向债务人发放 3 亿元贷款，专项用于项目建设。合同签署后，A 公司以其在建的项目土地使用权、房屋和机器设备提供抵押担保；同时，A 公司的母公司 B 公司为该笔债务提供连带责任保证担保。在该项目建设期间，A 公司的主导产品石墨电极价格处于低位，且资金管理失控，B 公司也由于突发原因厂房被迫停产搬迁。多重不利因素叠加，导致 A 公司在建项目尚未竣工验收便搁浅，最终债务危机全面爆发。

在收购 A 公司的不良债权后，长城资产四川省分公司项目组开展了详细的前期尽调，并确定将重点工作放在引入投资者方面。一方面，项目组按债权拆分处置原则，将 A 公司的三部分债权通过阿里资产处置平台分别公开竞价；另一方面，基于对 A 公司所在行业及业内主要竞争者的情况分析，项目组逐一进行联系推介。通过广泛推介与精准营销相结合的策略，最终，A 公司的三部分债权被 C 机构旗下合伙企业全部购入，而长城资产四川省分公司也顺利获得了高额债权收益。据了解，C机构入驻债务人A公司后，立即按相关计划进行债转股并提供股东借款，使得A公司迅速复产。同时，由于A公司抓住了石墨电极产品价格高涨的时机，仅在复产当年便实现盈利超2亿元。

长城资产四川省分公司对A公司债权的成功处置，不仅使自身实现单户债权的高额收益，还通过自身渠道引入具有资金实力及资源整合能力的产业投资者，从而使债务企业顺利渡过难关；同时，也在一定程度上促进了当地就业、减轻了地方政府压力，真正发挥了资产管理公司作为"安全网"和"稳定器"的作用。

2. 特殊机会基金投资

随着不良资产投资市场的发展，国内涌现一些更加独立、专业的私募股权投资和管理机构，参与到不良资产的二级市场和真实处置中来。这些机构具有高效的市场化机制，拥有具备丰富的不良资产投资管理经验的专业团队，采用多样化的投资和处置策略，综合配置债权、股权、实物资产等投资标的，并通过自有团队或外部服务商实现资产的价值恢复和价值提升，从而获取退出收益。具体而言，这些私募机构直接参与债务人企业并购（或流动性纾困），在获得目标公司（或项目）所有权的情况下，对目标公司（或项目）进行改善、整合、重组及运营，使得目标公司（或项目）经营得到改善，资本达到提升。目标企业（或项目）经营情况向好之后，私募基金再通过并购转让、管理层收购、挂牌出售的方式出售基金原先持有的股份，实现资金退出，从而获得盈利。

在私募投资基金的融资端，经济下行期中的机构投资者出于抵御风险和均衡配置的考虑，倾向于加大对不良资产投资基金的配置比例，尤其是保险公司、国有企业背景的基金、产业投资者、大学教育基金会等，均将不良资产投资基金作为资产配置中不可或缺的组成部分。而这些长线资金的进入也更有助于不良资产投资基金对标的资产进行跨周期持有以及改造升值，而并不像传统不良资产投资机构那样，迫于短期资金压力，仅赚取买卖差价而非

第九章 特殊资产的处置模式

真实处置。

实践中，国内特殊机会基金的投资主要集中在房地产业。过去几年，由于监管政策的持续收紧，房地产市场开始出现结构化调整，部分具有行业整合能力的特殊机会基金开始寻找市场出清过程中的特殊资产投资机会。由于房地产市场持续分化调整，不断有中小开发商因经营不善被迫离场，从而产生了不少因流动性问题而被迫"烂尾"的地产项目。特殊机会基金针对出现流动性困境的房地产企业，或对于烂尾楼有盘整能力的专业运营机构，在对项目本身、案外因素、退出路径进行充分尽调的基础上，会联合头部开发商、房地产包销团队、金融持牌机构等合作方，续建运营原开发商留存的困境项目。

从业务定位和社会效益的角度看，特殊机会投资模式拥有广阔前景。首先，与传统房地产业务主要参与增量市场不同，特殊机会投资的主战场在资源错配的存量资产，目的是盘活陷入困境的存量资源，实现资源的流动与再配置。随着房地产行业持续调控，"招拍挂"方式获地的行政附带要求越来越多，项目利润趋低、风险提高，预计会有更多优质房企转向存量市场，而续建运营也能优化优质房企的资产结构，进一步提升其实力。其次，"烂尾"地产项目往往会给当地政府带来一定的声誉影响，有的甚至牵扯到复杂的社会矛盾。盘活困境项目本身除了经济效益，还有非常好的社会效益，有利于发挥存量资源作用，维护地方政府形象，消解社会矛盾，从而保持社会和谐稳定。特殊机会基金的流动性纾困模式见图9-9。

案例9：中航信托-天启特殊资产集合资金信托计划

信托计划资金用于向卡罗尔地产（项目公司）发放信托贷款，资金最终用于向信达资产陕西分公司收购其持有的陕西宝太房地产开发股份有限公司的债权。中航信托持有卡罗尔地产51%的股权，剩余49%的股权为借款提供担保。中苑地产对信托持有股权提供到期回购，并按年支付资金占用费，中苑地产、华科生物及其实际控制人对中苑地产的回购义务及信托借款本息提供连带责任担保。

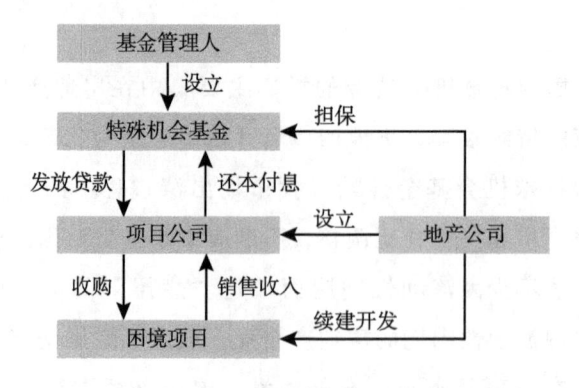

图9-9 特殊机会基金的流动性纾困模式

资料来源：作者整理。

六 不良资产证券化

不良资产证券化主要是指由取得资质的银行业金融机构作为发起机构，将不良信贷资产池转让给受托机构，由受托机构以资产支持证券的形式发行受益证券，以不良资产清收所产生的现金流支付资产支持证券收益的结构性工具。

（一）业务模式背景

资产证券化不仅是一种融资工具，更是一种金融机制和创新路径，可以降低债务杠杆，改变传统盈利模式，提高综合经营业务收入，实现经营模式的创新并促进产业升级。不良资产证券化有助于消化银行不良资产，拓宽不良资产的处置渠道，将银行体系内的不良资产转移给有风险承受能力的投资者，为不同风险偏好的投资者带来新的投资选择。

中国不良资产证券化试点始于2006年四大金融AMC和中国建设银行发行不良资产证券化产品。2012年新一轮资产证券化试点以来，出于审慎发展的考虑，监管部门并未立即全面重启；但近年来由于商业银行不良资产率和不良贷款余额持续攀升，不良贷款的处置压力较大。为此，2016年初，中国人民银行批准中国工商银行、中国农业银行、中国银行、中国建设银行、交通银行、招商银行成为首批不良资产证券化试点银行。2016年4月，银行间市场交易商协会发布《不良贷款资产支持证券信息披露指引》，对不良资产证券化产品的信息披露、存续期定期等相关事项进行了规定。随后，中国银行和招商银行率先发行不良资产证券化产品。2017年，随着首轮试点探索的完成和对不良资产证券化需求的提升，试点范围进一步扩大至部分大型银行和城市商业银行，包括国家开发银行、中信银行、光大银行、华夏银行、民生银行、兴业银行、平安银行、浦发银行、浙商银行、北京银行、江苏银行和杭州银行，共计12家银行入围第二批试点名单。

2019年，监管部门启动第三轮不良资产证券化试点工作，陆续批准了四大AMC、邮政储蓄银行、中国进出口银行、渣打银行、青岛银行、贵阳银行、广州农商银行、重庆农商银行等22家试点金融机构，首次将资产管理公司、外资银行和农村商业银行纳入试点范围。到2020年5月末，有17家银行共发行102单产品，合计601.42亿元，共处置不良资产超过2176.8亿元。其中，2019年全年不良资产证券化的发行规模为143.49亿元，发行总单数为29单。

（二）不良资产证券化的交易结构

不良资产证券化项目启动的前期阶段需要构建交易结构，包括构建整个ABS项目流程、结构，例如筛选中介机构、确定不良资产的入池标准、选择增信措施等。启动不良资产证券化项目，首先，需要确定发起人发起项目的目的，随后再根据构建目的筛选基础资产。筛选基础资产即确定入池标准以剔除不合格的资产，并且将相对良好的基础资产分散化以对冲因内部增信而增加的风险。筛选基础资产的同时，需要构建特殊目的载体（SPV）进行入池资产的破产隔离，以便将资产风险控制在固有范围内，保证整个交易结构的有效性。其次，对基础资产进行结构化分级。评级机构根据评级结果，对筛选的资产池进行压力测试，通过结构化分层、超额利差、超额担保等方式确定所需的内部增信措施。根据信用风险、现金流和流动性方面的特殊要求，不良资产证券化具有不同的交易结构，一般的交易结构如图9-10所示。

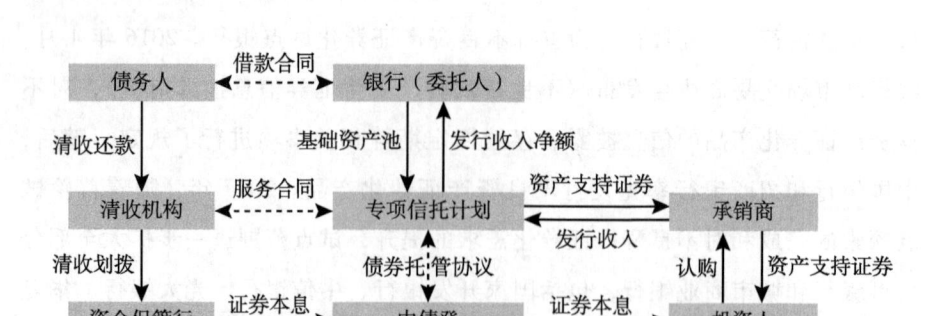

图 9-10　不良资产证券化的交易结构

资料来源：作者整理。

案例 10：中国建设银行"建鑫"系列不良资产证券化产品

自 2016 年 2 月重启不良资产证券化业务后，各大金融机构纷纷试水发行不良资产证券化产品。中国建设银行以建信信托作为受托机构，合作发行"建鑫"系列不良资产 ABS。首期产品基础资产信息显示，截至初始起算日（2016 年 4 月 21 日），入池资产未偿本金余额为 23.33 亿元，未偿利息余额约为 1.12 亿元，未偿本息余额为 24.45 亿元，底层资产涉及工商业贷、住房抵押贷、信用卡等多类型不良债权。首期产品发行规模为 7.02 亿元，其中，优先档配售金额为 4.64 亿元，占比为 66.1%，次级档配售金额为 2.38 亿元，占比 33.9%，对应资产池中的贷款合同笔数为 245 笔，借款人 81 户。

截至 2019 年底，"建鑫"系列产品发行总金额已超 146 亿元。建鑫系列产品中，中国建设银行担任资产服务机构，负责资产包的管理和处置。该产品发行后，受到市场广泛关注和肯定，次级档溢价达 10% 左右。

案例 11：招商银行"和萃"不良资产支持证券

2016 年 5 月，招商银行发行"和萃 2016 年第一期不良资产支持证券"（以下简称"和萃一期"），其交易模式是，由发起机构（招商银行）将不良资产委托给受托机构（华润信托），受托机构设立不良资产证券化信托，并发行以信托财产为支持的资产支持证券，募集资金交付至发起机构。受托机构以信托财产所产生的现金为限支付发行费用，并承担相应税收、服务报酬、费用支出及支付本期资产支持证券的本金和收益。此资产支持证券分为优先档和次级档，并在全国银行间债券市场上市交易，主承销商（招商证券）组建承销团对此产品进行销售。受托机构委托作为资金保管机构的银行（北京银行）负责信托资产账户资金的保管工作，委托债券登记结算机构（中债登）对资产支持证券提供登记托管和代理兑付服务。该不良资产证券化的交易结构如图9-11所示。

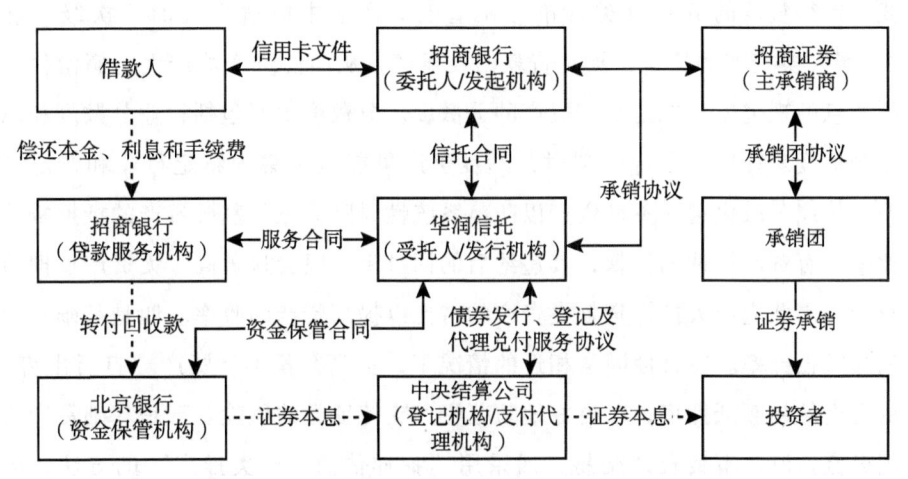

图9-11 和萃2016年第一期不良资产支持证券

资料来源：招商银行。

（三）小结

近年来，随着商业银行零售转型力度不断加大，银行新增贷款中个人贷款占比迅速上升，在银行信贷资产中逐渐占据主导。随着贷款余额的迅速扩大，个人类不良贷款的规模也有所上升。加之受到疫情的影响，个人贷款的质量出现了明显下降。中国人民银行发布的《2020年第一季度支付体系运行总体情况》显示，信用卡逾期半年未偿信贷总额为918.75亿元，占信用卡应偿信贷余额的1.27%，较2019年末出现较为明显的上升。考虑到新冠肺炎疫情仍在持续，对经济、金融的影响也将持续一段时间，个人贷款有可能成为银行新增不良资产的主要来源。与企业信贷相比，个人贷款更适合资产证券化，这也意味着，个人不良贷款的增减，将推动不良资产证券化的进一步发展。

相比普通信贷资产证券化产品，不良资产证券化的基础资产质量较差，其现金流具有不确定性，需要一定的风险溢价作为补偿，从已发行的资产证券化产品情况看，优先档证券的收益率相比同期正常类信贷资产证券化产品具有一定幅度的风险溢价。为有效防控不良资产证券化的风险，在不良资产证券化产品设计时应当关注以下几个方面。一是基础资产的风险等级。按照我国银行贷款的五级分类标准，在基础资产池中应适当增加"次级"和"可疑"类资产的比重，提高贷款回收概率，从而使资产池产生足额偿付产品本息的现金流。二是基础资产的分散度。分散度主要包括行业分散度和地区分散度。在经济下行周期时，不良资产可能过于集中特定行业和特定区域，故应分散化选取不良资产以防范系统性风险。三是基础资产的抵押贷款比率。有资产抵押的贷款，其违约后的回收率一般会显著高于无资产抵押的贷款，因此应加大抵押贷款类资产的占比以提高资产回收率。四是基础资产的超额抵押率。在其他因素相近的情况下，提高衡量不良资产"打折出售"的程度的超额抵押率，以更好地防范资产支持证券的风险。五是基础资产的现金流预测。不良资产交易一般采用"抽样估值、分类推广"的方法，结合超额抵押率，以及资产服务机构不良资产的历史处置情况，准确预测回收现金流对资产支持证券的覆盖程度。六是证券化产品的增信措施。在经济下行周期时，不良贷款的回收率可能会低于预计回收金额，通过对证券化产品进行分级、设置流动性储备账户以及提高发起机构风险自留的比例，使得次级档的资产支持证券能够对优先档证券提供本息兑付的安全保障。

七 交易所平台处置

（一）业务背景

不良资产是非标资产的一种，存在定价难的问题，特别是在近年来银行不良资产暴露更加充分、不良资产市场参与者更为多元的背景下，通过交易所等信息公开平台追求较好的市场公允价值，从而获得资产溢价，成为各家金融机构的目标。开展交易所平台处置业务，不仅极大地突破了资产持有方单方推介资产在效果和效率上的局限性，同时也能满足国有资产进场交易的政策要求。

自东方资产2008年在上海联合产权交易所挂牌参与交易以来，能够提供特殊资产交易服务的交易所已扩展到地方产权交易中心、金融资产交易中心、公共资源交易中心、房地产交易市场等多种类型，其中，73家交易所与阿里拍卖合作，进一步拓宽了受众覆盖面。同时，部分金融机构也尝试建立了自己的交易所平台，作为对外端口进行招商展示、撮合交易及资金结算，如招银前海金融资产交易中心、华融中关村不良资产交易中心等。随着不良资产市场的全面商业化以及监管政策的不断放开，外资机构也进入了中国不良资产市场。为方便资金流转、减少交易审批，国家外汇管理局相继批准深圳前海金融资产交易所、广东金融资产交易中心作为试点开展不良资产跨境交易，在资金跨境收付、交易结构安排、结购汇便利、税务统一代扣代缴等方面均设计了全新的制度。

（二）交易所平台处置模式的交易结构

交易所平台处置模式的交易结构见图9-12，具体交易流程包括以下四个阶段。

第一阶段为内部决策阶段。转让方按照内部制度规定完成尽职调查、市场营销后，形成转让可行性研究报告或项目方案，履行相应决策程序并形成书面决议。其中，金融AMC或地方AMC收购的不良资产应按照《金融资产管理公司资产处置公告管理办法（修订）》要求，在形成处置方案后发布处置公告。

第二阶段为公开征集受让方阶段。转让方须向交易所提交转让申请相关文件，交易所对申请文件进行形式审查后出具受理通知书，对拟转让资产进行挂牌公示，公开征集受让方，挂牌公示日须符合相关监管政策及内部制度规

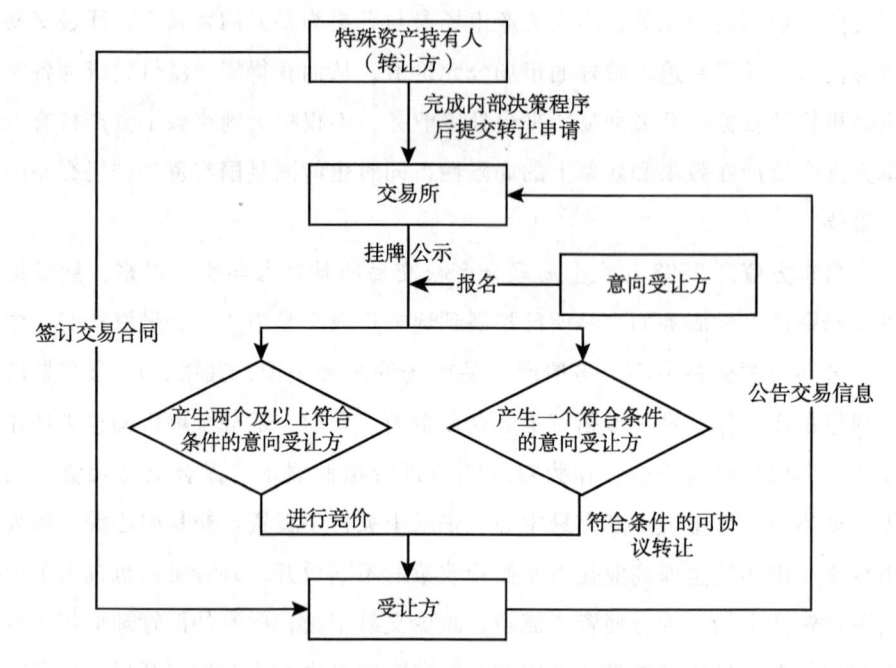

图 9-12 交易所平台处置模式示例

资料来源：作者整理。

定。挂牌期间，交易所通过其官方网站、电子显示屏、指定的各类媒体及合作商对外披露挂牌资产信息。转让信息披露期满未征集到意向受让方的，转让方可以选择延期，或在降低转让底价、变更受让条件后重新进行信息披露，或终止挂牌。意向受让方应向交易所提交受让申请相关文件，交易所按照转让方提出的受让条件和国家有关规定，对意向受让方进行资格审核并向转让方反馈。

第三阶段为竞价阶段。转让信息披露期满、只产生一个符合条件的意向受让方的，若意向受让方符合协议转让条件，可以协议转让；产生两个及以上符合条件的意向受让方的，交易所按照披露的竞价方式组织竞价。竞价可以采取拍卖、招投标、网络竞价以及其他竞价方式，且不得违反国家法律法规的规定。其中，以招投标方式处置的，至少有 3 家以上（含 3 家）投标人投标方为有效；以公开竞价方式处置的，至少有 2 人以上参加竞价；当只有 1 人竞价时，须按照公告程序补登公告，公告 7 个工作日后，如确定没有新的竞价者参加竞价才能成交。

第四阶段为交易阶段。受让方确定后，转让方与受让方签订交易合同，受让方按照披露的交易条件一次性付清交易价款或分期支付交易价款。交易合同生效后，交易所应当将交易结果通过交易机构网站等渠道对外公告，公告内容和时间须符合相关规定。

（三）前置委托交易与不良资产处置

在一般性的挂牌交易以外，地方金融资产交易所在不良资产处置方面也进行了大量的创新。前置委托交易便是其中一个重要的创新，该模式指的是对提供了担保财产的贷款，约定相关担保财产的处置方法，并约定了担保财产所有人一旦发生贷款逾期问题，双方所采取的担保财产处置方式。

前置委托交易的交易结构是一种三方交易模式，交易的起点为借款人向金融机构提出贷款申请，并以所有权归属为借款人或者第三方的财产进行担保。在贷款未发生逾期的情况下即进行约定，财产所有权归属者委托地方金融资产交易所，一旦发生贷款逾期问题，即可将财产进行公开转让。前置委托交易模式的特点是由于前置的委托，一旦发生贷款逾期，地方金融资产交易所将不需要再通过抵押人的委托即可将财产公开转让用于偿还逾期贷款的本息，如果偿还逾期贷款的本息之后仍然有剩余金额，则由交易代理人退还财产所有权归属者。

商业银行通过与交易所开展前置委托业务合作，可以提高商业银行债权的确权和增信功能，贷后违约的处置协议有助于扩宽银行的催收渠道，降低违约资产的处置成本和处置时间，提高银行处置违约担保资产效率，同时维护了银行客户的稳定关系。前置委托业务的开展不仅对银行有利，而且对债权人来说也是有利的。贷前担保资产的前置委托交易拓宽了可用于担保的资产范围，提高了商业银行提供借款的额度，从而债权人实现了担保资产价值的最大化。整体来说，前置委托交易模式为贷款机构提供了贷前担保资产的前置委托和贷后违约担保资产处置的双重功能。

对于不同的参与主体，前置委托交易模式具有非常显著的优势。对于金融机构来说，一旦贷款逾期，即可对约定资产进行处置，不需要通过漫长的司法和解，提高了资金周转效率；对于借款人来说，前置委托交易中的约定资产相当于增信，是对既有资源的一种合理利用，可提高融资额度及融资效率；对于地方金融资产交易所来说，约定资产将通过地方金融资产交易所进行处置，使其获得了优质的不良资产资源。

前置委托交易的创新在于利用市场化的手段，以商业合约代替传统司法和解的方式来解决担保资产处置问题，有利于缓解金融机构不良资产的处置难题，提高金融机构存量资金的使用和交易效率，进而加快金融机构贷款审批等一系列流程。

（四）小结

因所涉环节众多、程序复杂，不良资产对外转让业务开展需要配套专业综合服务，通过系统化、标准化的运营来平滑各种实际操作环节存在的交易摩擦。相比转让方自行组织竞价，借助交易所作为资产交易专业服务商的优势进行转让，能够优化交易环节、提升交易效率。作为特殊资产转出方的银行、资产管理公司等，可通过与优质交易所平台开展合作获取一揽子服务，自身则可更专注于资产处置等核心业务，提高主营业务经营效率。在不良资产向境外投资者开放的过程中，具有不良资产跨境交易试点资格的交易所还可充分依托自身构建的银行跨境结算体系、不良资产专业处置资源、线上交易系统等配套设施，为不良资产跨境转让交易环节提供标准化的配套服务，有效引入外资，帮助盘活存量不良资产，并使其参与到国内不良资产处置产业链当中，进一步激发国内不良资产市场活力。

八 互联网平台处置

在供给侧结构性改革不断深化、经济持续调整的背景下，不良资产的持续释放对于特殊资产行业的交易模式提出新的要求。随着民营企业和互联网公司的大量参与，金融机构科技赋能战略不断深化，以及互联网金融业务的发展，借助"互联网+"平台和金融科技手段来提升特殊资产的交易效率和价值挖掘能力，已成为近年来特殊资产行业发展的一个重要趋势。

实践中，"互联网+"特殊资产有多种不同模式，但到目前为止，搭建互联网特殊资产交易平台是最为主流、最有发展潜力的模式。通过搭建不良资产的垂直信息搜索平台，可以吸引法律、评估等第三方中介机构，从而撮合买卖双方交易。目前，平台的搭建主要分为以下两类：

一类是金融资产交易所搭建的线上交易平台。目前，北京、天津、武汉、四川、重庆、广东等地金融资产交易所以及陆金所纷纷设立网上交易大厅，或与AMC、商业银行密切合作搭建线上处置平台，涉足不良资产的在线挂牌转让业务。交易所不良资产转让标的信息一般向公众开放，但参与线上交易或获取进一步信息需要具有交易所的正式会员资格。从内容上看，网络交易大厅对不良资产项目的信息披露比较完备，除产品编号、名称、时间、转让方、债权额、挂牌价等基本信息外，还包括项目所属地区、行业、保证金、交易方式、支付方式等。相比官方网站的信息发布方式，该模式的客户针对性更强、信息更加完备，但相对成熟的证券交易系统、网络支付而言，也仅仅是信息展示网络的拓展和升级，无论是技术方面还是用户体验方面仍处在初级阶段。

另一类是互联网公司搭建的不良资产处置平台。例如，淘宝网和京东均推出了网络司法拍卖服务，拍卖的资产多以房产、土地、车辆为主。此类互联网资产处置平台借重了互联网巨头庞大的客户基础，在客户流量方面具有明显优势，同时通过开放合作的思路，引入特殊资产的中介服务机构，深度融合互联网平台和专业金融服务团队的核心竞争力，为资产买卖双方提供了更为全面的服务。因此，最近几年的市场交易规模不断扩大。

上述两类在线平台中，金融交易所的互联网平台实质上是线下产品和服务的线上化，并未构成模式上的创新，本部分不再展开论述，以下主要讨论第二种由互联网企业主导的平台模式。

（一）互联网平台处置的背景

我国的司法拍卖制度虽然起步较晚，但也经历了一个不断发展变化的过程。1991年，《民事诉讼法》首次明确了司法拍卖制度，包括委托拍卖和自行拍卖两种模式，由法院自行选择拍卖模式。1998年，最高人民法院在《关于人民法院执行工作若干问题的规定（试行）》中提出了"拍卖优先"原则，明确了拍卖优先于变卖及其他变价方式的原则，同时确定了法院司法拍卖应主要为委托拍卖模式，即由法院委托第三方（拍卖机构）进行拍卖。随后，2004年、2009年，最高人民法院分别出台了拍卖方面的司法解释，对司法拍卖程序进行明确规定，完善了司法拍卖制度。

2012年修订的《民事诉讼法》明确了法院拍卖的主体资格，该规定为之后出现的互联网司法拍卖提供了法律依据。2012年7月，浙江省高级人民法院与淘宝网签订协议，将淘宝网引入司法拍卖，实现司法拍卖网络化，在全国开创了淘宝网司法拍卖的先河。2016年8月，最高人民法院出台《关于人民法院网络司法拍卖若干问题的规定》（以下简称《规定》），对网络司法拍卖提出了新要求，即对网络司法拍卖平台的选定设立严格的条件，这是"互联网+"理念在司法拍卖工作中的体现。该规定不仅首次以司法解释的形式确立了互联网司法拍卖的合法性，而且规定了互联网司法拍卖的"优先性"，为互联网司法拍卖制度的发展提供了必要的依据。《规定》出台后，最高人民法院经过综合评估，于2016年11月25日发布了《最高人民法院关于建立和管理网络服务提供者名单库的办法》，公布了五家互联网司法拍卖平台，分别为淘宝网（www.taobao.com）、京东网（www.jd.com）、人民法院诉讼资产网（www.rmfysszc.gov.cn）、公拍网（www.gpai.net）以及中国拍卖行业协会网（www.caa123.org.cn）。上述这些政策，为互联网平台介入司法拍卖并将业务范围扩展到特殊资产处置提供了空间。

（二）互联网平台处置的模式

互联网不良资产处置平台利用其高效性和巨大的用户资源参与到特殊资

产处置业务中。提供包括发布信息、组织竞价、收取保证金、成交等的一系列线上线下服务。

1. 互联网处置的程序

借助互联网电商（淘宝、京东）巨大的用户规模，互联网拍卖平台吸引了AMC、法院、银行、拍卖企业及律师事务所等专业机构的参与，其基本程序可概括为下述步骤。

第一，平台对接委托方。与委托方对接是互联网拍卖平台取得拍品（不良资产）的第一步。由于借助互联网进行，拍品可以看作是一种虚拟交付的资产。委托方置于淘宝平台委托拍卖的标的物主要包括不良债权、房产、土地使用权、交通工具、股权、租赁权等无形资产或实物资产。

第二，拍卖信息公告。互联网平台会在拍卖标的物展示页附上竞买公告，主要是对标的物、竞买人资格、竞买方式、保证金缴纳方式、公告期限及特别提醒事项等进行公告说明。

第三，组织竞价。竞买人根据平台披露的信息，通过电话、阅卷及实地调查等方式了解标的物实际情况，确认购买后向平台第三方账户缴纳保证金，互联网平台组织在线竞拍，价高者得。

第四，线下交割。互联网不良资产拍卖采取线上竞价、线下付款交割并办理相关过户登记手续的模式。针对不同的标的物，可由第三方机构为交易提供贷款。

2. 互联网交易的资产类型与合作模式

根据互联网平台的实际运行情况，在线交易的特殊资产类型主要包括以下几类。一是债权资产，主要以单户债权转让为主。二是房产，主要包含各类房产的信息展示和拍卖，公开信息包括竞买公告、竞买须知、标的物介绍以及竞买记录几大部分。三是股权，需将不良资产涉及的某公司股份数和股权价值进行展示，并对分红情况、公司简介以及受让条件等特殊信息进行公告。四是无形资产，主要是租赁权、住宅使用权等无形资产，以及商标权、专利权为代表的知识产权。五是交通运输类资产，主要是法院执行金融借款纠纷进行司法拍卖所处置的抵押物，多为汽车。

以上述几类资产为对象,互联网平台与特殊资产相关的业务模式大致分为网络竞价交易、不良资产项目推荐等,具体特征见表9-2。通过引入全方位的合作,共同推进特殊资产行业与互联网生态圈的深度融合,形成了独特的"互联网+"特殊资产处置模式。

表9-2 互联网平台的业务模式

	资产推介	网络竞价
定义	通过平台征集意向人,从而拓宽不良资产的招商范围,加快处置进度,是对传统招商方式的补充	通过互联网平台直接开展竞价活动
主体	银行、AMC、金交所、非金融企业	银行、AMC、金交所、非金融企业
适用资产	债权(含单笔债权和债权包)、抵债资产、抵押物及其他可处置资产等	债权(含单笔债权和债权包)、抵债资产、债务人的押品
核心功能	1. 发布招商公告,征集意向人; 2. 管理意向人。对已留下信息的意向人电话回访,进行项目介绍等; 3. 转竞价。意向磋商完毕,直接在后台转竞价	1. 发布竞价公告,发布需进行招商的不良资产项目,征集意向人; 2. 报名,对已留下信息的意向人电话回访,进行项目介绍; 3. 竞价,意向磋商完毕转竞价
优势	1. 招商面从"本地"扩展到"全国",招商力度更大、范围更广; 2. 免费	1. 提高了竞价的公开性、公正性,最大限度地提升了资产市场价值; 2. 减少了人为因素干扰,更好地杜绝了传统拍卖模式中存在的围标、串标的可能性

资料来源:阿里拍卖。

金融机构入驻互联网拍卖平台的流程非常简单,仅需提供营业执照、金融许可证、法人身份证、开户许可证照片或复印件,按提示填写信息并提交即可。在顺利的情况下,两个工作日可完成审核入驻,随后即可进行资产竞价和资产推介。具体流程见图9-13。

案例12:阿里拍卖打造互联网金融资产交易平台

淘宝网介入不良资产处置领域,始于2012年与浙江省高级人民法院合作开展司法网拍。特别是2016年8月,最高人民法院颁布的《关于人民法院网络司法拍卖若干问题的规定》进一步明确了司法网拍的地位及作用。

第九章 特殊资产的处置模式

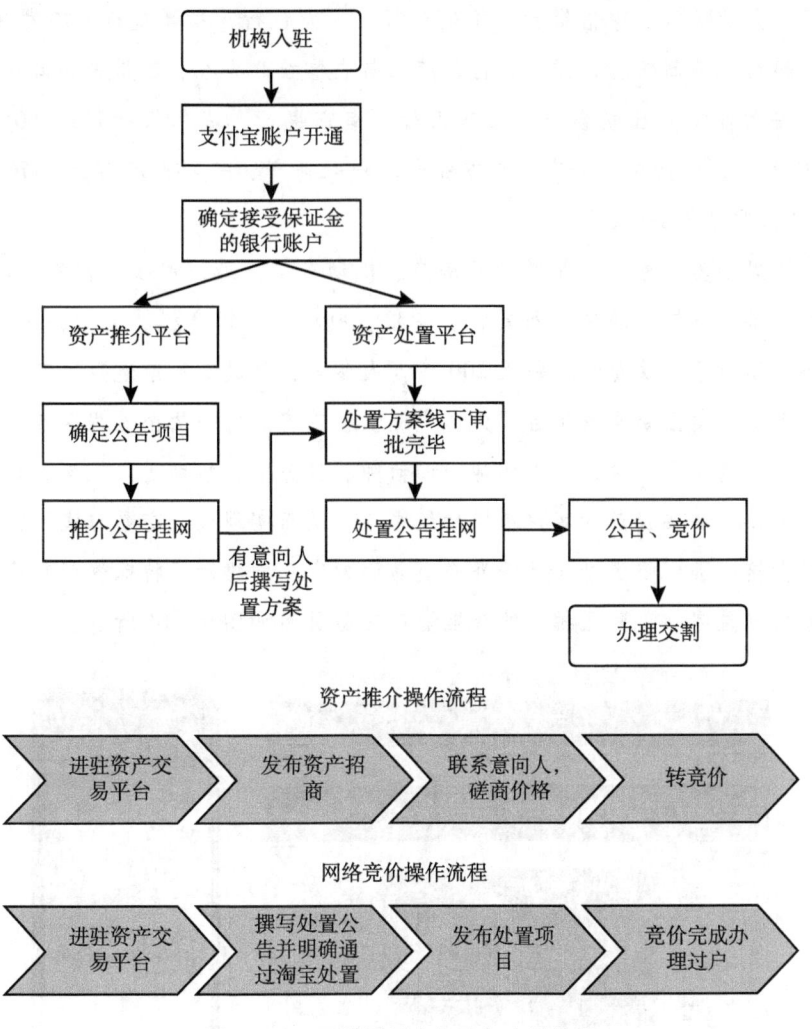

图 9-13 互联网平台入驻与交易流程

阿里拍卖平台秉承公平、公开、高效原则,通过7年时间,在人员、技术和服务方面不断改进、完善。目前,平台已有5200余家机构入驻,包括法院、公安机关、海关、财政厅、环保局、交易所、银行、AMC和拍卖行等不同类型。在金融资产拍卖方面,阿里拍卖2015年开始与金融机构展开合作,截至2019年底,共有600余家银行入驻,包括中国银行、中国农业银行、中国工商银行、中国建设银行、交通银行、招商银行、邮政储蓄银行、平安银行、兴业银行、中信银行、民生银行、光大银行、华夏银行、广发银行、浙商银行、招商银行、浦发银行、广东省农信社联合社、四川省农信社联合社、安徽省农信社联合社、江苏银行、南京银行、成都银行等；160多家AMC入驻，包括信达资产、东方资产、华融资产、长城资产四大AMC，以及30余家地方AMC。

阿里拍卖处置资产品类涉及房产、机动车、土地使用权、林权、矿权、机械设备、飞机、轮船、租赁权、债权、股权、知识产权、商标、活物等，共举行了超千万次竞价，每天200多万人参与，年成交规模达数千亿元。

阿里拍卖围绕交易平台，为客户提供特殊资产交易的全流程服务。通过构建开放的交易平台，引入律师、评估师、税务师、协助过户机构、银行等参与方，为购买资产的客户提供后续服务，从而实现线上交易与线下服务的无缝衔接，进一步提升了特殊资产交易的效率，并推动了特殊资产行业生态体系的日益完善。阿里拍卖的金融资产交易页面如图9-14所示。

图9-14 阿里拍卖金融资产交易页面

资料来源：阿里拍卖。

（三）小结

从实践来看，互联网平台处置是特殊资产处置市场化运作模式的创新。

相较于传统拍卖模式，转让更具效率，回收率更高。在传统的特殊资产处置业务中，受限于 AMC 的处置水平以及我国不良资产的规模，对于价值较小、地区分布较为分散、资产质量较差、债务人无偿还意愿或能力的资产，处置方式主要为打包出售，即通过拍卖、招投标、竞价、协议等方式在市场中寻找投资者。这些方式虽然简易快速，但回收率不高。而互联网不良资产拍卖可以看成是将传统的线下拍卖搬至线上，以互联网上设置的居间性质的拍卖机构为核心展开一系列交易活动，在一定程度上提升了处置的效率，也为传统处置带来了活力。

从未来发展来看，互联网交易平台需要进一步整合特殊资产处置行业生态，以开放、合作、共享的互联网思维广泛合作，充分利用互联网平台的科技能力和客户流量优势，深度融合互联网平台和专业金融服务团队的核心竞争力。需要积极引入评估公司、评级机构、AMC、律师事务所、会计师事务所等第三方服务机构，为特殊资产出让方和买入者提供多样化的服务，覆盖标准化信息展示、交易撮合、资产估价、法律服务等不良资产处置的全流程。需要以专业化的不良资产交易金融服务为核心，不断完善提供综合化、一站式优质服务的不良资产撮合买卖交易平台，发挥好互联网的"乘法效应"，使不良资产业务既能有效防范和化解经济金融系统性风险，又能带来良好的经济效益。

参考文献

〔美〕霍华德·马克斯：《投资最重要的事：顶尖价值投资者的忠告》，李莉、石继志译，中信出版社，2012。

〔美〕马丁·J. 惠特曼：《不良资产投资：理论与方法》，郑磊译，上海财经大学出版社，2017。

卞金鑫：《当前不良资产处置的现状、问题及国际经验借鉴》，《西南金融》2018年第7期。

蔡春雷：《掘金之旅：金融不良资产处置十八般武艺》，法律出版社，2017。

高蓓、张明：《不良资产处置与不良资产证券化：国际经验及中国前景》，《国际经济评论》2018年第1期。

高亚莉、贾一苇：《美国清理不良资产的公私合营计划简评》，《经济论坛》2009年第23期。

洪艳蓉：《资产证券化与不良资产处置：中国的实践与反思》，《证券市场导报》2018年第12期。

侯亚景、罗玉辉：《"供给侧结构性改革"背景下我国金融业不良资产的"处置之道"》，《经济学家》2017年第1期。

胡建忠：《不良资产经验处置方法探究：基于价值重估和分类管理的视角》，中国金融出版社，2011。

胡建忠、姜宝军：《解读金融资产管理公司》，中国金融出版社，2019。

姜何：《资产市场新规则：不良资产前线操作备忘录》，中信出版集团，2018。

靳纯平：《美日商业银行不良资产处置方式比较》，《时代金融》2012

年第 33 期。

李国强：《尽职调查：不良资产处置实务详解》，法律出版社，2016。

李玲：《不良资产处置的国际经验》，《中国金融》2014 年第 24 期。

李玲：《资产管理公司的再定位》，《中国金融》2015 年第 15 期。

李珑：《地方金融资产交易所不良资产处置模式研究》，硕士学位论文，贵州财经大学，2019 年 6 月。

励雅敏、黄耀锋、袁喆奇：《特殊资产管理扬帆起航，产业链百舸争流》，《平安证券特殊资产研究报告》2016 年 3 月 16 日。

罗洪波、夏翰、冯诗杰、饶丽：《美国银行业不良资产处置的经验及启示》，《西南金融》2016 年第 9 期。

彭惠：《不良资产证券化的现实意义及实施设想》，《金融论坛》2004 年第 3 期。

沈晓明：《金融资产管理公司理论与实务》，中国金融出版社，2014。

汤柳：《欧洲银行业不良贷款处置》，《中国金融》2017 年第 13 期。

王佃凯：《不良资产处置的国际经验及启示》，《银行家》2014 年第 11 期。

王海军、李静、费兆伟：《金融不良资产市场结构、双重垄断与交易机制重构——AMC 和网络拍卖：谁更利于不良资产出清》，《上海金融》2019 年第 4 期。

王军生、邹东哲：《信贷资产证券化对银行业稳定性经营的影响》，《金融理论与实践》2016 年第 7 期。

杨金荣、王世华：《去产能下银行不良资产趋势》，《中国金融》2016 年第 20 期。

于宝亮、樊友丹、鲁晏辰：《不良贷款资产证券化的内涵、国际经验与我国商业银行实践》，《新金融》2017 年第 3 期。

张潇潇、施文：《不良信贷资产证券化与银行声誉》，《投资研究》2018 年第 5 期。

赵子如：《互联网＋非标金融资产证券化》，《中国金融》2016 年第 3 期。

中国东方资产管理股份有限公司：《特殊机会投资之道：金融资产管理公司法律实务精要》，北京大学出版社，2018。

中国东方资产管理股份有限公司：《中国金融不良资产市场调查报告（2019）》，中国金融出版社，2019。

钟湄莹：《金融资产管理公司的新发展》，《中国金融》2015年第18期。

图书在版编目(CIP)数据

中国特殊资产行业发展报告.2020/李扬,曾刚主编.--北京:社会科学文献出版社,2020.8(2020.10重印)
ISBN 978-7-5201-6852-6

Ⅰ.①中… Ⅱ.①李…②曾… Ⅲ.①不良资产-资产管理-研究报告-中国-2020 Ⅳ.①F832

中国版本图书馆 CIP 数据核字(2020)第 121337 号

中国特殊资产行业发展报告(2020)

主　　编／李　扬　曾　刚

出 版 人／谢寿光
组稿编辑／恽　薇
责任编辑／孔庆梅　许秀江

出　　版／社会科学文献出版社·经济与管理分社(010)59367226
　　　　　地址:北京市北三环中路甲29号院华龙大厦　邮编:100029
　　　　　网址:www.ssap.com.cn

发　　行／市场营销中心(010)59367081　59367083
印　　装／北京建宏印刷有限公司

规　　格／开　本:787mm×1092mm　1/16
　　　　　印　张:17.5　字　数:263 千字

版　　次／2020年8月第1版　2020年10月第3次印刷
书　　号／ISBN 978-7-5201-6852-6
定　　价／118.00元

本书如有印装质量问题,请与读者服务中心(010-59367028)联系

▲ 版权所有 翻印必究